U0525115

市场经济与传统家庭伦理的理性化

张伟 著

中国社会科学出版社

图书在版编目(CIP)数据

市场经济与传统家庭伦理的理性化／张伟著．—北京：中国社会科学出版社，2023.8

ISBN 978-7-5227-2311-2

Ⅰ.①市… Ⅱ.①张… Ⅲ.①社会主义市场经济—关系—家庭道德—研究—中国 Ⅳ.①F123.9②B823.1

中国国家版本馆CIP数据核字（2023）第139850号

出版人		赵剑英
责任编辑		田　文
责任校对		张爱华
责任印制		王　超

出　版		中国社会科学出版社
社　址		北京鼓楼西大街甲158号
邮　编		100720
网　址		http://www.csspw.cn
发行部		010-84083685
门市部		010-84029450
经　销		新华书店及其他书店
印　刷		北京君升印刷有限公司
装　订		廊坊市广阳区广增装订厂
版　次		2023年8月第1版
印　次		2023年8月第1次印刷
开　本		710×1000　1/16
印　张		18.25
插　页		2
字　数		275千字
定　价		98.00元

凡购买中国社会科学出版社图书，如有质量问题请与本社营销中心联系调换
电话：010-84083683
版权所有　侵权必究

前　言

　　传统家庭伦理的理性化是伦理规范被遵循的内在动机由价值理性和风俗习惯向目的理性转变的过程。目的理性在市场经济下主要体现为经济理性。中国传统家庭伦理是一种行为规范，之所以被遵循，是因为其背后存在着由儒家思想和民间文化所孕育的价值理性和风俗习惯，二者构成了伦理规范被遵循的内在动机。市场经济要遵循公平竞争、等价交换、优胜劣汰和以利益最大化为取向的基本准则。这驱使经济理性不断扩张。如果经济理性的膨胀得不到有效抑制，会导致货币本身由手段变成目的，消解以天人合一或来世与现世福报为内容的终极价值，进而消解价值理性和风俗习惯。传统家庭伦理的内在动机弱化，其约束力衰弱。

　　市场经济的发展是传统家庭伦理理性化的主要动因。第一，传统市场与社会的融合。直至新中国成立以前，中国仍属于前工业社会。建构于伦理道德之上的社会关系是资源配置的主要影响因素，对地位、名望、亲情等的考虑优先于对经济利益的考虑。这导致传统市场附属于社会。新中国成立以后，市场被排除，其附属性基本没变。第二，现代市场与社会的分离。改革开放以后，国有企业成为自主经营、自负盈亏、照章纳税的市场主体；个体工商户和民营企业家推动着经济理性扩展，将社会关系纳入到市场交易中来；政府以法律、货币、财政等手段间接干预市场。以此，市场经济日益与社会相脱离，成为资源配置的决定性因素。第三，现代市场对社会的支配。随着市场经济的发展，广大农村地区被纳入到统一市场中；产权制度使土地、林地、宅基地等成为市场要素；劳动力市场的完善，使劳动力成为市场要素。劳动力的背后是一系列建立在封闭环境和对土地依赖基础上的社会关系，劳动力市场化意味着其背后的社会关系逐渐受市场支配。

在"差序格局"中，自我是传统家庭伦理的基础，父子、夫妇是其核心，家族是其扩大。因而，理性化集中体现在三个方面。第一，自我意识觉醒。在传统家庭伦理中，一方面自我的实现必须由亲密关系的他者参与；另一方面以"天道"之阴阳引出人伦之尊卑，将自我建构于尊卑关系之上，导致了"自我压缩"型人格的形成。市场经济下，经济理性瓦解了"自我压缩"型人格赖以形成的价值体系，促进了独立、自主、平等等观念的发展。同时，契约观念的形成推动了外在自由的发展。第二，家庭秩序变革。在父子、夫妇二伦中，由于价值理性和风俗习惯的支撑，孝道和婚姻伦理都蕴含着尊卑等级。经济理性淡去了"礼"的神圣性，弱化了孝道的等级性，促进了男女平等。第三，家族共同体瓦解。祖先崇拜源于对古老的天的信仰和对灵魂不灭的认知，经济理性瓦解了此一信仰和认知；长幼有序既是出于"天道"分阴阳的认知，也是由封闭的环境所致。独立、自由、平等等观念改变了长幼有序传统规范，家族互惠观念亦被经济理性所消解。

传统家庭伦理塑造了经济、政治和社会秩序，建构了自我意义，其理性化的影响涉及诸多方面。第一，经济方面，传统家庭伦理理性化一方面促进了社会信任的普遍建立，推动了市场经济深入发展；另一方面导致了假冒伪劣、诚信缺失、坑蒙拐骗等问题，弱化了市场调节作用，同时，也弱化了互惠互助关系，加剧了贫富分化，不利于市场经济持续发展。第二，政治方面，既增强了民主、自由、平等、法治等观念，也破坏了中国文化深层结构，削弱了其向心力，影响了政治认同。第三，社会方面，不仅提升了社会大众公共参与效能感，也因道德失范、意义丧失带来了自杀、犯罪、色情等问题，伦理规范约束力的下降及其价值体系的衰落，又导致了社会纽带的松弛。第四，文化层面，一种以注重效能、独立、可信任等为特征的现代人格形成了，但由于传统家庭伦理既是实现终极价值的方法，又是终极价值的一部分，其衰落导致了自我意义的丧失。由之所提供的幸福、舒适、快乐等情感也消失了。

面对上述影响，既需要针对其具体影响，以治其标，也需要分析其成因，以治其本。第一，经济层面，市场本身既有利己主义，也有利他主义，经济理性的膨胀与信息不对称、交易成本存在所导致的利己主义过渡发展有关，因而，需要完善产权制度、加强市场道德建设，降低交易成本。所有制是问题的更深层成因，应加强市场经济的社会主义属性。第二，政治层面，政府职能的错位是交易成本产生的重要因素，这需要在坚持以人民为中心的前提下，提升国家治理体系和治理能力、提高依法治国的能力和水平。第三，社会层面，解决道德滑坡、社会失序问题，应以社会主义核心价值观为指导，注重家庭、家教、家风建设，大力弘扬公序良俗，加强社会共同体建设。第四，文化层面，解决意义的丧失、人为物役问题，需要将社会主义核心价值观与传统文化中的价值体系相融合，进行意义体系的重建。同时，还要加强公民道德建设，积极推动传统家庭伦理的创造性转化。

目　　录

绪　论 ………………………………………………………（ 1 ）
　一　研究的缘起 …………………………………………（ 1 ）
　二　研究的现状 …………………………………………（ 4 ）
　三　国外研究综述 ………………………………………（16）
　四　研究的方法 …………………………………………（19）
　五　系统分析法 …………………………………………（23）
　六　研究的创新 …………………………………………（24）

第一章　市场经济与传统家庭伦理理性化的理论渊源 ………（31）
　第一节　传统家庭伦理理性化的概念 …………………（32）
　　一　价值理性和风俗习惯 ………………………………（32）
　　二　经济理性和目的理性 ………………………………（37）
　　三　传统家庭伦理的理性化 ……………………………（42）
　第二节　马克思主义异化理论——精神本质丧失 ……（47）
　　一　精神本质丧失的动因：经济基础决定上层建筑 …（48）
　　二　精神本质丧失的表现：货币成为终极目的 ………（53）
　　三　精神本质丧失的扬弃：以公有制代替私有制 ……（57）
　第三节　马克思主义家庭伦理思想 ……………………（61）
　　一　家庭形式的历史变迁 ………………………………（61）
　　二　家庭关系的主要问题 ………………………………（65）
　　三　家庭问题的解决对策 ………………………………（69）

第二章　市场经济与传统家庭伦理理性化的深层动因 …………（74）
第一节　现代市场经济确立以前市场和社会的融合 …………（75）
　　一　晚清：市场成为社会的附庸 ……………………………（75）
　　二　民国：市场在社会中的凸显 ……………………………（80）
　　三　新中国：市场在社会中的沉寂 …………………………（85）
第二节　市场经济确立以后市场和社会的分离 ………………（89）
　　一　国有企业现代制度建立 …………………………………（90）
　　二　非公有制经济的快速发展 ………………………………（95）
　　三　宏观调控的逐步完善 ……………………………………（102）
第三节　市场经济与市场社会的发展 …………………………（108）
　　一　农村地区被纳入统一市场 ………………………………（108）
　　二　固定资产接受市场的调节 ………………………………（113）
　　三　劳动力成为重要市场要素 ………………………………（118）

第三章　市场经济与传统家庭伦理理性化的具体表现 …………（123）
第一节　自我意识的觉醒 ………………………………………（123）
　　一　自我独立观念增加 ………………………………………（124）
　　二　自我自由理念增强 ………………………………………（129）
　　三　自我平等意识提升 ………………………………………（134）
第二节　家庭秩序的变革 ………………………………………（138）
　　一　孝道的传统主义减弱 ……………………………………（138）
　　二　"礼"的神圣性下降 ……………………………………（144）
　　三　男尊女卑思想改变 ………………………………………（149）
第三节　家族共同体的瓦解 ……………………………………（152）
　　一　祖先崇拜褪色 ……………………………………………（153）
　　二　长幼有序衰落 ……………………………………………（156）
　　三　家族互惠消解 ……………………………………………（161）

第四章　市场经济与传统家庭伦理理性化的主要影响 …………（166）
第一节　经济方面：经济崛起和经济制约共存 ………………（167）

一　有助于市场经济的深入发展 …………………………（167）
　二　市场调节的整体效用被弱化 …………………………（172）
　三　市场经济的持续发展受影响 …………………………（175）
第二节　政治方面：政治发展和政治挑战同在 ……………（179）
　一　民主法治观念增强 ……………………………………（179）
　二　核心意识不断弱化 ……………………………………（183）
　三　政治认同受到冲击 ……………………………………（188）

第三节　社会方面：社会发展和社会隐患并存 ……………（192）
　一　公共参与能力提升 ……………………………………（193）
　二　道德滑坡问题凸显 ……………………………………（197）
　三　社会失序风险增加 ……………………………………（203）

第四节　文化方面：文化进步和文化滞后共现 ……………（207）
　一　现代人格形成 …………………………………………（207）
　二　自我意义丧失 …………………………………………（211）
　三　人为物役出现 …………………………………………（215）

第五章　市场经济与传统家庭伦理理性化的有效对策 …………（220）
第一节　健全市场体制，弱化经济理性过渡
　　　　膨胀的经济诱因 ……………………………………（220）
　一　坚持市场经济的社会主义属性 ………………………（221）
　二　降低交易成本以抑制利己主义 ………………………（225）
　三　倡导市场道德以凸显利他主义 ………………………（228）

第二节　转变政府职能，创造抑制经济理性
　　　　膨胀的政治条件 ……………………………………（232）
　一　推动国家治理体系和治理能力现代化 ………………（233）
　二　增强法律法规保护产权的效力 ………………………（237）
　三　强化以人民为中心的执政理念 ………………………（241）

第三节　深化社会治理，减少传统家庭伦理
　　　　理性化的社会问题 …………………………………（245）
　一　注重家庭、家教、家风建设 …………………………（246）

  二 积极开展公序良俗培育 …………………………（249）
  三 加强社会共同体的构建 …………………………（253）
第四节 推进文化创新，奠定传统家庭伦理创造性
    转化的文化支撑 ……………………………………（258）
  一 以核心价值观重建意义体系 ……………………（258）
  二 深入实施公民道德建设工程 ……………………（262）
  三 推动传统家庭伦理创造性转化 …………………（266）

结 语 ………………………………………………………（270）

参考文献 ……………………………………………………（275）

后 记 ………………………………………………………（282）

绪　　论

一　研究的缘起

（一）以传统家庭伦理创造性转化应对社会问题

市场经济有着自身赖以运转的规则和机制，如等价交换、优胜劣汰、以利润最大化为取向，等等，在对资源配置产生决定作用的同时，也对社会观念、社会准则产生了深远影响，对传统家庭伦理的影响尤为显著。尽管近代以来，兴西学、废科举、打倒孔家店等都对传统家庭伦理产生了影响，但这些影响局限于小范围，只是对伦理体系较为表面的因素产生了冲击，传统家庭伦理对于整个社会尤其是广大农村地区仍然处于主导地位。现代市场经济只有遵循和维护市场固有的规则和机制才得以运转，随着市场经济成为资源配置的决定性因素，市场的基本原则也逐渐成为社会的支配性原则。一方面越来越多的人从农村走向城市、从农业转向工业和服务业，传统家庭伦理得以延续的经济基础和社会环境发生了重大转变；另一方面在市场经济下，以利润最大化为取向的经济理性不断扩张，对货币的追逐由手段变为目的，维系传统家庭伦理的价值理性和风俗习惯被消解了，其约束性从而被削弱了。传统家庭伦理对政治、经济、社会、文化具有双重影响，一方面其宗法性、封建性、迷信性是社会主义现代化尤其是社会主义民主政治发展的重要障碍；另一方面它也是维护政治稳定、社会秩序、建构个体意义的重要因素。这就需要去粗取精、去伪存真，结合新时代的社会需要，对传统家庭伦理加以创造性转化、创新性发展。

（二）以社会主义核心价值观为基础重建意义体系

随着利益多样化、价值多元化、道德失范等问题逐渐增加，由天

◇■◇　市场经济与传统家庭伦理的理性化

人合一、来世或彼世福报所构成的终极价值逐渐瓦解，对货币的追逐成为目的本身。可谓是旧的信仰瓦解、新的信仰尚未建立，社会出现了价值真空。社会主义核心价值观是马克思主义意识形态的本质体现，因而，社会主义核心价值观的培育和践行面临着复杂背景，必须将之放在现代性和后现代性宏大视野下，才能更好把握其有利和不利因素。应该看到，作为一种信仰的生成和延续，其最核心的是生命的结构性局限被突破，使生命从短暂走向永恒，克服对死亡的焦虑和对命运无常的忧虑。在中国的文化传统中，内含着一层意思，将小我融于大我之中，也即将小我融于家庭、融于社会、融于国家之中，以人心的相互映发实现自我的不朽，即是实现上述目的的途径。这与社会主义核心价值观所倡导的爱国、敬业、富强等观念相一致，是以之进行意义体系重建的重要切入点，同时也是以之丰富马克思主义的重要因素。但也应看到，在"小传统"中，其终极价值是实现来世或现世的福报，其依托是对古老的天的信仰以及道教和佛教的神仙体系，仍然保留了巫术性、宗教性、神秘性的残余，而社会主义核心价值观是理性的、科学的，其在替代由这种宗教性的信仰所建构的终极价值的过程中存在着局限。在"小传统"中，对现世的福报的祈求，即是在将后代子孙的繁衍视为自身生命的延续，自我在后代子孙心中的映发即获得不朽，这也即是说在"小传统"中，传统家庭伦理不仅是来世和现世福报的获取方法或途径，其本身也构成了终极价值的一部分。在这一点上，将小我融于家庭以实现人生之不朽的终极价值，为小我融于社会、融于国家以实现其不朽提供了前提和可能。与此同时，传统家庭伦理是与价值理性和风俗习惯密切联结的，前者是方法或途径，后者是目的，三者为有机的统一体，当传统家庭伦理瓦解时，价值理性或风俗习惯本身的约束性亦随之减弱或消失。因而，社会主义核心价值观的培育和践行过程中，欲克服上述问题，就必须以传统家庭伦理为切入点，以新的价值体系对旧的意义体系进行瓦解、替换、重构、融合等等。综上可见，对传统家庭伦理及其背后所内含的价值体系的重建，是社会主义核心价值观在何种程度、何种范围上得以培育和践行的关键。

（三）以现代性和后现代性为着眼防患于未然

近代以来，现代化一直都是历史变迁的主题。从师夷长技以制夷、中体西用到辛亥革命，从五四运动到新民主主义革命和改革开放，其核心的主题无不是现代化。数百年来，无数仁人志士为了现代化呕心沥血、殚精竭虑，更有无数仁人志士为此裹尸沙场、埋骨荒野，可谓历经曲折、千辛万苦。今天，科学技术实现了飞跃、综合国力大幅提升、人民生活水平显著提高、民主法治不断发展等等，自鸦片战争以来，无数仁人志士所梦寐以求的富强已实现或者为将来的实现创造了条件。那么，文化的现代化如何呢？当我们抛开种种繁芜，透视中华民族文化的时候，我们看到了另一番景象。五四运动曾扛起了民主、科学的旗帜，喊起了打倒孔家店的响亮口号，力图以文化的现代化来矫正技术、制度现代化的弊病。今天，那些阻碍我们追寻自由、民主、法治的观念，那些被我们嘲笑为封建迷信的信仰，那些造成了一系列"民族劣根性"的古老传统，都趋于弱化、消解甚至消失了，婚姻自由了、科技成了第一生产力、旧社会高高在上的"官老爷"不在了、互联网凝聚的声音成为影响公权力的重要力量，等等。但另一幅景象也随之到来，温情脉脉的田园诗般的乡村生活趋于衰败，曾经在困厄中给了我们希望、在迷茫中给了我们方向、在动乱中使我们共御外辱的社会信仰体系日趋模糊，而对财富的追逐越来越成为新的"信仰"。这一问题的到来，使得社会冲突、道德滑坡、个体犯罪等问题日益增加。于是，现代性和后现代性同时出现在新时代的历史舞台上，一方面，我们需要继续清除或改造阻碍社会主义民主法治的根深蒂固的宗法观念；另一方面，我们须面对意义丧失、虚无主义、价值真空带来的政治、经济、社会、文化诸多问题。自春秋战国以来，经过周公旦、孔子的改造以后，中国的文化形成了以儒家文化为主体内容的"大传统"和以民间文化为主体的"小传统"，在"大传统"中，以对天道的至高地位的肯定为前提，以天人合一为终极价值，以孝悌的践履为方法或途径，构成了一套意义体系。在"小传统"中，以对天的古老信仰和道教与佛教的神仙体系为依托，以来世或现世的福报为终极追求，以对传统家庭伦理为主要内容的善德的履行为方法或途径，同样形成了一套意义体系。二者是个体自我意义寄托、社会纽带生成、崇德向善动机增强的关键。由于传统家庭伦理不仅是终极价值实现的方法或途径，本身也是终极的一部分，因而，从传统家庭伦理着手，是探讨现代性和后代性问题及其解决之道的关键。

二 研究的现状

（一）本研究的国内综述

国内学者的相关研究主要集中在市场经济对传统伦理、道德观念、社会关系、价值体系的影响等层面。

1. 市场经济与道德观念的相互影响及其问题的应对

第一，这一研究认为，市场经济尽管与社会主义制度相结合，但仍然要遵循市场的一般准则，如等价交换、优胜劣汰、利润最大化等等，既为提升生产效率、促进经济发展提供了制度保障，为自由、平等、民主意识增加奠定了经济基础，但是也带来了利己主义、拜金主义、享乐主义、诚信缺失等道德问题。代表性研究，如乔倩文认为市场体制不完善使得企业家缺少合作精神、恶性竞争、缺少商业道德、责任感淡薄等等。[①] 于云荣认为市场经济导致了"个人主义价值观，追求物质利益为中心目标，把人际关系简化为了利益关系"[②]。张志丹认为求利心是市场经济赖以运转的前提。[③] 陈先达认为市场经济是以货币为中介的经济。货币作为普遍等价物必然会颠倒一切价值关系。[④] 王淑芹认为在利益多元化、价值多样化和虚无主义弥漫下，伦理冲突增加。[⑤] 王露璐认为经济和伦理是不可分割的，经济理性的膨

---

① 乔倩文：《我国企业家精神缺失的原因及解决对策》，《当代经济》2018年第5期。
② 于云荣：《社会主义市场经济下的"计划之手"——基于我国计划主体"德"的思考》，《理论学刊》2018年第1期。
③ 张志丹：《辨明公私："大公有私论"的哲学省思》，《思想教育研究》2017年第9期。
④ 陈先达：《市场经济条件下有效地调适传统文化和道德规范与当代的关系》，《红旗文稿》2016年第24期。
⑤ 王淑芹：《现代性道德冲突与社会规制》，《哲学研究》2016年第4期。

胀和伦理约束力的下降，导致了道德失范。① 此外，黄静、彭剑、李后强（2013）、彭怀祖（2013）、张仲涛（2012）、何建华（2007）等学者也持有类似观点。

2. 市场经济对传统家庭伦理的影响及其应对

这一研究侧重于市场经济影响传统家庭伦理的具体表现、不利结果及其应对举措。第一，家庭伦理变迁的基本状况。这些研究普遍认为传统家庭伦理以家庭为重，个人独立性不足，男尊女卑等等，随着经济社会的发展，自我意识觉醒，从家庭为本到以自我为本。李新宇认为传统家庭伦理中家族价值大于个人价值，个人利益服从家族利益；个人奋斗是为了家族，婚姻是家族的事；家庭观念是中国文化中一个根本性观念。中国人的生活是在家庭制度的基础上组织起来的，家庭制度支配着中国人的整个生活形态；改革开放以来，个人主义思潮增加，文学作品中开始强调人的独立、自由、尊严等个体价值，批判家庭对个性的扼杀，引导人更多地为自己而生活。② 刘林平认为家族主义包含以家庭为重心的价值观念、处理家庭关系的伦理观念和家本位观念。工业革命、社会化大生产、市场机制、信息革命等因素，将摧毁这一观念赖以生存的社会基础。③ 龙静云、吴涛认为，市场经济承认每一个人对自身利益有平等追求的权利；自由竞争是市场机制得以存在的基础，自由竞争的前提是产权清晰和公平竞争；诚实守信是市场经济的基本准则，只有在此基础上契约才得以形成和被执行。④ 李桂梅认为传统家庭伦理现代化的表现为，婚姻家庭生活的自主化、婚姻家庭价值观念的多元化、家庭由封闭走向开放，以及婚姻目的功

---

① 王露璐：《经济和伦理的内在统一与道德治理的范式转换》，《价值与伦理学研究》2014年第6期。
② 李新宇：《传统家庭秩序的崩溃与重构——新时期文学的伦理观念考察》，《齐鲁学刊》1996年第5期。
③ 刘林平：《中国文明立足何处——"五四"时期关于中国传统家庭伦理批判的历史反思》，《中山大学学报论丛》1994年第3期。
④ 龙静云、吴涛：《论法治社会的道德规范建构》，《华中师范大学学报》（人文社会科学版）2018年第2期。

◆◆◆ 市场经济与传统家庭伦理的理性化

利化、家庭关系个体化。① 赵庆杰、王利华认为改革开放以后,家庭结构由繁变简、家庭规模由大变小、家庭职能由多变少、家庭轴心由亲子关系转向夫妻关系。② 韩东屏认为市场的交换促进了文化交流,推动了价值多样化,结束了单一文明。市场经济下,充当社会性道德评价的主体不多。③ 何浩平认为市场经济是传统文化崩溃的重要因素之一。④

第二,上述变化所带来的有利影响。其一,个体独立性的增强。张德强认为传统家庭伦理抹杀自主性和独立性,不利于个性发展。工业化的发展促进了现代社会的家庭伦理是尊重人的尊严、权利、利益,促进了女性地位的提高。⑤ 李桂梅认为传统家庭伦理以家庭为本位、以家庭利益为重、个人服从家庭利益,个性被扼杀,个体价值被消解。社会主义市场经济增强了劳动者的自主性,培育了其独立人格;推动了平等、自由的主体地位的形成;公平竞争促进了机会公平、规则公平等等。在此影响下,婚姻自由、离婚自由,家庭关系民主化。⑥ 其二,现代型家庭关系的形成。陈爱华认为现代人文精神、科学精神对"从事家计活动的运作模式和观念产生影响",市场经济改变了家计,进而改变了"家风的继承与发展、家规的制定与运作、家教的实施与深入和家貌的多方位展示"。⑦ 王秀华认为市场经济冲击传统的家庭式社会组织结构,有助于建立具有开放性、普遍性、功利性的社会伦理。⑧ 其三,男女平等的普及。陈立旭认为伦理关系的变革,使得家长制的亲子伦理关系向民主平等的亲子关系转变,男尊

---

① 李桂梅:《中国传统家庭伦理的现代转向及其启示》,《哲学研究》2011年第4期。
② 赵庆杰、王利华:《近代中国社会家庭的伦理解读》,《求索》2009年第5期。
③ 韩东屏:《论社会性道德评价及其现代效用》,《中州学刊》2018年第6期。
④ 何浩平:《伦理关系和道德生活之影响因子动态研究(2007—2013)》,《东南大学学报》(哲学社会科学版)2017年第5期。
⑤ 张德强:《当代家庭伦理建设及面临的挑战》,《兰州学刊》1998年第2期。
⑥ 李桂梅:《现代家庭伦理精神建构的思考——兼论自由与责任》,《道德与文明》2004年第2期。
⑦ 陈爱华:《当代人文精神、科学精神对家庭伦理文化建构的影响》,《东南大学学报》(社会科学版)1999年第2期。
⑧ 王秀华:《转型时期中国的家庭伦理与社会伦理》,《河北学刊》2000年第3期。

女卑向男女平等转变。①

第三，上述变化所带来的家庭问题。其一，代际下移问题。李云云、孔静珣认为由于市场机制的不健全，婚姻道德观念混乱，家庭代际关系失衡，少数平辈关系重利，家庭教育轻视德育。② 朱静辉认为由于互惠关系解体、孝道异变、家庭本位向个人本位转变等，老人在身体和社会地位上处于弱势、年轻一代自我中心化。③ 其二，孝文化的衰落。陈延斌、史经伟认为随着经济社会的发展，孝道观念淡化、代际问题浮现。④ 其三，家庭和谐问题。楚丽霞认为当前存在着家庭结构与功能变化所导致的家庭责任感淡化，婚姻功利思想增强。⑤ 孙峰认为市场经济促使家长制权威瓦解，非道德婚姻观念抬头，如婚外情、性自由、离婚率增加等问题。⑥ 任德新、楚永生认为社会转型引发了包括家庭本位的价值衰落、个人本位增加、伦理重心代际转移、家庭结构小型化等等。⑦ 陈立旭认为家庭伦理的解体引起家庭冲突、导致家庭关系冷漠、婚姻功利化。⑧ 许敏认为当前中国的伦理方式由"从实体性出发"向"原子式地进行探讨"转换；"婚姻伦理方式的蜕变和子女普遍性教养的缺失，颠覆了中国社会的价值根基和中国人的精神家园——家庭"。⑨ 其四，社会问题。李培志认为在社会转型期，家庭结构小型化和家庭功能日益简化导致离婚率上升、非婚生育

---

① 陈立旭：《改革开放以来的中国家庭伦理道德的变迁》，《中共浙江省委党校学报》1998年第3期。
② 李云云、孔静珣：《市场经济条件下家庭伦理道德建设中出现的新问题及对策思考》，《理论学刊》1996年第5期。
③ 朱静辉：《当代中国家庭代际伦理危机与价值重建》，《中州学刊》2013年第12期。
④ 陈延斌、史经伟：《传统父子之道与当代新型家庭代际关系伦理建构》，《齐鲁学刊》2005年第1期。
⑤ 楚丽霞：《和谐家庭伦理建构思考》，《理论学刊》2007年第8期。
⑥ 孙峰：《当代家庭伦理观的嬗变及前景思考》，《山东社会科学》2001年第4期。
⑦ 任德新、楚永生：《伦理文化变迁与传统家庭养老模式的嬗变创新》，《江苏社会科学》2014年第5期。
⑧ 陈立旭：《改革开放以来的中国家庭伦理道德的变迁》，《中共浙江省委党校学报》1998年第3期。
⑨ 许敏：《现代中国家庭伦理方式的蜕变》，《东南大学学报》（哲学社会科学版）2015年第4期。

增加、性别失衡、养老问题增加、邻里疏远,等等。① 王强、于海燕认为,个体与家庭的脱离虽然实现了一定程度上的自由、独立、平等,但是自我的意义也无处寄托。②

第四,解决问题的路径选择。其一,伦理观念的重建。主要是以自由、民主、平等等价值重建家庭伦理。陈爱华认为应汲取当代人文精神、科学精神,建构与时代相适应的家庭伦理文化,促进家庭、社会、自然系统的和谐发展,促进人的自由全面发展。③ 孙峰认为应调整传统家庭伦理使之适应于现代社会。④ 李桂梅认为,坚持自由与责任的对等,反对利己主义、享乐主义、功利主义,重建家庭伦理。⑤ 陈延斌、史经伟认为建设新的家庭伦理关系,应加强平等、尊重个体价值、注重个性发展的家庭代际伦理,形成评价家庭伦理的不同的标准;建设良好的家训、家规、家风,营造良好的家庭环境。⑥ 楚丽霞认为应在平等、民主等基础上,提倡传统家庭伦理中的孝、慈、敬等伦理规范,坚持权利和义务相统一,增加代际之间、两性之间的爱。⑦ 刘林平认为要应对这一趋势所带来的问题,应建立一种新型的家族主义精神,既对家庭有亲情的尊重,又有理性、法制、民主、科学等观念,既有着传统的合理性、又有着现代社会的文明。⑧ 其二,新型家庭关系的建设。王秀华认为家庭的重建应消除家长制,建立平等的家庭关系,改变家庭关系冷漠化、利益化的不利趋向,建立相互帮助、

---

① 李培志:《论我国当代家庭伦理的目标模式》,《广西社会科学》2008年第5期。
② 王强、于海燕:《论家庭伦理的现代形态及其逻辑结构》,《道德与文明》2016年第4期。
③ 陈爱华:《当代人文精神、科学精神对家庭伦理文化建构的影响》,《东南大学学报》(社会科学版)1999年第2期。
④ 孙峰:《当代家庭伦理观的嬗变及前景思考》,《山东社会科学》2001年第4期。
⑤ 李桂梅:《现代家庭伦理精神建构的思考——兼论自由与责任》,《道德与文明》2004年第2期。
⑥ 陈延斌、史经伟:《传统父子之道与当代新型家庭代际关系伦理建构》,《齐鲁学刊》2005年第1期。
⑦ 楚丽霞:《和谐家庭伦理建构思考》,《理论学刊》2007年第8期。
⑧ 刘林平:《中国文明立足何处——"五四"时期关于中国传统家庭伦理批判的历史反思》,《中山大学学报论丛》1994年第3期。

相互尊重、相互支持的新型家庭关系；防止市场的原则支配家庭领域。①王强、于海燕认为要挖掘伦理情感和思维，重建夫妻、父母、子女、兄妹之间的关系，培育美好的爱情，倡导男女平等。②其三，提倡新型的孝观念。廖小平、王新生认为应发挥赡养父母、爱亲敬亲、尊老耀宗等伦理规范，建立具有新内容的孝文化。③史秉强认为养老问题突出，应提倡孝的传统伦理，建设以孝为内容的责任伦理。④朱静辉认为应以互惠原则重建代际公平、增强家庭观念、在平等的基础上重建孝文化。⑤任德新、楚永生认为应维护家庭养老的伦理义务、辩证看待孝的观念、完善社会养老。⑥其四，注重社会环境建设。也即为家庭伦理的创造性转化提供实践性支撑。樊浩认为伦理精神的重建应以社会现实为基础，符合社会现实需要，在此基础上加以继承与创新。⑦李培志认为应围绕着修身养性、家道和顺、社会情怀等主要内容，建设新的家庭伦理。⑧许敏认为："应重新审视家庭对于中国社会秩序和个体生命秩序建构的精神哲学意义，重建婚姻能力、培育子女的普遍性教养，捍卫家庭的伦理实体性，是实现家庭伦理方式精神回归的应有回应。"⑨其五，加强伦理重建的制度建设。李云云、孔静珣认为应健全市场机制，建设新型家庭伦理，加强社会道德建设，开展家庭文化建设，发挥舆论和法律的监督作用。⑩陈立旭认为

---

① 王秀华：《转型时期中国的家庭伦理与社会伦理》，《河北学刊》2000年第3期。
② 王强、于海燕：《论家庭伦理的现代形态及其逻辑结构》，《道德与文明》2016年第4期。
③ 廖小平、王新生：《中国传统家庭代际伦理及其双重效应》，《广东社会科学》2005年第1期。
④ 史秉强：《代际之间"责任伦理"的重建——解决目前中国家庭养老问题的切入点》，《河北学刊》2007年第4期。
⑤ 朱静辉：《当代中国家庭代际伦理危机与价值重建》，《中州学刊》2013年第12期。
⑥ 任德新、楚永生：《伦理文化变迁与传统家庭养老模式的嬗变创新》，《江苏社会科学》2014年第5期。
⑦ 樊浩：《中国伦理精神的现代建构》，江苏人民出版社1997年版，第2页。
⑧ 李培志：《论我国当代家庭伦理的目标模式》，《广西社会科学》2008年第5期。
⑨ 许敏：《现代中国家庭伦理方式的蜕变》，《东南大学学报》（哲学社会科学版）2015年第4期。
⑩ 李云云、孔静珣：《市场经济条件下家庭伦理道德建设中出现的新问题及对策思考》，《理论学刊》1996年第5期。

应确立现代化家庭伦理建设的基本原则，处理好继承和创新问题，明确家庭价值和市场价值的界限，建立合理的道德约束机制。①

3. 市场经济对价值体系的影响及其应对

这一研究主要集中在自我意义的丧失和信仰的社会联结作用的削弱及其应对上。第一，对市场经济对人生意义的影响的论述。这一研究探讨了市场经济下自我意义的缺失问题，看到了伦理道德背后的意义体系。藏峰宇、姚颖认为市场经济对道德的冲击会带来意义虚无，并产生更为深层和久远的诸多社会问题。② 刘莹认为随着市场经济的发展、全球化的推进和网络社会的兴起等因素，自我与自身、自我与共同体的同一性出现了断裂，认同困境增加。③ 第二，宗教信仰的变化对伦理观念和社会结构的影响。李向平认为，现代社会主要依靠结构来整合，文化的整合功能退居其次。应在中国化与法制化的双重逻辑中建构私人信仰。④ 第三，祖先崇拜对乡村社会的影响。徐俊六认为"宗祠、族谱与祖茔是族群记忆的文本叙事，是社会变迁的历史书写，蕴含家国同构的思想观念与价值取向"，应在客观认识宗祠、族谱与祖茔的特定功能的基础上，加强其保护与重建，发挥其积极意义。⑤ 高忠严认为："对襄汾四个古村落的调查表明，古村落信仰空间与人生仪礼、历史传统、民间记忆有密切的关系。当下在古村落建设中合理利用信仰空间可延续村落文脉，促进村落公益事业发展，加强村落地域认同，更好地保护地方物质文化和非物质文化遗产。"⑥

---

① 陈立旭：《改革开放以来的中国家庭伦理道德的变迁》，《中共浙江省委党校学报》1998年第3期。

② 藏峰宇、姚颖：《金融危机与市场经济的道德前提》，《理论与改革》2011年第5期。

③ 刘莹：《中国社会变迁中的认同困境探析》，《中国特色社会主义研究》2014年第5期。

④ 李向平：《中国当代宗教40年的变迁逻辑——宗教信仰方式的公私关系及其转换视角》，《福州大学学报》（哲学社会科学版）2018年第4期。

⑤ 徐俊六：《族群记忆、社会变迁与家国同构：宗祠、族谱与祖茔的人类学研究》，《宗教学研究》2018年第2期。

⑥ 高忠严：《社会变迁中的古村落信仰空间与村落文化传承》，《山西农业大学学报》（社会科学版）2018年第8期。

4. 市场经济与乡村传统变迁的内在逻辑及其问题的应对

传统更多的保存在农村，因而部分学者对乡村传统家庭伦理的研究更好地呈现了传统家庭伦理理性化的问题。这些研究主要是考察市场经济下，乡村传统家庭伦理变迁所带来的影响及其问题的应对。

第一，对乡村传统的积极影响。主要体现在新型的社会关系、传统的创新发展、农民现代观念意识增强等。其一，新的联结形成。黄斌欢、黄吉焱认为农民进入市场，并没有完全瓦解农民之间的社群联结，而是在市场原则之上，重建了社群联结，市场竞争激发了村民间新的团结。[1] 其二，农村传统的创新发展。蒋平认为由于工业化、城市化和农业的现代化，壮族传统文化赖以存在的经济、社会条件消失了。市场经济弱化了农本观念、减弱了文化传承、加速了文化流失，但也有助于传统文化的创新与发展。[2] 农村人口流动、接触现代生产方式、更富有开放性等因素，促使民俗作为旧的生产生活方式的一部分随之发生变迁。[3] 其三，农民的现代观念增强。王露璐认为："农民产生了与市场经济相契合而难以在农耕活动中生成的效率意识、实践意识、信用意识、契约意识、责任意识和权利意识等现代伦理观念，也由此改变了乡村社会的伦理关系和道德生活样式。"[4]

第二，对乡村传统的消极影响。消极影响主要体现在孝道文化衰落、公共性缺失、共同体瓦解、家庭和谐问题增加等等。其一，孝道衰落。张冬玲认为，当前，农村存在着孝道衰落、代际错位、金钱至上等家庭伦理问题。[5] 尹业初认为，现代农村家庭伦理问题是，存在着"父子反目、孝道沦落；兄弟相仇、亲情不再；夫妻背叛、婚姻玷

---

[1] 黄斌欢、黄吉焱：《经济社会变迁与农民伦理变革：湖北S村农民合作的个案研究》，《重庆大学学报》（社会科学版）2016年第6期。

[2] 蒋平：《改革开放以来壮族传统文化的存续与变迁》，《广西民族研究》2015年第5期。

[3] 李磊、俞宁：《人口流动、代际生态与乡村民俗文化变迁——农村新生代影响乡村民俗文化变迁的逻辑路径》，《山东社会科学》2015年第11期。

[4] 王露璐：《中国乡村伦理研究论纲》，《湖南师范大学社会科学学报》2017年第3期。

[5] 张冬玲：《论我国农村新型家庭伦理的构建》，《山东社会科学》2011年第9期。

◇◆◇　市场经济与传统家庭伦理的理性化

污等"①。路丙辉认为由于社会生产生活方式变化导致家庭结构和功能变化、农村人口的流动，孝道观念淡化。离婚率上升，年轻人只顾个人享乐。②其二，公共性缺失。陶自详认为经济社会的发展，一方面导致了公共娱乐、公共交往、公共生活等的增加，另一方面村民的价值观念、收入、兴趣、习惯多元化了，这些导致了其生活的私密性增加，因而，农村的公共生活在实质上缺少公共性。③其三，乡村共同体的瓦解。张领、文静认为农民工的第一代有着强烈的因血缘、亲缘、地缘等因素所形成的共同体意识。农民工第二代进入城市，如果收入丰富，进城生活；如果失败，退回原有的共同体中。农民工新生代，接受城市生活方式、价值观念，脱离了旧有共同体。④其四，农村解体问题。王露璐认为，在农村家庭中，经济独立增强了个体的独立性，对家庭的依赖减弱，个体流动性增强，随之带来了婚姻家庭关系的松散、家庭教育功能弱化、传统文化中合理的生育观和孝老观也逐渐衰落。⑤改革开放以来，农村建立在血缘基础上的共同体瓦解，传宗接代的终极目标动摇。⑥

第三，问题的解决办法。主要从家庭责任感、培育孝道、培育乡村能力、加强传统创新、革新观念等展开。其一，加强家庭责任感。张冬玲认为应以整体的家庭观代替家庭本位观，弘扬双向责任伦理，在新的基础上增强血缘亲情。⑦其二，提倡新内容的孝道。路丙辉认为应维护代际间的孝道，创新孝道内容、完善孝道教育途径。⑧其三，

---

① 尹业初：《现代农村家庭伦理的现实性探微》，《理论月刊》2012年第2期。
② 路丙辉：《家庭代际伦理和谐与传统孝道的继承和创新》，《齐鲁学刊》2012年第3期。
③ 陶自详：《公共性衰落：妇女家庭地位变革与村庄公共生活变迁——基于一个华北村落的调查研究》，《广西师范大学学报》（哲学社会科学版）2016年第3期。
④ 张领、文静：《农民工的代际变化与共同体变迁：后发外生型社会变迁的阐释》，《浙江学刊》2015年第5期。
⑤ 王露璐：《中国乡村伦理研究论纲》，《湖南师范大学社会科学学报》2017年第3期。
⑥ 贺雪峰：《农村社会结构变迁四十年：1978—2018》，《学习与探索》2018年第11期。
⑦ 张冬玲：《论我国农村新型家庭伦理的构建》，《山东社会科学》2011年第9期。
⑧ 路丙辉：《家庭代际伦理和谐与传统孝道的继承和创新》，《齐鲁学刊》2012年第3期。

培育乡村能人。黄斌欢、黄吉焱认为面对市场对农村社会关系的冲击，应培育新形式的乡村能人，使之既能应对新的挑战，又能发扬古老的传统，注重乡村社会关系的联结，进而成为乡村社区与外部公共性相联结的媒介。① 其四，创新传统内容。李磊、俞宁认为将新内容纳入旧仪式框架中、倡导技术替代、催生新民俗。② 蒋平认为应处理好代际文化传承、做好传统与现代的融合、加强传统文化保护、发挥科技对传统文化的创新与发展作用。③ 其五，革新旧观念。王露璐认为应从价值观念转变、增强政策的道德性、建设良好的道德环境等途径，以新的价值理念重建乡村经济伦理。④

5. 市场经济与整体社会关系变革的内在逻辑及其问题应对

对市场经济对社会关系变革的消极和积极影响及其问题解决之道的研究。

第一，消极影响。这一研究不止于对伦理道德观念的影响的探讨，还对市场对社会关系的影响作了论述。代表性的有，杨起予认为道德失范不是源于市场机制本身，而是市场规则向社会领域渗透的结果。⑤ 刘立夫认为利己是市场的基本动力，传统的道德观念奠基于小农生产之上，社会主义市场经济也有趋利性，一系列社会问题如假冒伪劣、不讲信用、人情冷漠等，是市场准则扩展到社会领域的结果。⑥ 上述二者提到了市场准则向社会领域的扩展，看到了市场对整个社会关系的研究。谭泽春认为市场经济下人们的物质化越来越严重。由于市场机制不健全，拜金主义、享乐主义、利己主义和自由主义等泛滥，人与人之间的关系逐渐成为利益关系。⑦ 陈昌玖认为谈论市场经

---

① 黄斌欢、黄吉焱：《经济社会变迁与农民伦理变革：湖北 S 村农民合作的个案研究》，《重庆大学学报》（社会科学版）2016 年第 6 期。
② 李磊、俞宁：《人口流动、代际生态与乡村民俗文化变迁——农村新生代影响乡村民俗文化变迁的逻辑路径》，《山东社会科学》2015 年第 11 期。
③ 蒋平：《改革开放以来壮族传统文化的存续与变迁》，《广西民族研究》2015 年第 5 期。
④ 王露璐：《中国乡村伦理研究论纲》，《湖南师范大学社会科学学报》2017 年第 3 期。
⑤ 杨起予：《泛市场化与道德困境》，《毛泽东邓小平理论研究》2016 年第 4 期。
⑥ 刘立夫：《现代市场经济视域下的中国传统义利观》，《伦理学研究》2013 年第 5 期。
⑦ 谭泽春：《社会主义市场经济条件下道德教育探析》，《长江大学学报》（社会科学版）2014 年第 10 期。

济的道德和价值,应以谈论市场经济的社会关系为依据。①洪波认为市场经济的发展引发了社会转型,生活方式变迁,"单位人""体制人"向"社会人""自主"转变,个体从所依附的由家族、单位、集体等所形成的共同体中解放出来,主体意识觉醒;这些改变导致了传统的集体治理式的社会治理基础被消解,社会秩序失范问题增加,社会流动导致了道德冷漠、情感纽带松散、社会信用下降等,公权力与私权利的冲突加剧。②

第二,积极影响。郑子青认为市场经济的发展,使得许多人口流动成为正常,一方面因传统亲友关系而组成的熟人关系仍然存在,另一方面因生产经营、社会参与形成的新的社会关系也出现。既保留了风俗习惯,也融入了新的元素。③李路路、王鹏认为,2005年至2015年十年间,个体幸福感、行为开放性、政治参与意愿都在提升。④

第三,问题的解决之道。林晓珊认为应促使国家、社会和个人关系的进一步合理化、家庭政策的完善,并积极推动个人的全面发展,以应对潜在的家庭危机。⑤洪波认为需要增强社会团结、加强社会整合,构建"新公共性",培育社会组织,加强权力约束。⑥

小 结

总体上看,国内学者对传统家庭伦理的概念及其与市场经济的关系都进行了研究,一些观点、理论和分析框架,为本书开展研究提供了重要基础。但同时也存在不足,需要进一步探讨。具体如下:

---

① 陈昌玖:《论市场经济的道德价值》,《中共中央党校学报》2008年第1期。
② 洪波:《"个体—共同体"关系的变迁与社会治理模式的创新》,《浙江学刊》2018年第2期。
③ 郑子青:《改革开放40年中国社会变迁——以湖南省平江县南江镇为例》,《教学与研究》2018年第11期。
④ 李路路、王鹏:《转型中国的社会态度变迁(2005—2015)》,《中国社会科学》2018年第3期。
⑤ 林晓珊:《改革开放四十年来的中国家庭变迁:轨迹、逻辑与趋势》,《妇女研究论丛》2018年第5期。
⑥ 洪波:《"个体—共同体"关系的变迁与社会治理模式的创新》,《浙江学刊》2018年第2期。

绪 论

第一，当前国内学者对家庭伦理的研究，都能注意到市场经济的深入发展对从传统文化所沿袭下来的伦理产生的冲击，并能辩证地看待这一变迁的积极影响和不利影响。基本把握住了改革开放以来社会的主要变迁、突出问题、主要成因及其解决之道。本书仍然是沿着这些研究的分析框架进一步展开的。但客观上看，这些研究的不足也较为明显。一是中国传统社会是家国同构的宗法社会，不仅仅是家庭秩序，社会秩序也由此而来，政治制度建立在这些秩序之上，这意味着传统家庭伦理所影响的不仅是家庭，还有社会和政治。当前者改变的时候，后者亦会有改变。因而，不能以伦理谈伦理，就道德谈道德。这就需要将伦理道德作为社会关系、进而作为上层建筑的重要部分，从整体上加以探讨。二是市场经济冲击传统伦理道德为大家所共识，但是应客观上认识到，伦理的变化，尤其是利己主义、诚信问题、孝心丧失等等，是一种行为规范的变化，而行为规范并不是市场经济的直接产物。虽然从实践上看，其间差别很模糊，但是从理论上看，却隔着巨大的鸿沟。伦理是由内在的动机所引发，这一动机在传统社会是价值理性与风俗习惯，在现代社会是经济利益。后者之所以能作为动机塑造行为，必定是以前者的瓦解为前提的。非如此，就无法把握历史本身的延续性。因而，需要我们对市场经济影响伦理的中介加以探讨，以更好地认识这一内在逻辑。

第二，中国传统家庭伦理是儒家文化的最基础部分，表现出的以家庭为本位、男尊女卑、以孝悌为核心等内容，都显著体现了儒家文化的基本特征。这些特征为当前的学者所基本把握，为本书奠定了研究基础。但应看到这些分析是以市场经济作为变迁的基本动因，以儒家的核心思想作为变迁的变量，又试图以奠立在此一基础之上的分析框架涵盖社会整体层面。儒家文化是中国传统文化的主要内容，塑造了中华民族的基本性格，这是毫无争议的。但是，儒家的家庭伦理与儒家的终极价值密切联系在一起，孝悌伦理的履行是追求天人合一的方法或途径，这意味着儒家家庭伦理作为一种行为规范得以被遵循的动机在于其天人合一、内圣外王。这一思想体系是理性的，而非宗教的或巫术的。然而，这一动机无法适用于社会大众，知识分子是理性的，社会却未必是理性的。上述的分析框架，试图以理性的知识分子的价值理想，裁剪社会现实，在理论上留下了盲点。这需要将民间信仰纳入上述分析框架中，使之能更好地解释社会现实。

三 国外研究综述

从整体上来看，国外学者对家庭伦理思想的研究相对较多，既有有价值的阐释，也有观点、立场、方法方面的有待商榷之处。而对中国传统家庭伦理的研究，则多关注于对传统文化尤其是儒家文化的解读。而对市场经济与传统家庭伦理的变迁缺少应有的关注。具体如下：

（一）对马克思、恩格斯家庭伦理思想的分析

第一，对马克思、恩格斯婚姻家庭伦理基本内容的解读。主要对马克思的婚姻家庭理论作了解读和新的阐释。在构成基础方面，阿比奈特（Abbinnett, R.）认为在马克思看来，"生产方式的发展在特有的公民与奴隶之间、封建主与农奴之间、资产阶级与无产阶级之间的物质冲突，构成了伦理实体历史中的要素"[①]。库诺批判了对唯物主义机械理解的问题，他认为："马克思主义的社会学把人类的历史学看成人的活动，社会化的人的行动。在这种人的行动中，人是由一定的概念和意志目标支配的。经济事实怎么也会对历史活动发生影响，以致人们意识到去观察它、把它纳入到自己的认识范围内，去理解它；将它与另外的知觉和经验联系在一起，亦即将简单的直观理解扩展成为'思想系列'，'目标概念'，后者决定意志行动。"[②] 这一认识表明，经济对伦理道德的影响，是以意识观念作为中介来展开研究的。

第二，对马克思、恩格斯婚姻家庭伦理中问题解决路径的探讨。对于上述问题，部分学者汲取马克思、恩格斯的观点，主张通

[①] [英] 阿比奈特：《现代性之后的马克思主义：政治、技术与社会变革》，王维先、马强、禚明亮译，江苏人民出版社2011年版，第13页。

[②] [德] 库诺：《马克思的历史、社会和国家学说：马克思的社会学的基本要点》，袁志英译，上海译文出版社2014年版，第525页。

过私有制的消灭加以解决。阿比奈特认为革命"标志着意识形态的终结；因为私有制一旦被消灭，有机劳动就会停止将自己异化到资产阶级伦理生活的范畴（道德、趣味、虔诚）之中去"①。沃格尔认为，马克思看来，资本主义的发展瓦解了"旧家庭制度的经济基础以及与之相适应的家庭劳动"，进而瓦解了旧的家庭关系本身。②

（二）对传统家庭伦理理性化的市场动因的相关研究

第一，对中国传统家庭类型的研究。阿格拉·朗巴（1946）把中国文化环境中的家庭界定为"由血缘、婚姻或收养关系所组成的具有共同财产和共同预算的单位。包括居住于一起和暂时分离的成员"。她把家分为三大类型：夫妇家庭，由夫妇和子女所形成；主干家庭，由父母与已婚子女所组成；联合家庭，由父母与已婚子女及其后代所组成。迈隆·科恩（1976）认为，中国文化环境中的家庭是由享有一定的共同财产并具有特定亲属关系的个体所形成的生活群体。家庭财产、家庭成员和家庭经济是组成中国家庭的要素。共同生活但不拥有共同财产的称之为户，基本形式有夫妇家户、主干家户和联合家户等。有共同财产的成为家庭，相应而言有夫妇家庭、主干家庭和联合家庭等。弗雷德曼（1958）把中国家庭分为理想型和现实型两种类型。一是联合家庭，是传统文化所提出的理想类型。这一类家庭在大户人家更为常见。这类家庭在社会中具有较大的影响，广泛的社会关系、家庭成员可以分享家庭利益。随着分家制度的推行，联合家庭也逐渐核心化。二是核心家庭，是现实生活中常见的家庭类型。即由夫妇、子女、父母所组成的家庭。

第二，对中国人口水平流动的研究。奈特（Knigh, J.）、丁塞（Ding, S.）分析了农村人口在市场经济下的流动，"根据人口流动概率模型理论，这种农村与城市之间的收入差距会引发劳动力向城市

---

① [英]阿比奈特：《现代性之后的马克思主义：政治、技术与社会变革》，王维先、马强、禚明亮译，江苏人民出版社2011年版，第17页。

② [美]沃格尔：《马克思主义与女性受压迫：趋向统一的理论》，虞晖译，高等教育出版社2009年版，第62页。

涌入并造成大批城市农民工的失业"①。并认为:"他们的迁移,尤其是到大城市,很多是由于签了一年的劳动合同而短暂停留。很多这样的农民工都与农村的家庭保持着联系,在城市逗留后还是想回到(一般也都会回到)农村。"② 这实质上反映了农村共同体关系的解体过程是缓慢的。

第三,对传统文化对市场经济的影响的研究。岳认为:"中国传统文化中对'关系'的重视可能源自当时法律制度的不健全"③ 反映了由传统家庭伦理所形成的"关系"成为影响市场经济的重要因素。

小 结

国外学者对马克思主义家庭伦理以及中国传统家庭伦理理性化的研究,既有一定的可取之处,也有其局限,应辩证看待。具体如下:

第一,对马克思主义家庭伦理的研究,相对于国内的学者而言,研究的开放性、灵活性更强一些。既注重经济的决定作用,也注意到了意识对行为的影响,更为全面地理解了经济基础与上层建筑之间的内在关系。更是提出了社会主义也存在异化的观点。但也应看到,在对这些理论和思想加以阐释时,已经偏离了其主旨和基本原则,对马克思、恩格斯的部分思想的阐释必须从其整体框架、最终目标、核心思想出发,而不能割裂来谈。

第二,对传统家庭伦理理性化的研究,尽管注意到了市场经济与包括传统家庭伦理在内的社会关系变迁的内在逻辑,并注意到了中国传统家庭的基本结构,但整体上而言,缺少系统、深入、全面的研究。许多研究仍然是从西方的学术传统、学术方法出发,忽略了中国文化环境的特殊性。

第三,从方法上看,一方面国外学者更注重马克思、恩格斯家庭

---

① [英]奈特、[英]丁塞:《中国飞速的经济增长》,南开大学出版社2014年版,第201页。
② [英]奈特、[英]丁塞:《中国飞速的经济增长》,南开大学出版社2014年版,第240页。
③ [英]琳达·岳:《中国的增长》,鲁冬旭译,中信出版社2015年版,第253页。

伦理思想对所在国家以及整个西方国家当前的政治、经济、社会、文化等问题的批判和思考。反观中国学者在这些方面的研究，更注重文本的解读，并从文本出发批判资本主义。另一方面，国外学者更注重实证性和比较性的分析研究，更注重对自己国家和其他国家的工人、农民、商人等群体作调研和实证分析，这既是优点，也是缺点。优点是比部分国内学者专注于某一精英人物的思想言行对整个社会的分析更具有广泛的实践和经验的验证，缺点是过度的谋求实证性、科学性，忽略了社会精神的非理性的一面。

四 研究的方法

（一）辩证唯物主义研究法

经济基础对上层建筑、社会存在对社会意识的决定性，是以马克思主义理论研究思想观念过程中被广泛采用的理论作支撑。但这种理解把马克思、恩格斯对唯物主义的界定简单化了。在实际研究中，更多地强调物质、社会、经济等因素对人的思想观念的决定作用，而忽略了意识的能动层面。虽然对意识的强调也总能见之于诸多分析中，但是意识本身的能动作用仍然被严重忽略了。只有重新认识马克思、恩格斯理论中意识与经济、社会、物质等因素的关系，或者说重新认识被低估了的意识的作用，才能更好地认识唯物主义中的辩证性。在马克思的理论中，"人是特定的具体处境中合理地行动的，在这样的处境中，合理性规范本身就使得某些行动的方式成为必须，而排除了其他的行动方式。正是由于人们合理地行动，他们才追求所处环境为他们规定下来的'利益'"[①]。在马克思看来，资本主义社会中的市场机制是一套控制机制，在这种机制之下，"一方面，体制本身是无数个人行动的结果，而另一方面，这种体制又为每一行动着的个人创造了一个迫使他按照一定方式行动的特殊处境，只要他不打算背离他自

---

① ［美］帕森斯：《社会行动的结构》，张明德、夏翼南、彭刚译，译林出版社2008年版，第483页。

◆◆ 市场经济与传统家庭伦理的理性化

己的利益"①。也即是说在这种机制下,雇主被置于一种竞争的处境中,必须按市场的规则行事,否则将会被消灭。但是这种经济对行为的"决定"是就整个社会层面而言的,正是一种社会处境塑造了个体的心理和行为,当处境变化,个体的心理和行为亦随之变化。在这里,马克思已经超出了实证主义者和功利主义者对行为的支配准则的分析,首先,"他从注意合理性过程本身开始,转而注意支配这一过程的处境"②。其次,他借助于阶级斗争这个概念提供的能动成分,发现了古典经济学家所未发现的东西,即"这些处境的基本特点是受历史变迁制约的。这样他就引入了一个具有头等重要性的历史相对主义的成分"③。这种关于经济与社会的辩证观点,使得马克思主义的经济"决定"论,"不只是在前面的分析得出的具体意义上的经济因果关系的问题,同时也是内在的手段——目的链条的整个中介环节的问题,是技术的、经济的和政治的三种决定论的结合。它只是与黑格尔意义上的唯心主义相对照,才是唯物主义的。它并不必然具有在通常实证主义意义上的唯物主义的含义"④。还有着另外的一种成分,"无产阶级的特征首先是由在资本主义秩序中的一种特殊利益规定的。然而,在此种利益潜伏着、只在对当下处境的态度中得到表达的情形,与具有了阶级意识的情形之间,有着天壤之别。在具有了阶级意识的情形下,另一种因素进入了处境中,也即无产阶级推翻现存秩序、建立社会主义的有组织的协调行动。这很像是一种共同的价值成分"⑤。也即是说,阶级意识形成了共同的价值目标,构成了影响行为的处境,进而塑造了行为。本研究中,将市场经济作为传统家庭伦

---

① [美]帕森斯:《社会行动的结构》,张明德、夏翼南、彭刚译,译林出版社2008年版,第484页。
② [美]帕森斯:《社会行动的结构》,张明德、夏翼南、彭刚译,译林出版社2008年版,第485页。
③ [美]帕森斯:《社会行动的结构》,张明德、夏翼南、彭刚译,译林出版社2008年版,第485页。
④ [美]帕森斯:《社会行动的结构》,张明德、夏翼南、彭刚译,译林出版社2008年版,第486页。
⑤ [美]帕森斯:《社会行动的结构》,张明德、夏翼南、彭刚译,译林出版社2008年版,第486—487页。

理变迁的主要动因,但市场经济的这一影响并非直接作用于人的文化心理,而是通过对塑造伦理观念的价值理性和风俗习惯的瓦解来促成伦理观念的转变的,同时,对价值理性和风俗习惯的瓦解又是以货币成为终极目的替代旧的终极价值来实现的。在探讨传统家庭伦理理性化问题过程中,也是将意义体系本身的重建来作为行为规范的重建的前提来探讨的。简而言之,在研究中,以市场经济作为动因,同时突出了价值理性和风俗习惯影响行为的独立性。

(二) 反实证的研究方法

对包括伦理道德在内的文化心理的研究,在学术界主要集中于三种学术方法。其一,以文献研究为主,从儒家诸贤的语言与文章中反复揣摩,提炼出其要义,以之探讨中国文化、中国伦理、中国思想、中国哲学的基本内容,并从中解读出塑造社会行为模式的基本动因。这是从古至今伦理道德研究中一直占据主流地位的研究方法。这种方法将圣贤及其理性的思想与学说视为多年来历史变迁的主要推动因素,将圣贤的伦理道德观念作为塑造社会基本特征的基本因素,历史为圣贤的思想所裁剪,历史的丰富多彩被浓缩成了圣贤的单调文字。这种方法与特定的历史经验相结合,在实质上是实证的研究方法。这种研究方法将社会大众的思想观念和行为模式视为圣贤教化的结果,在实质上是将个体视为由圣贤的教义所生成的社会规范的塑造物,在这里,个体是被动的、消极的,也是摒弃了巫术的、宗教的、神秘主义的理性者。其二,以实证分析为主,自孔德与斯宾塞开创了实证主义研究的方法以来,实证主义成了西方学术界的主要方法,自胡适倡导研究史学的新方法以来,实证主义的传统在中国不断发展,于今已是众多学科的主导性研究方法。田野调查、数据分析、模型构建等方法在伦理道德研究中普遍采用。在这种方法中,个体的伦理观念由社会环境或社会现实所决定,试图通过科学的方法将伦理纳入可以验证的分析当中。在这里,人是环境的决定物。如帕森斯(Parsons,T.)所言:"关于这些规范,可以观察到的不是它们作为命题所指的具体存在状况,而是如下的事实——行动着的个人把那样一种假想的事态看做合乎心愿的,并且因而可以在很重要的程度上认为,这些行动着

◆◆ 市场经济与传统家庭伦理的理性化

的个人是在为着使这件事成为现实而奋斗。"[①] 但是，这种事态是否得到实现，"在多大程度上实现，并不是单纯由于存在有理想规范就已经规定好答案的问题，而是一个悬而未决的问题。这个问题的解决，取决于行动着的个人的努力以及他们行动所处的条件。这就是人与规范之间关系中的积极成分，是这种关系中有创造力的或唯意志论的一面——这正是实证主义的研究路数所要极力缩小的，因为实证主义路数以符合经验科学家的理想的那种消极、顺应、接纳的态度来思考问题"[②]。其三，以功利主义的分析为主。功利主义的中心原则是"以对于个人需要和欲望的合理追求来解释行为，因此，带有一种激进实证主义者所不能接受的目的论的特点"[③]。功利主义的分析方法在中国学术研究中有重要影响。功利主义分析教条化地理解经济基础决定上层建筑，将思想观念简单地理解为经济尤其是利益的决定物。功利主义试图以需求为基点，将伦理道德构筑于此一基础之上，本质上仍然是实证的。实证分析方法存在着特定的局限，个体无论是与社会环境和社会现实的密切联系中习得伦理观念，还是在圣贤的思想和学说中接受教化，都不是被动的、消极的、顺从的，甚至也不是完全理性的。诚如帕森斯所言："把主观方面的行动全部（甚至其属于认知的方面）都纳入科学的方法论模式是否合理？这样做，说到底是以行动的规范性成分的作用排除行动者的创造作用。"[④] 帕累托也指出："'基于理性'的社会不存在，也不能存在。"[⑤] 对死亡的恐惧、对命运无常的忧虑生发于人性深处，终极价值通过引导人崇德向善，使得生命由短暂走向永恒，由困厄多变走向永世太平，克服了与生带来的恐惧

---

① ［美］帕森斯：《社会行动的结构》，张明德、夏翼南、彭刚译，译林出版社2003年版，第389—390页。
② ［美］帕森斯：《社会行动的结构》，张明德、夏翼南、彭刚译，译林出版社2003年版，第390页。
③ ［美］帕森斯：《社会行动的结构》，张明德、夏翼南、彭刚译，译林出版社2003年版，第338页。
④ ［美］帕森斯：《社会行动的结构》，张明德、夏翼南、彭刚译，译林出版社2003年版，第413页。
⑤ 参见［美］帕森斯：《社会行动的结构》，张明德、夏翼南、彭刚译，译林出版社2003年版，第414页。

与忧虑，成为塑造伦理观念和行为规范的最关键因素。所谓反实证的方法，既立基于实证，又超越于实证，可以弥补实证分析的不足。

五 系统分析法

文化是一套价值体系。中国的传统文化是一套关于天地、万物、生死、人生、命运等的一系列看法的价值观念。传统家庭伦理作为传统文化中最重要的内容，是与这些价值密切联系起来的，是价值体系中的重要环节。如前所述，在价值体系中，最核心的是终极价值，在"大传统"中，终极价值是天人合一，而传统家庭伦理是实现这一价值的方法或途径；在"小传统"中，终极价值是获取来世或现世的福报，传统家庭伦理既是方法或途径，又是终极价值本身的重要内容。这意味着对传统家庭伦理的分析、批判、重建，都不能单纯从伦理本身，而要坚持系统的分析方法，从维持伦理的价值理性和风俗习惯出发，通过对后者的批判、重建而实现对前者的批判与重建。诚如帕森斯所言："一旦将构成为整体的各个单位和部分以及它们之间的基本联系，从它们在整体里的具体关联中孤立出来，是不可能从中直接总结出整体所具备的特性的。在这种情况下，以单位分析把复合的具体实体分解开来，就会破坏它的某些特点。这些特点只有在总体中才能观察到。"[1] 在传统家庭伦理的研究中，系统分析方法不足，是以往一系列批判与重建问题的重要成因。五四运动中，打倒孔家店、实现民主与科学成了时代最强音，但是，运动以对君权、父权、夫权和兄权等的批判为要。孝道是宗法体系的核心，对父权的恭顺又是整个等级关系的核心，这一批判的主旨在于对父权的批判。从方法上看，这些批判与重建，都是围绕着传统家庭伦理本身，而没有看到伦理之所以成为约束性的行为规范是由习俗与信仰所维系的，而习俗和信仰具备此效力又与终极价值密切相关。止于对伦理本身的批判与重建，而忽略习俗和信仰的批判与重建，则必将功亏一篑。因而，对传

---

[1] ［美］帕森斯：《社会行动的结构》，张明德、夏翼南、彭刚译，译林出版社2003年版，第347页。

统家庭伦理理性化的研究，应当坚持系统的分析方法，不仅从伦理本身，还从维系伦理的价值理性与风俗习惯着眼，以后者的批判与重建，实现前者的创造性转化。同时，对传统家庭伦理的研究，在当前被集中于家庭结构的变迁及其社会影响上，忽略了其他层面的研究。传统家庭伦理是自我实现的重要环节或者本身就是自我实现的一部分，因而不仅与个体的自由、权利、民主等意识有关，还与自我意义的保有和丧失有关，同时又跟政治秩序、经济秩序有关。这些只有坚持系统分析方法，方能洞察其中的关联，并在整体的需要中把握问题的成因及其解决之道。

六 研究的创新

（一）以社会为本位，把握政治、经济、文化变革整体性

梁启超说，中国两千年的历史研究是一部帝王将相史。这种理论研究上的倾向，是注重文献研究的方法所导致的一种结果，也是两千多年来专制政治发展中社会大众被排斥在政治、社会、文化等主要的历史活动之外的结果，更是儒家思想将美好的社会理想的实现寄托于少数圣贤人物身上的结果。这对长期以来的思想文化的研究造成了深远的影响。无论是中国思想史的探讨，还是中国文化的研究，抑或是中国伦理的审视，也包括中国哲学的研究，无不是集中在从孔孟到康梁等诸位文化精英的思想或者学说的研究上。中国社会的基本面貌深深地受儒家文化的影响，并因而深深受儒家诸贤思想或学说的影响，这是毫无争议的。儒家文化以天人合一、内圣外王的内在超越性，建构了一套关于宇宙、人性、生死、家庭等的观念体系，从政治到社会、从经济到文化无不深深地打上了儒家的烙印，中华民族之所以为中华民族，中国人之所以在世界的文化丛中展现出特定的价值观念、思维方式、审美情趣无不与之相关。但历史是复杂的，人性是复杂的，人的思想观念更是复杂。中华民族的历史是从帝王及至百姓、从圣贤及至庶民共同创造的。纵观整个历史，被许多学者视为中国文化变迁的重要推动者的圣贤，在漫长的历史长河中，只是属于人口中的极少数，那些被历史、政治、文化等学科的研究者所不断探讨的精

英，同样是整体人口中的极少数。尽管历史将辉煌只留给了这些少数，但对于脚下的这片古老土地而言，那些默默无闻的大多数才是这片土地的主人，才是"历史的主人"。这些被长期的理论研究所忽略的"庶民"，在历史的进程中并不是一个木偶，并不会原封不动地接受圣贤的思想或学说，并以之为自身的价值准则和行为规范。他们有自己一套生产生活的古老经验，有自己古老的传统，有自己一套关于宇宙、天地、生死、人生等的世界图式、认知图式，因而他们在民族的思想文化的形成、变迁、发展中也是主体，他们亦是他们自己的主人。他们将圣贤的思想或者学说纳入自己的世界图式加以认知，他们以他们的经验使圣贤的思想或学说部分被抛弃、部分被注入了他们附带了巫术的、迷信的、神秘的古老传统。如芮德菲尔德所言："孔夫子的那一套经典并非是他独自一人在那里苦思冥想出来的。但话说回来，平民百姓不论是对于《古兰经》内容的理解也罢，还是对孔夫子写出的经典的内容的理解也罢，在过去是，今后仍是，只会按照他们自己的方式去理解，而不会是按照穆罕默德或孔丘所希望的方式去理解的。我们可以把大传统和小传统看成是两条思想与行动之河流；它们俩虽各有各的河道，但彼此常常相互溢进和溢出对方的河道。"[①]在他们的世界里，圣贤的思想和学说依然是塑造观念的基本模式的主导力量，但却不是全部力量，依然有着基本的理性的主色调，但却没有放弃非理性。现代中国的建立和发展，社会大众在政治上成了合法性的源泉，在经济上成了众多机器设备运转所必不可少的操作者或者管理者，因而，"群众的统治"到来了，群众的影响使"执行某种在某一方面将被视为对群众有用的功能已变成义务。群众及其机器是我们至关重要的兴趣的对象。群众是我们的主人。对于每一个只看见事实的表面价值的人来说，推动生存依赖于群众。因此，关于群众的思想必定决定了他的活动、他之所虑以及他的责任"[②]。以社会为本位、

[①] [美] 罗伯特·芮德菲尔德：《农民社会与文化：人类学对文明的一种诠释》，王莹译，中国社会科学出版社2013年版，第97页。
[②] [德] 卡尔·雅斯贝尔斯：《时代的精神状况》，王德峰译，上海译文出版社2003年版，第42页。

以社会大众的思想观念作为探讨政治、社会、文化、经济变革的关键因素，是对"群众的统治"的社会变革趋向的考量，是将社会大众在历史变迁中的主体性归还给大众，是将因方法和偏见所遗漏的历史真实还原其本来面貌。

（二）以终极价值为切入，探寻传统家庭伦理的关键变量

注重家庭观念、以伦理为本位是中国社会两千多年来的基本特征，其间虽经过了部分少数民族的权力统治，但是这一基本特征从未改变。近代以来，废科举、废私塾、提倡新学，延续儒家伦理的社会途径陡然变窄。新文化运动更是以"打倒孔家店"为旗帜，对以传统家庭伦理为基本内容的旧文化加以讨伐。新中国成立以后，马克思主义作为意识形态主导政治、文化、社会等各个方面，"文化大革命"以不甚合理的方式对旧文化进行了冲击。然而，存续了两年多年的伦理道德仍然深深地影响着人们的思维方式、性格特征、行为模式。是什么原因促使传统家庭伦理虽历经冲击而仍绵延不绝呢？那些在封建社会推动了传统家庭伦理不断传播和内化的途径和方式，如以儒家经典为内容的学校教育、以学习儒家经典为内容的社会地位获取方式、以孝治国的权力的推动、君权神授观念对孝悌观念的强化等等，都已经大大减弱，并且多半烟消云散了，因而这些都不是最理想的答案。必须从影响人的思想和行为的最深层的因素中去寻找最深层的原因。对死亡的恐惧、对命运无常的忧虑是人性深处的渴求，是作为一种动物的本能的欲求，因而，克服这些恐惧和忧虑深深地篆刻于人性的内在需要中。能够实现对生老病死、命运无常的突破，使生命由短暂走向永恒，使命运由困厄多变走向平静淡然，成为影响人的思想观念和行为倾向的最深层的、永恒的动机。正如齐美尔（Simmel. G.）所言："信仰过程的整个形式就是：自我信仰。由这种信仰可以彻底地看到，它的一切细节内容都是灵魂的基本情绪的各种现实结构。我们信仰上帝或他者，意味着，我们因普遍命运必定会感到的不宁和不安，沿着这种存在方向得到了稳定；其观念是要使惴惴不安的灵魂保持平静，而且个别情况下我们'信仰这种观念'，反映的正是我们的灵魂状态在其幻象

影响下所获得的安全感。"① 在基督教中,获得救赎,进入天堂,实现永生,是影响个体现世观念和行为、进而影响其伦理道德的最强烈的、最深层的动机。生老病死、命运无常同样是每一个中国人都必然面对、必然思考的问题,对克服这些问题的期待同样是人性的内在需要。因而,终极追求同样是影响中国人的观念和行为的最深层动机。儒家文化将"天道"视为至要,将天地万物视为有机统一,天地万物由共同的因素所生成,人因而与天地、与万物同源,由此,人性中内含了至高的"天道",通过践行以仁为主要内容的伦理,不断省察和接近内含于人性中的"天道",进而实现天人合一。孝道是仁的核心内容,因而,践行以孝道为核心的传统家庭伦理,在与最亲近的人的关系中体认人性中的"天道",成为内在超越的方法或途径。由此,传统家庭伦理与终极价值密切联系了起来,对伦理的遵循同样被终极价值赋予了强烈的动机。可见,从超越层面来理解儒家伦理,可以从人性的内在需求中,从个体的积极性、主动性中把握伦理道德延续的深层动因。诚如杜维明所言:"尽管没有证据表明文化的象征符号,诸如儒家的'天'和'道'是家庭价值的投射,但父子关系和其他'五伦',却必须借助赋予此特殊社会结构以意义的某种'超越',才能得到充分的理解。"② 自春秋战国以降,殷商时期的巫术的、鬼神的、神秘性的思想观念经过周公旦、孔子的改造以后,出现了文化的分野,在儒家的知识精英以及后来的官方活动中,形成了理性的"敬鬼神而远之"的"大传统",巫术的、鬼神的、神秘的思想观念则更多地保留在民间的"小传统"中。由此,中国文化中的终极追求也出现了分野,因为,以天人合一、内圣外王为主要内容的终极追求,并不适用于"庶民"。在"小传统"中,由对古老的天的信仰所生发出来的对彼世或现世福报的祈求成为了终极追求,经过道教和佛教的理论化、体系化,这一追求被进一步强化和系统化。农民、手工业者、商人等并不具备理论的建构能力,儒家文化作为官方文化

---

① [德] 西美尔:《宗教社会学》,曹卫东译,上海人民出版社2003年版,第107页。
② 《杜维明文集》第3卷,武汉出版社2002年版,第312页。

◇◆◇　市场经济与传统家庭伦理的理性化

不断被提倡、宣传、灌输，仍然是小传统中的主导力量。这样，在"小传统"中就出现了由儒家、佛教、道教所共同建构起来的世界图式。这一图式以对来世或现世的福报为终极追求，以家庭伦理的践行为方法或途径。因而，也只有从终极追求中探讨传统家庭伦理才能发现其得以持续的深刻动因。因而，以"大传统"和"小传统"中的终极价值为切入点，可以更加深入地把握传统伦理的延续及其变迁的深层动因。

（三）以传统家庭伦理为基点，窥探现代性和后现代性

改革开放以来，这片古老的土地发生了翻天覆地的变化。相对于以往的各个时候，更为重要的是社会层面的变化。近代以后，辛亥革命推翻了清朝政权，新民主主义革命埋葬了蒋家王朝，抗日战争赶走了日本侵略者，1949年以后建立了社会主义。宏观层面，政权性质、指导思想、经济模式等都发生了巨大变化；微观层面，日常用品、交通工具、教育内容等也都发生了重大变化，但社会的基本结构并没有发生根本性变化。直至改革开放以后，随着市场经济的确立，并逐步成为支配社会关系的基本准则，社会剧烈变革的程度超越了以往的任何时候，人与人、人与社会、人与国家等之间的关系都有了可以切实感知的改变。许多学者也注意到了这些现象，关于传统的衰落、信仰的消解、价值的失范、道德的滑坡等等，都进行了庞杂不一的研究。但这些研究往往是在探讨其他问题时的附带出现，或者只是作泛政治化的解读。传统和信仰的具体内容是什么？它们是怎么消解的？哪些部分被消解了，哪些部分被重新转化了？消解以后仅仅是价值失范、道德滑坡吗？这些问题往往是笼统的，缺少系统且深入的研究。关于现代化的研究，在学术界也成果丰硕，往往聚焦于当前的某些新的事物，缺少对传统的关注。正如吉登斯所言："学者们和思想家们对这些传统和习俗几乎没有什么兴趣。他们没完没了地讨论现代化和现代性，却没有人真正讨论传统。"[1] 希尔斯也认为，在西方的学术界，"传统性与一种特定的社会和文化联系

---

[1] ［美］安东尼·吉登斯：《失控的世界：全球化如何重塑我们的生活》，周红云译，江西人民出版社2001年版，第35页。

了起来。无知、迷信、教会统治、宗教不宽容、社会等级制、财富分配不均、按出身获得最佳社会地位的优先权，以及其他心态和社会制度，这些都是理性主义者和进步主义者非难的对象，而传统性则被看作是这些东西的导因或结果"①。中国的学术界又何尝不是如此呢？民间的信仰被当作愚昧、无知、迷信，在太多的时候都被排斥在学术探讨之外，更很少将之与政治、社会、文化、经济等的整体变革联系在一起。与此同时，随着西方资本主义的发展，理性主义成为新的宗教，利己主义膨胀，"上帝死了"，自我的意义丧失，由此而引起了一系列政治、社会、文化等问题。现代性和后代性于是成为西方当前人文社会科学类的最重要的学术话题。中国学者对现代性和后现代性的关注也愈来愈多，然而，大部分都是对西方现代性和后现代性学术成果的研究或者对西方社会弊病的批判。西方现代性与后代性的问题是科技理性、资本的逻辑成为社会领域的决定因素的结果，随着科学技术的发展和社会主义市场经济的发展，现代性和后现代性问题会在中国出现吗？国内的学者却很少在中国文化环境下探讨现代性和后代性的问题。在少数的探讨中，往往立基于儒家文化的理性主义，认为儒家文化在春秋战国时期经过孔子的理性化改造以后，成为世俗的而非宗教的、理性的而非神秘主义的、内在超越的而非外在超越的，没有上帝，所以不存在上帝之死，没有天国，所以天国无由崩塌。然而，虚无主义的泛滥、利己主义的膨胀、社会失范的增加等等已是不争的事实。这些问题又该如何解释呢？传统家庭伦理的探讨为这些问题的解答提供了某些助益。传统家庭伦理的延续绝不是仅仅依赖于亲情，也不主要是政治灌输的结果，更不是长期的封建压迫的结果。传统家庭伦理是因作为终极价值追求的方法或途径，而变成个体自我实现的内在需要，是个体积极的、内在的、主动的结果。此一终极价值产生了三个功能：一是个体的自我的实现或者说对生命由短暂走向永恒的意义寄托；二是作为共同的信仰，成为社会联结的纽带，同时成为政治秩序的维系者；三是具有引导个人向善、向上的道德引导和规范功能。在社会主义制度下，市场经济同样遵循利润最大化的

---

① [美] E. 希尔斯：《论传统》，傅铿、吕乐译，上海人民出版社1991年版，第8页。

市场经济与传统家庭伦理的理性化

市场准则,对货币的追逐由手段变为目的,甚至是终极目的。在这一终极目的下,不仅不具备上述三项功能,还导致了利己主义的膨胀。正是这种意义的替代成为价值失范、道德滑坡的最主要原因。传统家庭伦理不仅是实现终极价值的方法或途径,在民间信仰中,将生命永恒的实现寄托于子孙生命的延续,这使得家庭本身即成为终极价值的一部分。因而,终极价值的三个功能都密切地与传统家庭伦理联系起来。只有从传统家庭伦理着手,才能把握价值失范、道德滑坡的关键。传统家庭伦理所实现的是家国同构,社会的、政治的秩序都是由家庭伦理延伸而来。这就决定了传统家庭伦理的变迁绝不仅仅是家庭的、村落的、社会的变迁,还与整体的政治、文化、经济等密切联系起来。中国的现代化过程中,蕴含着双重的矛盾,一方面是传统的道德观念、行为准则日益不适应新时代的政治、经济、文化和社会发展的需要;另一方面是部分发达地区出现了后工业社会的一些特征,如个体主义、政治冷漠、参与消极等等,这些又表现出了后现代的某些特征,因而,中国的现代化过程是现代性和后代性交织的过程。从现代性看,其核心是传统家庭伦理中宗法的、等级的、封闭的道德观念趋于瓦解,向民主的、自由的、法治的伦理观念转变,需要加以推动。从后现代看,这一过程带来了意义的丧失、社会纽带的松散、道德的滑坡,需要加以避免。因而,以传统家庭伦理的理性化着手,以辩证的方法,分析其消极影响,寻找解决之道,剖析其积极影响,努力加以规导,是深化上述研究的重要切入点。

第一章　市场经济与传统家庭伦理理性化的理论渊源

理性化是社会行为的内在动机由价值理性和风俗习惯逐步向目的理性转变的过程。价值理性式行为是指在一个文化内部，围绕某一终极价值形成了一系列信仰，在此终极价值引导下，产生了奉献、献身、顺从、神圣、忠诚的观念和行为。风俗习惯也以其不证自明的权威产生了对行为的规导作用。二者密切联结。目的理性式行为呈现出可计算的、考量手段之于目的的主要特征。经济理性式行为是追求利益最大化的行为模式。市场经济遵循优胜劣汰、等价交换、公平竞争、以利益最大化为取向的基本准则。目的理性虽然不仅仅含括经济理性，但在此准则影响下，集中体现为经济理性。经济理性的过度膨胀导致货币由手段变为终极目的，替代旧的终极价值，进而消解价值理性和风俗习惯。社会行为的内在动机变化了、社会行为的模式或者取向亦随之变化。传统家庭伦理是一种行为规范，其之所以对行为产生规范或约束作用，并延续数千年，缘于其背后的价值理性和风俗习惯所孕育的内在动机。社会主义制度下，市场经济同样要遵循上述市场准则，这驱使经济理性不断扩展，经济理性的过渡膨胀将导致货币由手段变为终极目的。后者逐步替代以天人合一或者来世与现世福报为内容的终极价值，进而消解价值理性和风俗习惯。传统家庭伦理的内在动机弱化了，其规范或者约束作用衰落了。精神本质的丧失是异化的重要表现。它源于自由市场下，以利益最大化为取向的经济理性促使货币由手段变为目的，解决这一问题需要扬弃私有制。中国现代市场经济虽然建立在以公有制为主体、多种所有制经济共同发展基础上，但同样需要遵循自由市场的一些基本准则，也同样存在着市场和精神观念之间的关系逻辑。家庭关系建筑于经济基础之上，随着经济基础的变革而变革。因而，马克思主义异化理论及其家庭伦理思想为分析传统家庭伦理理性化的动因、体现、问题和对策提供了重要的分析工具和研究范式。

第一节 传统家庭伦理理性化的概念

传统家庭伦理的理性化是由价值理性和风俗习惯所生成的义务、奉献、忠诚等观念逐步被以对货币的追逐而激发的经济理性所消解的过程。价值理性和风俗习惯是家庭伦理形成义务或规范的动因。经济理性是消解这一动因的主要因素。而经济理性又是目的理性的重要体现。因而，理解家庭伦理理性化需要弄清楚价值理性、风俗习惯、经济理性和目的理性的相关概念。

一 价值理性和风俗习惯

价值理性和风俗习惯是影响行为的两个最重要的动机。前者指以一种义务、奉献、忠诚等心理的生成而塑造人的行为，后者则是由古老的巫术、图腾、禁忌等因素形成的惯例。二者密切联结，塑造着特定的行为规范。

价值理性是指"由一种信仰而决定，它相信秩序的终极价值，且视之为伦理的、审美的或任何其他类型的终极价值的表现"[①]。此一理性所型塑的行为模式被称为价值理性式行为，它是"当一个人不顾及他可预见的后果，只求维护他对其义务、荣誉、美感、宗教情操、忠诚或某件'事务'重要性的信念而义无反顾的行动。在我们的概念定义中，价值理性行动是以一种始终依循着'诫命'或'要求'的引导，并以此为己任的行动。只有当人类行动是指向这类要求时，

[①] [德] 马克斯·韦伯：《社会学的基本概念》，顾忠华译，广西师范大学出版社 2010 年版，第 65 页。

第一章 市场经济与传统家庭伦理理性化的理论渊源

我们才将其归为价值理性行动"①。相较于价值理性,目的理性意味着"衡量手段之于目的、目的之于附带结果",而价值理性一方面意味着由"诫命"或"要求"所产生的对行为的影响力,超过了一种可计算的理性结果尤其是经济利益对行为所产生的影响力。韦伯认为,价值理性"通过有意识地坚信某些特定行为的——伦理的、审美的、宗教的或其他任何形式——自身价值,无关于能否成功,纯由其信仰所决定的行动"②。这种能带来动机和秩序的价值理性往往和宗教相关。因为宗教提供了"情绪"和"动机",引导人"升华、献身、神圣、忠诚"。这可见之于西美尔的论述中,他认为:"一切宗教性都包含着无私的奉献与执着的追求、屈从与反抗、感官的直接性与精神的抽象性等的某种独特混合;这样便形成了一定的情感张力,一种特别真诚和稳固的内在关系,一种面向更高秩序的主体立场——主体同时也把秩序当做是自身内在的东西。"③ 正是宗教性孕育出了奉献性行为或者义务性行为的内在动机,并使之区别于利己主义、外在力量、特定情感等孕育的行为动机。因而,正是宗教性,确切地讲是宗教的超越性造成了上述特征,马克思对商品拜物教的批判同样是以宗教对人行为的影响为参照的。格尔茨认为,对宗教活动来说,"它们引起两种不同类型的倾向:情绪与动机"④。宗教所引发的动机促成了"一种在某种类型的形势中进行某种类型的行为或体验某种类型的感觉的长期的倾向"⑤。相对于此,儒家伦理虽然以"敬鬼神而远之"的理性色彩为主要特征,但其以"天人合一"为内容的终极价值,同样可以产生一种由"义务""荣誉""美感""忠诚"等动机所引发的持续性行为,从这一点来讲,儒家伦理也属于价值理性。

---

① [德] 马克斯·韦伯:《社会学的基本概念》,顾忠华译,广西师范大学出版社2010年版,第53页。
② [德] 马克斯·韦伯:《社会学的基本概念》,顾忠华译,广西师范大学出版社2010年版,第51页。
③ [德] 西美尔:《现代人与宗教》,曹卫东等译,中国人民大学出版社2003年版,第4—5页。
④ [美] 格尔茨:《文化的解释》,韩莉译,译林出版社2014年版,第117页。
⑤ [美] 格尔茨:《文化的解释》,韩莉译,译林出版社2014年版,第117页。

◆◆　市场经济与传统家庭伦理的理性化

在民间信仰中，尽管以儒家的伦理为主体，但被道教和佛教的神仙体系所论证并加以强化。它虽然呈现出整体的人文特征，但也被赋予了特定的宗教性、神秘性，对伦理的遵循与义务、崇高、忠诚、奉献的感情联结了起来，成了一种自我实现的内在需要。因而，它同样也是价值理性的。

对生老病死的焦虑，隐藏于每一个人内心深处。对生命的永恒的追求，是上至达官贵人、下至市井小民的终极关怀，人生诸多问题都围绕此一关怀而来。价值理性之所以能形成一种动机因素，正是其所蕴含的终极价值深刻的回答了这一问题。它不仅帮助个体"突破生命的结构性局限"，还为处于死亡恐惧中的个体带来了生命永恒的曙光，也为身受困厄却求救无门的个体带来了希望，使个体得以自我实现、获得来世或现世的福报，因而，它赋予伦理以特定的意义，使之变成了内在需要。一如雅斯贝斯所言："一种更有意义的秩序在信仰的启发中意识到自身，指引便从这秩序中产生。因此有限获得了灵魂，并仿佛是无限存在的方式。可以说，当有限不忘其有限时，有限变成了一种容器或一种语言，并通过它的作用，变成无限的存在的载体。"[①]所谓终极价值，是指"人能够从社会关系中走出来，独立并追求不依赖于社会组织的终极人生意义（或价值）"[②]，它使个体面对生老病死的恐惧时，找到可以"超越生命的永恒的意义"。张灏认为终极价值是"发现现实世界之外的终极真实，它凌驾于其他领域价值之上，成为社会价值的基础"[③]。终极价值在基督教、印度教和佛教等宗教里，又是与救赎密切联系的。韦伯认为："'彼世的'救赎之特有内容，可以是指：从尘世生命之生理的、心理的或社会的苦难中获得解放；也可以说是：此种生命之毫无意义可言的不安与无常的解放；或者，更可以是意指：人格之无可避免的不完美之解放——无论这种人格的不完美被认为是慢性的沾染状态或是突发性的罪恶倾向，或者，更精

---

① ［德］卡尔·雅斯贝斯：《历史的起源与目标》，魏楚雄、俞新天译，华夏出版社1989年版，第253—254页。
② 金观涛、刘青峰：《中国思想史十讲》，法律出版社2015年版，第17页。
③ 参见金观涛、刘青峰《中国思想史十讲》，法律出版社2015年版，第16页。

第一章 市场经济与传统家庭伦理理性化的理论渊源

神性地说,是因地上物的无知而堕入晦暗混乱的蒙昧。"① 这种"解放"在日常世界中表现为对现世福报或彼世安宁的追求。现世的福报,即包括消除灾厄、疾病、痛苦,也包括自身或子孙后代获得财富、功名、福禄。彼世的安宁指获得生命的永恒,或者一种与神合一的忘我状态,或者进入无梦之眠。三者是不同文化中终极价值的主要体现。综上可见,正是价值理性中一种终极价值的存在,使其对个体行为产生了强烈的引导或规范力量。

风俗习惯是影响行为的另一个重要因素。风俗习惯是指影响人的行为的习俗或惯例。韦伯认为:"严格的传统式行动,就像上节所提纯粹反射性的模仿般,完全是处在我们可称之为'有意义地'行动指向的边缘地带,而且经常会落到另一边,因为它们常只是一种含糊的对于习惯性刺激以重复其固有态度作出的反应。"② 这种"习惯性刺激"所生成的动机从直观上来看,不再是源于对"诫命"或"要求"的献身或忠诚,更多的是源于一种对环境刺激的反映。在此环境中,"那些不将自己行动倾向它的人,便会'不自在地'行动,也就是说,他必须忍受大大小小的各种不方便和不愉快,而只要他周围的大多数仍旧依循着固有的风俗行事,这种情形便不会消失"③。"不方便"和"不愉快"是一种违背了风俗习惯所产生的耻辱感的情绪后果。这种耻辱感又是和舆论的褒贬密切联系的,因为"舆论在根本上是一种社会事物,是权威的来源;甚至可以设想,舆论是所有权威之母"④。亚当·斯密对此作了系统阐述,他认为情感或内心的感受是行为产生的源泉,个体的快乐和痛苦源于他者或者社会对个体的赞扬或贬抑,而快乐和痛苦所产生的情感引发或抑制某种行为。如亚当·

---

① [德] 马克斯·韦伯:《宗教社会学;宗教与世界》,康乐、简惠美译,广西师范大学出版社 2010 年版,第 189 页。
② [德] 马克斯·韦伯:《社会学的基本概念》,顾忠华译,广西师范大学出版社 2010 年版,第 52 页。
③ [德] 马克斯·韦伯:《社会学的基本概念》,顾忠华译,广西师范大学出版社 2010 年版,第 61 页。
④ [法] 爱弥儿·涂尔干:《宗教生活的基本形式》,渠敬东、汲喆译,商务印书馆 2011 年版,第 289 页。

◇◆◇　市场经济与传统家庭伦理的理性化

斯密所言:"如果我们对这一点感到怀疑,那往往就会因为这自我怀疑的缘故更急切地想要获得人们的赞许……非难一定会使我们感到加倍的难受,而一想到人们的非难,一定会使我们的心情沮丧、精神涣散。"[①] 然而,风俗习惯之所以能对行为产生规约效力,不仅仅是舆论压力使然,更源于风俗习惯和价值理性的内在联结,后者赋予前者以特定意义,并且更多的时候是以其宗教的神秘性、神圣性的增强为具体体现的。本尼迪克特则认为:"习俗在经验和信仰方面都起着一种主导的作用,并可以显露出如此众多殊异的形态。"[②] 因而,风俗习惯与价值理性密不可分。涂尔干和韦伯虽然将风俗习惯的规范作用归结为舆论的权威、环境的刺激,但同时也都注意到了其与价值理性的联结。涂尔干认为:"我们通常就把它想象为一种道德力量,这力量虽然内在于我们,但却将我们内部的某种不属于我们的东西表现出来:这就是道德良心。而且,如果不借助宗教符号,人们就根本无法对道德良心有丝毫明确清晰的表现。"[③] 而且许多承载着风俗习惯并使之得以不断延续的仪式,本身就具有神圣性。因为,如果仪式"不具有一定程度的神圣性,它就不可能存在"[④]。在韦伯看来,"任何社会行动,都必定指向某种正当秩序。这种正当秩序对行动的效力,不能仅靠习俗或者利益,而总是有赖于参与者对这种正当秩序的'信念',以及这种信念造成的'义务感'(Pflichtgefühl)。也就是说,其中必定包含了'价值理性'的因素"[⑤]。综上可见,风俗习惯虽然表现为习以为常的、不证自明的惯例、传统、习俗,其之所以被沿袭、被遵循是因其内含了价值理性,以特定形式承载着终极价值,赋予"信念"以意义。

---

① [英]斯密:《道德情操论》,谢宗林译,中央编译出版社2008年版,第137页。
② [美]本尼迪克特:《文化模式》,王炜等译,社会科学文献出版社2009年版,第1页。
③ [法]爱弥儿·涂尔干:《宗教生活的基本形式》,渠敬东、汲喆译,商务印书馆2011年版,第292—293页。
④ [法]爱弥儿·涂尔干:《宗教生活的基本形式》,渠敬东、汲喆译,商务印书馆2011年版,第46页。
⑤ 李猛:《理性化及其传统:对韦伯的中国观察》,《社会学研究》2010年第5期。

二 经济理性和目的理性

经济理性呈现出追求经济利益的最大化取向,目的理性则呈现出可计算的、有着特定目的的行为取向。马克思、恩格斯尽管没有明确提出经济理性概念,但对资本逻辑的阐述,实质上揭示了经济理性的主要内涵。目的理性在行为中并不单单包括经济理性,但在市场社会中,往往以经济理性为主导。二者既具有差别,又有一致性。

理性化是社会变迁的基本趋势。马克思指出,"为了做到这一点,他发明了一种新理性,这既不是绝对的、纯粹的和纯真的理性,也不是生活在不同历史时期的生动活跃的人们的普通的理性;这是一种十分特殊的理性,是作为人的社会的理性,是作为主体的人类的理性"①。这里,马克思将理性分为两种:一是"绝对的、纯粹的和纯真的理性",二是"生活在不同历史时期的生动活跃的人们的普通的理性"。前者接近于纯粹理性,后者接近于实践理性。他又进一步指出:"经济范畴本身是人类理性、社会天才所发现和揭示出来的真理,因此它们也是不完备的并含有矛盾的萌芽。"② 这意味着经济范畴是人类理性的现实呈现,而经济范畴的核心又是资本的逻辑。因而,在马克思这里上述两种形式的理性统一于由资本无休止的追逐剩余价值所产生的经济理性的内在逻辑关系中。阿诺德提出了计算理性:"随着资产阶级商品经济的发展,神话昏暗的地平线被计算理性的阳光照亮了,而在这阴冷的光线背后,新的野蛮种子正在生根结果。"③ "计算理性"的动因也是商品经济的发展,这一概念本质上是对马克思、恩格斯理性观念的承袭。韦伯则提出了目的理性的概念:"通过对周围环境和他人的客体行为的期待所决定的行动,这种期待被当作达到行动者本人所追求的和经过理性计算的目的的'条

---

① 《马克思恩格斯选集》第1卷,人民出版社2012年版,第228页。
② 《马克思恩格斯选集》第1卷,人民出版社2012年版,第229页。
③ [德]霍克海默、[德]阿道尔诺:《启蒙的辩证法——哲学短片》,渠敬东、曹卫东译,上海人民出版社2006年版,第25页。

◆◆◆　市场经济与传统家庭伦理的理性化

件'或'手段'。"① 同时，韦伯又指出："当他们愈严格地依目的理性来行动，则会愈同样地对既定情境作出反应，因此便出现了行动和态度上的一致性、规律性与持续性……即便上述的规范在一个群体中有着实际上的'约束'效力。这一现象：对于赤裸裸的自身及他人利益状况的倾向，常常有着使人们行动一致的影响力——规范化的强制努力在这方面还时常徒劳无功——特别在经济领域受到了广泛的注意。"② 由此可见，韦伯对理性的认识和马克思、恩格斯既有区别又有一致之处。韦伯的理性概念是从社会学层面来阐述的，"经过理性计算"不仅仅意味着对经济利益的追逐，不单纯是经济理性，但在社会经济领域往往表现为经济理性。

　　经济理性对理性化的促成是资本的逻辑所展现的结果。所谓资本的逻辑是指"资本所呈现出的反映资本主义客观现实活动的内在联系、运行轨迹、发展趋势。在资本主义发展的历史和现实中，资本逻辑表现为作为表现形态的资本本性的逻辑展开、作为本质形态的资本主义私有制的逻辑发展和作为发展形态的资本主义基本矛盾的逻辑运动三者之间的辩证关系"③。正是这一逻辑促成了理性化的展开。马克思指出："简单商品流通——为买而卖——是达到流通以外的最终目的，占有使用价值，满足需要的手段。相反，作为资本的货币的流通本身就是目的，因为只是在这个不断更新的运动中才有价值的增殖。因此，资本的运动是没有限度的。"④ 这里，马克思指出了两点，资本必须处于不断的增殖运动中才能保值，且这一运动无休止。这源于两个方面，一方面源于商品的二重性，商品是"交换价值的承担者"，商品占有者只有让渡商品的使用价值，才能换取商品交换价值。商品在能够作为使用价值实现以前，必须先作为价值来实现。这意味着只有让渡商品才能获得资本，同时也只有舍弃手中的资本才能换回

---

① ［德］马克斯·韦伯：《社会学的基本概念》，顾忠华译，广西师范大学出版社2010年版，第51页。
② ［德］马克斯·韦伯：《社会学的基本概念》，顾忠华译，广西师范大学出版社2010年版，第60页。
③ 张雷声：《论资本逻辑》，《新视野》2015年第2期。
④ 《马克思恩格斯选集》第2卷，人民出版社2012年版，第157—158页。

第一章　市场经济与传统家庭伦理理性化的理论渊源

商品生产所需要的原材料、设备和劳动力。另一方面源于市场竞争。公平竞争、优胜劣汰、以利益最大化为取向是自由市场的基本原则，资本只有在市场中才能形成它的一切属性，竞争也因而成为"资本的内在本性"，成为"资本彼此间的相互作用而表现出来并得到实现的资本的本质规定"①。二者决定了资本只有在不断的运动、不断的增殖中才能存有，而这又促成了资本家的逐利性。资本家是资本的"人格化"，承载着资本的职能，只有以利益最大化为取向，不断的谋求利润，才能存活下去。如马克思所言："作为这一运动的有意识的承担者，货币占有者变成了资本家。他这个人，或不如说他的钱袋，是货币的出发点和复归点。这种流通的客观内容——价值增殖——是他的主观目的；只有在越来越多地占有抽象财富成为他的活动的唯一动机时，他才作为资本家或作为人格化的、有意志和意识的资本执行职能。因此，决不能把使用价值看做资本家的直接目的。他的目的也不是取得一次利润，而只是谋取利润的无休止的运动。"② 资本的这种积累的内在需要和资本家的逐利性使得后者不得不将"其行动指向目的的手段和附带结果，同时他会去理性地衡量手段之于目的、目的之于附带结果，最后也会考量各种可能目的之间的各种关系"③。可见，资本的逻辑推动了经济理性的增加。在社会主义制度下，市场经济仍然要遵循等价交换、公平竞争、优胜劣汰、以利益最大化为取向的市场原则，企业家尤其是民营企业家同样具有逐利性，也因而同样需要遵循"资本的逻辑"，这一逻辑推动经济理性在中国社会不断发展。但是，在社会主义制度下，由于公有制是经济制度的基础，"资本的逻辑"失去了其私有制基础，尽管资本的逐利性仍在，但受到公有制为主体的经济制度和社会关系所制约，一方面在最大程度上保有了其增强市场主体积极性、提升经济效率、增进社会创造力的一面；另一方面又抑制了其阶级压迫、贫富分化、掠夺性的消极因素，"资本

---

① 《马克思恩格斯选集》第2卷，人民出版社2012年版，第720页。
② 《马克思恩格斯选集》第2卷，人民出版社2012年版，第158—159页。
③ [德] 马克斯·韦伯：《社会学的基本概念》，顾忠华译，广西师范大学出版社2010年版，第53页。

◇◆◇　市场经济与传统家庭伦理的理性化

的逻辑"在社会主义制度下被逐步替换成了"市场的逻辑"。在这一逻辑下，各市场主体遵循等价交换、公平竞争、优胜劣汰，以利益最大化为取向，同时，也要遵守法律法规、诚实守信、物美价廉，并将其对私利的追求导向对社会公共利益的整体需要中。"市场的逻辑"不仅在物质层面推动了科技创新、促成了经济发展、提升了大众生活水平，也对思想观念产生了广泛的影响。经济理性支配着"市场的逻辑"，既催生了独立、自我、平等、民主等积极的思想观念，也产生了自私、冷漠、势力等消极的思想观念，更为重要的是，消解了传统价值体系中有助于维护社会稳定、提供生活意义的"意义体系"。

市场逻辑所促成的理性化趋势，由生产者和劳动者之间逐渐扩延至整个社会，由工商业领域扩展到所有领域。亚当·斯密认为："劳动分工一经完成，每一个人都要靠交换来生活，一定程度上，每一个人都成为了商人，而社会本身，也成为了真正意义上的商业社会。"[①]在商业社会，经济理性不仅支配经济领域，还逐步向社会领域渗透。一种商业的基本原则，即一种可计算的经济理性支配开始逐步支配整个社会。在机器大工业背景下，分工使生产者"成为独立的私人生产者，同时又使社会生产过程以及他们在这个过程中的关系不受他们自己支配；人与人的互相独立为物与物的全面依赖的体系所补充"[②]。这意味着在资本的逻辑下所产生的理性，支配着每一个参与交换的人，而经济理性的习惯或者思维一经养成，它便由经济领域向社会领域扩展。亚当·斯密认为，资本有四种不同的用途，"第一，用来购买社会每年使用和消费的天然产物；第二，用来制造天然产物，使之适合于目前的使用和消费；第三，把天然产物或其制品，从有余的地方运输到缺乏的地方；第四，用来把天然产物或制造品分割成较小的部分，以适应需要者的临时需求"[③]。因而，无论是农业、矿业、渔业的从业者，还是制造业从业者，亦无论是商品批发者，还是销售者，都开始"把货币单位转变为合理的成本——利润计算的工具，计

---

① [英]亚当·斯密：《国富论》，唐译编译，北京燕山出版社2009年版，第13页。
② 《马克思恩格斯选集》第2卷，人民出版社2012年版，第139页。
③ [英]亚当·斯密：《国富论》，唐译编译，北京燕山出版社2009年版，第122页。

第一章　市场经济与传统家庭伦理理性化的理论渊源

算的最高成就是复式簿记"①。综上可见，机器大工业和分工的发展，使建立在小农经济基础上的传统市场变成了建立在机器大工业基础上的自由市场。利益最大化的基本取向贯穿于自由市场的各个环节。这使得以货币为工具、以利润计算为内容、以复式簿记为表现的目的理性不断发展，同时这种目的理性也因为奠立于货币、利润、簿记基础之上，而集中呈现为经济理性。自由市场的发展使市场原则支配了一切，社会关系也被纳入到市场中来，经济理性不仅支配了经济领域，也支配了社会领域。当这种经济理性过渡膨胀或者极端发展，会促成对货币的追逐本身成为终极目的。它将瓦解以旧的终极价值为内核的价值理性和风俗习惯，进而瓦解由此所建构起来的整个社会关系或者社会制度。如马克思所言："资本经历了几个世纪，才使工作日延长到正常的最大极限，然后越过这个极限，延长到十二小时自然日的界限。此后，自18世纪最后三十多年大工业出现以来，就开始了一个像雪崩一样猛烈的、突破一切界限的冲击。习俗和自然、年龄和性别、昼和夜的界限，统统被摧毁了。"②熊彼特对此作了更为清晰的阐述，他认为："原本是经济理性发展产物的成本——利润计算法反过来对理性起作用；成本——利润计算法做到数字上的具体与明确，它强有力地推进企业的逻辑性，从而为经济部门确定内容与数量，于是这种类型的逻辑（态度或方法）开始了它的征服者生涯，强制地决定——合理化——人的工具和哲学、他的医药实践、他的宇宙观、他的人生观，事实上包罗万象，包括他的审美观念、正义感和他的精神抱负。"③当经济理性征服了个体的宇宙观、人生观、审美观念和精神抱负的时候，它替代或者消解了曾经支配这些因素的价值理性和风俗习惯。随着市场经济成为资源配置的决定性因素，经济理性必将越来越多地渗入并逐渐支配社会领域，个体的宇宙观、人生观、审美

---

① [美]约瑟夫·熊彼特：《资本主义、社会主义与民主》，吴良健译，商务印书馆2012年版，第199页。
② 《马克思恩格斯选集》第2卷，人民出版社2012年版，第193页。
③ [美]约瑟夫·熊彼特：《资本主义、社会主义与民主》，吴良健译，商务印书馆2012年版，第199—200页。

观等精神层面的因素也逐步为经济理性所支配。如此，存在于自由市场的经济理性和价值理性与风俗习惯之间的内在逻辑或者因果关系也同样存在于社会主义市场经济之下。

三 传统家庭伦理的理性化

传统家庭伦理作为一种行为规范，之所以被遵循，是因为其背后有着强烈的动机。这一动机由价值理性和风俗习惯所内含的终极价值所促成。在市场经济下，经济理性不断扩张，其极端发展是对货币的追逐由手段变为目的甚至是终极目的。这一目的将替代旧的终极价值，进而瓦解其对伦理规范的建构效力。此一过程即为传统家庭伦理的理性化。

理性化是世界的祛魅化过程。从远古社会沿袭下来的宗教中，往往"充斥着大量神秘的、巫术的、情绪的、传统的力量，总之是不可计算的、不能由人控制的因素在起作用的宗教，此外这种宗教伦理与世俗伦理无涉或影响甚少"[1]。随着理性力量的增长，这种非理性的宗教逐渐成为"摆脱了各种神秘的巫术力量、一切可通过计算、可为人控制的因素起作用的"[2] 理性宗教，这种宗教伦理"密切地与世俗伦理结合并对人们的行动从内部发挥强大的影响。判定一个宗教理性化的程度，就是看宗教本身摆脱巫术的程度和宗教伦理与世俗伦理体系相结合的程度"[3]。韦伯将这一过程定义为世界的祛魅化。希尔斯将韦伯的这一定义进一步阐释为："按照一种统一的中心准绳将信仰和行动纳入一种融贯有序的系统之中。信仰的系统化就是根除逻辑上不一致性，破除鬼怪和地方性神祇观念，否定魔力技术，增强一种理论的广度和概括性，将所有参差不齐的个体案例减化到一般种类的水平。"[4]

---

[1] 苏国勋：《理性化及其限制——韦伯思想引论》，上海人民出版社1988年版，第86页。

[2] 苏国勋：《理性化及其限制——韦伯思想引论》，上海人民出版社1988年版，第86页。

[3] 苏国勋：《理性化及其限制——韦伯思想引论》，上海人民出版社1988年版，第86页。

[4] [美] E. 希尔斯：《论传统》，傅铿、吕乐译，上海人民出版社1991年版，第389页。

第一章　市场经济与传统家庭伦理理性化的理论渊源

世界的祛魅化在世界历史的很早时期就已经开始，在中国古代宗教的理性化进程中可见一斑。整个殷商时期，古人将天视为主宰宇宙的无所不能的人格神，人则可以通过一系列巫术实现对神的操控。经过周公和孔子的改造以后，这种充满了巫术的宗教文化逐渐理性化。陈来认为："中国文化的理性化进程，它的价值理性的建立过程，是与对天神信仰的逐渐淡化和对人间性的文化和价值的关注增长联系在一起的。"① 在理性化过程中，中国文化"摆脱神秘的、巫术的力量，使宗教伦理与世俗生活相结合，强调人为的可控制的因素"②。这种理性化是祛除巫术性、神秘性、宗教性的一个过程，这一转变不仅使得中国文化的人文性增强，一个主宰宇宙的人格化的神再难以成为"大传统"中的支配力量，中国文化的整体人文色彩由此确定，也使得价值理性得以与世俗伦理相联结。在资本主义出现以后，以利益最大化为取向的经济理性大大加速了理性化进程，不仅孕育了新的动力，还使之在实质内容上发生了转变。如熊彼特所言："理性思想的产生当然早于资本主义制度达数千年之久；资本主义所做的是给这个过程以新的推动和特定的转折。"③ 历史早期的理性化，是思想观念由巫术的、神秘的、宗教的向人文性的转变，这一转变是世俗的、可控的，但未必是目的理性式的，如中国文化早期的理性化。在资本的逻辑驱使下，理性化便开始由后者转向一种可计算的、考虑目的或后果的理性。简而言之，是由"内在未经思索地接受流传下来的风俗习惯，替换成深思熟虑地有计划地适应于利害状况"④。这一转变，对社会产生了深刻而久远的影响。

了解传统家庭伦理的基本内涵，首先要了解家庭的基本概念。家

---

① 陈来：《古代宗教与伦理：儒家思想的根源》，北京大学出版社2017年版，第12页。
② 陈来：《古代宗教与伦理：儒家思想的根源》，北京大学出版社2017年版，第13页。
③ ［美］约瑟夫·熊彼特：《资本主义、社会主义与民主》，吴良健译，商务印书馆2012年版，第231页。
④ ［德］马克斯·韦伯：《社会学的基本概念》，顾忠华译，广西师范大学出版社2010年版，第61页。

庭的内涵在不同时代和不同文化环境下有着不同的设定。恩格斯提出了四种家庭形式：普那路亚家庭、对偶制、专偶制家庭，又将专偶制家庭称为个体家庭，"随着生产资料转归公有，个体家庭就不再是社会的经济单位了"①。这里的个体家庭是指主要包括父母和子女的核心家庭。马克思指出："无产者的一切家庭联系越是由于大工业的发展而被破坏，他们的子女越是由于这种发展而被变成单纯的商品和劳动工具，资产阶级关于家庭和教育、关于父母和子女的亲密关系的空话就越是令人作呕。"② 这里的家庭也是就核心家庭而言。在中国传统文化语境下，家庭的含义被扩大了。费孝通认为："在英美，家庭包括他和他的妻以及未成年的孩子。如果他只和他太太一起来，就不会用'家庭'。"③ 而在中国文化环境下，形成了相对于西方的大家庭。所谓大家庭是指在结构上包括父母、子女、兄弟在内的所有成员。这种大家庭也有自身的边界或者限定性，以父系的血缘关系为标的，母系的血缘和出嫁的女儿及其丈夫不算作家庭成员。如费孝通所言："中国的家扩大的路线是单系的，就是只包括父系这一方面；除了少数例外，家并不能同时包括媳妇和女婿。在父系原则下女婿和结了婚的女儿都是外家人。在父系方面却可以扩大得很远，五世同堂的家，可以包括五代之内所有父系方面的亲属。"④ 梁漱溟认为："伦理社会中，夫妇、父子情如一体，财产是不分的。而且父母在堂，则兄弟等亦不分；祖父在堂，则祖孙三代都不分的，分则视为背理。"⑤ 这里也是将家庭理解为"大家庭"。钱穆认为："中国人伦有五，夫妇、父子、兄弟、君臣、朋友。前三伦属家庭，君臣一伦属政治，朋友一伦属社会。可见中国文化体系中家庭之重要性。"⑥ 这里同样如上所解。可见，在中国文化环境下，家庭是指包括父子、夫妇、兄弟以及父系血缘下较为亲近的亲属成员在内的家共同体。那么何谓家庭

---

① 《马克思恩格斯选集》第4卷，人民出版社2012年版，第87页。
② 《马克思恩格斯选集》第1卷，人民出版社2012年版，第418页。
③ 费孝通：《乡土中国·生育制度·乡土重建》，商务印书馆2011年版，第26页。
④ 费孝通：《乡土中国·生育制度·乡土重建》，商务印书馆2011年版，第42页。
⑤ 梁漱溟：《中国文化要义》，上海人民出版社2011年版，第80页。
⑥ 钱穆：《晚学盲言》（上），广西师范大学出版社2004年版，第199页。

第一章　市场经济与传统家庭伦理理性化的理论渊源

伦理呢？费孝通认为："我们儒家最考究的是人伦，伦是什么呢？我的解释就是从自己推出去的和自己发生社会关系的那一群人里所发生的一轮轮波纹的差序。"① 这里费孝通把伦理理解为自己和他者之间的关系。钱穆则将伦理视为处理人与人之间关系的道义或义务。他认为："人之相处，其间必有一些分别次序等第，谓之伦理。故人伦即指人相处之道与义。尽伦者，即尽其分别次序等第间之道与义，故人伦即人事，即人与人相处之道。"② 梁漱溟也认为："伦理关系，即是情谊关系，亦即是其相互间的一种义务关系。伦理之'理'，盖即于此情与义上见之。"③ 简而言之，传统家庭伦理是指家庭之间的关系及其相应的义务。而家族共同体是从家庭基础上扩延出来的，并在结构上包括家庭。这也意味着理解传统文化中的家庭伦理不能止于父子、夫妇、兄弟，还应涵盖家族共同体。费孝通认为："一方面我们可以说在中国乡土社会中，不论政治、经济、宗教等功能都可以利用家族来担负，另一方面也可以说，为了要经营这许多事业，家的结构不能限于亲子的小组合，必须加以扩大。而凡且是政治、经济、宗教等事务都需要长期绵续性的，这个基本社群决不能像西洋的家庭一般是临时的。"④ 而且家"必须是绵续的，不因个人的长成而分裂，不因个人的死亡而结束，于是家的性质变成了族。氏族本是长期的，和我们的家一般"⑤。概而言之，家庭和家族共同体在传统社会中密不可分。家国同构是传统社会的基本特征。在这一背景下，国家、社会、家族共同体的伦理都是家庭伦理的延伸。由此，家庭伦理和家族伦理具有很大程度的一致性，尊尊亲亲同样支配者整个家族共同体，同时，家族伦理又不如师生、朋友一般，具有相对独立性。因而，本书所指的传统家庭伦理，是含括家族共同体的伦理规范。

传统家庭伦理作为一种义务，只有对行为起到约束规范作用时才

---

① 费孝通：《乡土中国·生育制度·乡土重建》，商务印书馆2011年版，第28—29页。
② 钱穆：《晚学盲言》（上），广西师范大学出版社2004年版，第205页。
③ 梁漱溟：《中国文化要义》，上海人民出版社2011年版，第79页。
④ 费孝通：《乡土中国·生育制度·乡土重建》，商务印书馆2011年版，第43页。
⑤ 费孝通：《乡土中国·生育制度·乡土重建》，商务印书馆2011年版，第43页。

◇◆◇　　市场经济与传统家庭伦理的理性化

能称其为义务，传统家庭伦理也只有和行为联系起来时才有其意义。社会行为是指"行动者赋予主观意义并指向他人的行为。进行社会行动就意味着，首先，进入习俗、制度、规范、法律等关系，参与达成一定目的而进行的事物；其次，行动者要提出自己的目标，以示行动之必要性和正当性；复次，行动者要以一定的信念、价值或理想为自己行动的动机"①。在行为发生的整个过程中，"意义都发挥着重要作用：前者以客观意义或他人取向为凭借，后两者则诉诸主观意义或自我取向。一般来说，主观意义和客观意义都以不同方式结合在行动中。意义内在于一切行动之中；无意义，则一切行动乃至一切社会现象无由理解"②。特定的意义构成特定的行为动机，由动机而引发出行为，理解行为必须理解其背后的意义。传统家庭伦理作为一种义务得以对行为产生规范作用，是因其背后蕴藏着某种意义，此一意义产生了遵循伦理规范的动机，动机保证了家庭伦理对行为产生约束或导向的有效性。韦伯认为："从社会学的观点来看，一种'伦理'的标准是指一个人的态度朝向某类型的价值，且借由此信仰，他视之为支配其行为的有效规范。"③可见，伦理的本质是某种价值，其规范作用源于对价值的信仰。而此一信仰通常"被宗教的动机所保证。但同时它们也可以由（此处用语意义上的）习俗——即通过对规范的不同意与杯葛，或由法律——通过刑法、警察的反应与民法上的后果——来加以保证。社会学意义上的每种实际的有效的'伦理'，大致上总是由存在着不同意义的可能性而能保证其不被违犯，即有常规的成分在"④。齐美尔也认为："如果人在其环境内部的行为被'风俗'控制，那么，这就已经深入了一步。赋予它以神圣性以及应当具备的'风俗'形式的，无疑是这种行为及其合目的性对于集体存在所具有的实际意义。起码，情感不必拒绝风俗作为一种观念力量立于社会生

---

① 苏国勋：《理性化及其限制——韦伯思想引论》，上海人民出版社1988年版，第82页。
② 苏国勋：《理性化及其限制——韦伯思想引论》，上海人民出版社1988年版，第82页。
③ ［德］马克斯·韦伯：《社会学的基本概念》，顾忠华译，广西师范大学出版社2010年版，第68—69页。
④ ［德］马克斯·韦伯：《社会学的基本概念》，顾忠华译，广西师范大学出版社2010年版，第69页。

活之上，并根据其普遍性和整合性来决定整个生活的开展方式。但是，只有当一种立足于社会合目的性或事实性之上的行为，看上去是从宗教那里吸取其道德律令时，这种形式过程的实现才最具有深远意义。"① 这也意味着传统家庭伦理之所以被遵循、之所以是有效的，无论是对于价值理性还是对于风俗习惯，都是因为背后存在着特定意义来加以保证，尽管风俗习惯如韦伯所言是一种环境的条件反射，或如涂尔干所言由舆论的权威所促成，但是真正使习俗成为支配人的有效规范仍然需要由宗教的神圣性赋予其超越的意义。而这又集中表现在终极价值所形成的意义对伦理义务的引发。在以儒家文化为主体的"大传统"中，"敬鬼神而远之"，宗教性基本被排除了，但儒家文化围绕着天人合一的终极价值，形成了一套意义体系，在实质上构成了传统家庭伦理的"价值"。它虽然不是宗教的，但其内在超越性使其具备了上述宗教的动机功能。在以民间文化为内容的"小传统"中，围绕着来世或现世的福报也建构了一套价值体系。它以儒家的伦理规范为主体，融入了道教和佛教的神仙体系，因而更具备了宗教的动机功能。随着市场经济的发展，经济理性不断扩张，其极端发展将导致货币由手段变为终极目的。因为，"市场经济的机制突出，个人主义兴起，个人牟利的动机受到重视，经济制度和政治制度之间是相抗衡的，且有相当程度的冲突；企业的发展和政治的领导是不相容的。因此，财富变成大家追求的目标"②。旧的终极价值将为新的以货币为内容的终极目的所取代。而后者无法为伦理提供意义保证。由此，传统家庭伦理的内在动机逐渐消失了，作为一种义务对行为的规范或约束随之减弱甚至消失了。

第二节 马克思主义异化理论——精神本质丧失

自我异化是人与自然、人与社会、人与自身的分离。在现代社

---

① [德] 西美尔：《宗教社会学》，曹卫东译，上海人民出版社2003年版，第94页。
② 《杜维明文集》第1卷，郭齐勇、郑文龙编，武汉出版社2002年版，第533页。

◆◆◆　市场经济与传统家庭伦理的理性化

会，人的精神本质的丧失是自我异化的重要内容。随着生产力的发展，资本主义社会形成了一套适应资本主义的价值体系，这一体系受"资本的逻辑"支配。对货币的热忱代替了对宗教的热忱，货币本身由手段变成了终极目的。这一问题的根源是私有制。解决这一问题需要实现共产主义，实现对私有制的扬弃。在以公有制为主体、多种所有制共同发展的社会主义制度下，由私有制所引发的精神本质丧失现象已经失去了其存在的基础，但经济基础及其变动对包括伦理、道德、价值观等的影响同样存在着。因而，马克思主义对精神本质丧失的原因、表现、对策的分析，为分析社会主义制度下，市场经济与传统家庭伦理的内在关系提供了重要的研究范式和分析框架，为传统家庭伦理理性化问题的解决提供了遵循。

一　精神本质丧失的动因：经济基础决定上层建筑

机器大工业的发展改变了旧的建立在农业基础上的生产方式，随之而起的是一系列与之相适应的伦理、哲学、道德等为主要内容的资本主义文化。促使变迁朝着这一方向发展的是以利益最大化为取向的经济理性。而后者作用的发挥是以自由市场的运行为基础的。

经济基础决定上层建筑是马克思主义探讨人类历史变迁的最基本的立场和观点。人类历史中所形成的宗教、道德、哲学等属于意识范围的东西都是社会实践的产物，都由其生产力和经济基础从根本上规定着。马克思指出："思想、观念、意识的生产最初是直接与人们的物质活动，与人们的物质交往，与现实生活的语言交织在一起的。人们的想象、思维、精神交往在这里还是人们物质行动的直接产物。表现在某一民族的政治、法律、道德、宗教、形而上学等的语言中的精神生产也是这样。"① "道德、宗教、形而上学和其他意识形态，以及与它们相适应的意识形式便不再保留独立性的外观了。它们没有历史，没有发展，而发展着自己的物质生产和物质交往的人们，在改变

---

① 《马克思恩格斯选集》第 1 卷，人民出版社 2012 年版，第 151—152 页。

第一章　市场经济与传统家庭伦理理性化的理论渊源

自己的这个现实的同时也改变着自己的思维和思维的产物。不是意识决定生活，而是生活决定意识。"① 这里马克思指出了人们的思维及其产物为物质的生产和交往所决定，而道德、宗教、法律等属于意识层面的事物，是人们的思维的产物，故而为物质生产和物质交换所决定。而这些物质行动在根本上又受生产力制约，因为人们受"自己的生产力和与之相适应的交往的一定发展——直到交往的最遥远的形态——所制约。意识在任何时候都只能是被意识到了的存在，而人们的存在就是他们的现实生活过程"②。物质行动是生产力的具体体现，不同物质行动创造不同的意识形态。这样的创造是通过生产力对生产关系的规定性来实现的，也即通过对生产方式以及与之相连的交往形式来实现的。如马克思所言："不言而喻，'幽灵'、'枷锁'、'最高存在物'、'概念'、'疑虑'显然只是孤立的个人的一种观念上的、思辨的、精神的表现，只是他的观念，即关于真正经验的束缚和界限的观念；生活的生产方式以及与此相联系的交往形式就在这些束缚和界限的范围内运动着。"③ 因而，蒸汽机、翼锭纺纱机、走锭纺纱机、机械织机所代表的新的生产力产生了新的生产关系。在采用这些机器以前，纺纱和织布都是在工人家里进行的，与之密切联系的乡绅是"'值得尊敬的'人，是好的当家人，过着合乎道德的生活，因为他们那里没有使人过不道德生活的诱因"④。在采用之后，机器大工业把二者变成了资产阶级和无产阶级，前者以追求剩余价值为唯一目标，压榨、欺骗等不道德随之而来。熊彼特认为，马克思唯物主义可以归结为两个命题：其一，"生产形式或条件是社会结构的基本决定因素，而社会结构则产生各种态度、行动和文化"⑤。其二，是"'蒸汽工厂'的出现和运作转过来造成新的社会职能与社会地位、新的集团与观点，这些新东西发展壮大相互作用……它首先是经济变化的原

---

① 《马克思恩格斯选集》第1卷，人民出版社2012年版，第152页。
② 《马克思恩格斯选集》第1卷，人民出版社2012年版，第152页。
③ 《马克思恩格斯选集》第1卷，人民出版社2012年版，第163页。
④ 《马克思恩格斯选集》第1卷，人民出版社2012年版，第88—89页。
⑤ [美] 约瑟夫·熊彼特：《资本主义、社会主义与民主》，吴良健译，商务印书馆2012年版，第53—54页。

◇◆◇　市场经济与传统家庭伦理的理性化

因,由于经济变化,又成为任何社会变化的原因"①。在马克思这里,思想变化作为社会变化的重要内容,是经济变化的结果。

资本主义社会是以机器大工业和私有制为基础的,由此所建构起来的道德、哲学、宗教等构成了一个异于农业社会的意识形态,也孕育了一个具有新的内容和形式的文明。马克思指出:"只有资本才创造出资产阶级社会,并创造出社会成员对自然界和社会联系本身的普遍占有。由此产生了资本的伟大的文明作用;它创造了这样一个社会阶段,与这个社会阶段相比,一切以前的社会阶段都只表现为人类的地方性发展和对自然的崇拜。"②熊彼特认为:"资本主义意味着一种价值体系,对生活的一种态度,一种文明——不平等和家庭财产的文明。"③贝尔则将之称为经济文化体系,他认为:"资本主义是经济文化体系,经济上围绕着财产机构和商品生产建构起来,而文化基础则是以下事实:交易关系,即买卖关系,渗透进社会的大部分领域。"④从这些定义中可以看出,在资本主义社会,资本创造了一套与之相适应的文化体系,其价值观念受经济理性所支配。在此逻辑下的"理性化"带来了两个方面的影响,在经济方面,既创造了比以往任何时代都丰富得多的财富,也带来了大量的贫困人口,政治和经济上的压榨也前所未有的增加。在价值体系方面,既增加了个体的自由、民主和法治意识,也产生了道德的腐化堕落。马克思指出,资本主义社会"在一极是财富的积累,同时在另一极,即在把自己的产品作为资本来生产的阶级方面,是贫困、劳动折磨、受奴役、无知、粗野和道德堕落的积累"⑤。从根源上讲这是私有制的弊端在价值体系方面的体现。在私有制下,"这种商业与其他一切活动一样,必然是经商者收入的直接源泉;就是说,每个人必定要尽量设法贱买贵卖;这种冲突

---

① [美]约瑟夫·熊彼特:《资本主义、社会主义与民主》,吴良健译,商务印书馆2012年版,第54页。
② 《马克思恩格斯选集》第2卷,人民出版社2012年版,第715页。
③ [美]约瑟夫·熊彼特:《资本主义、社会主义与民主》,吴良健译,商务印书馆2012年版,第31页。
④ [美]贝尔:《资本主义文化矛盾》,严蓓雯译,人民出版社2010年版,第13页。
⑤ 《马克思恩格斯选集》第3卷,人民出版社2012年版,第806页。

第一章 市场经济与传统家庭伦理理性化的理论渊源

带有势不两立的性质,因为每一个人都知道另一个人的意图,知道另一个人的意图是和自己的意图相反的。因此,商业所产生的第一个后果是:一方面互不信任,另一方面为这种互不信任辩护,采取不道德的手段来达到不道德的目的"①。

这样一种以经济理性所支配的价值体系的形成,只有在自由市场的框架下才有其可能。正如韦伯所言:"带有经济理性意味的市场规制,在历史上乃是随着形式的市场自由之增长与市场性之普遍扩大而发展起来的。"② 市场不仅为商品交换提供了条件和可能,还为生产的进行提供了必不可少的劳动力,同时市场还为货币的一系列功能的发挥和实现提供了前提。商品价值的二重性决定了其价值通过使用价值的放弃而获得,这意味着必须通过交换才能获得,而交换又必须在市场上进行。马克思指出:"商品在能够作为价值实现以前,必须证明自己是使用价值,因为耗费在商品上的人类劳动,只有耗费在对别人有用的形式上,才能算数。但是,这种劳动对别人是否有用,它的产品是否能够满足别人的需要,只有在商品交换中才能得到证明。"③ 而"一个商品的产地就是它的市场所在地,另一个商品要旅行到远方的市场去。因此,一个商品占有者可以在另一个商品占有者作为买者出现之前,作为卖者出现"④。可以看出,商品的交换必须在市场里才能进行,市场是使用价值和交换价值转换的"场域",这一"场域"为交换双方提供了信用、规则、保障等必要条件。劳动力作为一种特定的商品,也是在市场下进行"交换"的。市场从而为货币占有者寻找生产赖以进行的劳动力奠定了前提。因为,"要从商品的消费中取得价值,我们的货币占有者就必须幸运地在流通领域内即在市场上发现这样一种商品,它的使用价值本身具有成为价值源泉的独特属性,因此,它的实际消费本身就是劳动的对象化,从而是价值的创

---

① 《马克思恩格斯选集》第1卷,人民出版社2012年版,第22页。
② [德]马克斯·韦伯:《社会学的基本概念》,顾忠华译,广西师范大学出版社2010年版,第149页。
③ 《马克思恩格斯选集》第2卷,人民出版社2012年版,第129页。
④ 《马克思恩格斯选集》第2卷,人民出版社2012年版,第149页。

◇◆◇　市场经济与传统家庭伦理的理性化

造。货币占有者在市场上找到了这样一种独特的商品,这就是劳动能力或劳动力"[1]。这里,马克思不仅指出了流通领域即为市场,还指出了生产的前提是必须通过市场找到自由的工人。马克思进一步指出,只有"当生产资料和生活资料的占有者在市场上找到出卖自己劳动力的自由工人的时候,资本才产生;而单是这一历史条件就包含着一部世界史"[2]。这意味着市场在给货币占有者提供去寻找劳动力的自由选择的可能的时候,也为劳动者将自身的劳动力何时"出卖"以及"出卖"给谁提供了自由。因而,交换在市场中的完成以及生产者和劳动者在市场中实现结合是资本产生的前提和基础,进而意味着经济的形式理性只有在市场经济的框架下才有可能。马克思所谈论的一切资本的经济的、社会的、政治的影响都是在市场这一背景下展开的。在历史实践中,在马克思所处的历史时代,资本主义社会的种种矛盾、弊端,都是自由市场发展使然。因而,必须在自由市场这一背景下理解经济理性的发展及其膨胀。正如米塞斯所言:"资本的概念既无法与货币计算相脱离,也无法与使货币计算成为可能的市场经济的社会结构相脱离。它是一种超乎市场经济条件就没有任何意义的概念。只有在生产手段私有制下人们为了自利而行动时的计划和记录上,这一概念才有其作用,它并随着基于货币之经济计算的推广而发展。"[3] 市场对经济理性的推动,一方面是资本的积累与增值的必然性,导致其不断地将农业、纺织或其他服务业等纳入市场中,从而导致经济理性不断扩展;另一方面,"在货币贮藏者那里表现为个人的狂热的事情,在资本家那里却表现为社会机制的作用,而资本家不过是这个社会机制中的一个主动轮罢了"[4]。正是此"主动轮"的存在,使以利益最大化为取向的经济理性逐步渗透到其他阶层和领域中去,并成为支配整个社会的核心准则,也因此成为现代社会的一个影响更

---

[1] 《马克思恩格斯选集》第2卷,人民出版社2012年版,第164页。
[2] 《马克思恩格斯选集》第2卷,人民出版社2012年版,第164页。
[3] [奥] 路德维希·冯·米塞斯:《人的行动:关于经济学的论文》,余晖译,上海人民出版社2013年版,第288页。
[4] 《马克思恩格斯选集》第2卷,人民出版社2012年版,第267页。

第一章 市场经济与传统家庭伦理理性化的理论渊源

为久远的普遍性问题。

二 精神本质丧失的表现：货币成为终极目的

自我异化是个体的劳动成果反过来反对他自身。这一异化包含着个体与社会、个体与自身的异化，在异化中个体失去了其类的属性，尤为紧要的是个体精神本质的丧失。这一问题的根源是私有制以及资产阶级对无产阶级的压迫与剥削。在现代社会中，货币的异化成为西方社会的普遍问题，货币由手段变成了终极目的，旧的终极价值瓦解，自我意义丧失。

自我的异化是资本主义制度的产物，是其社会一系列问题的主要成因。所谓自我异化，是指"在劳动过程中劳动对生产行为的关系。这种关系是工人对他自己的活动——一种异己的、不属于他的活动——的关系。在这里，活动是受动；力量是无力；生殖是去势；工人自己的体力和智力，他个人的生命——因为，生命如果不是活动，又是什么呢？——是不依赖于他、不属于他、转过来反对他自身的活动。这是自我异化"①。这意味着，自我异化是发生于劳动过程中，缘起于这一过程的生产关系。其表现是自己的生命反过来反对自身的活动。这一过程中，劳动者的劳动分为两段时间，在第一段时间内，劳动者生产他以及他的家庭吃、穿、住、用等必需的生活资料，在第二段时间内，"工人超出必要劳动的界限做工的时间，虽然耗费工人的劳动，耗费劳动力，但并不为工人形成任何价值。这段时间形成剩余价值，剩余价值以从无生有的全部魅力引诱着资本家"②。在整个劳动过程中，"工人在资本家的监督下劳动，他的劳动属于资本家"③，"产品是资本家的所有物，而不是直接生产者工人的所有物"④。这就导致了两个结果，一方面，工人自身及其家庭的生活资料的获得依赖于资本家；另一方面，工人创造的剩余价值或者财富越

---

① 《马克思恩格斯选集》第1卷，人民出版社2012年版，第54—55页。
② 《马克思恩格斯选集》第2卷，人民出版社2012年版，第187页。
③ 《马克思恩格斯选集》第2卷，人民出版社2012年版，第174页。
④ 《马克思恩格斯选集》第2卷，人民出版社2012年版，第174页。

◇◆◇　市场经济与传统家庭伦理的理性化

多，资本家控制工人的力量越强大，而资本家的控制又是以对工人的劳动产品的控制为媒介的。因而，"工人对自己的劳动的产品的关系就是对一个异己的对象的关系。因为根据这个前提，很明显，工人在劳动中耗费的力量越多，他亲手创造出来反对自身的、异己的对象世界的力量就越强大，他自身、他的内部世界就越贫乏，归他所有的东西就越少"①。也即是说工人的劳动产品成为一个独立于并反对工人自身的对象了，工人因而丧失了这一对象。对象的丧失，"意味着他的劳动成为对象，成为外部的存在，而且意味着他的劳动作为一种与他相异的东西不依赖于他而在他之外存在，并成为同他对立的独立力量；意味着他给予对象的生命是作为敌对的和相异的东西同他相对立"②。工人生产的劳动产品越多，他越受这一对象的统治、进而越受资本的统治。

在自我异化的过程中，劳动对象与作为劳动者的工人的相对立，是在与他人的关系中表现出来的。马克思指出："人同自身以及同自然界的任何自我异化，都表现在他使自身、使自然界跟另一些与他不同的人所发生的关系上。"③ 在日常世界中，如果"人对自己的劳动产品的关系、对对象化劳动的关系，就是对一个异己的、敌对的、强有力的、不依赖于他的对象的关系，那么他对这一对象所以发生这种关系就在于有另一个异己的、敌对的、强有力的、不依赖于他的人是这一对象的主宰"④。这种与他人的关系集中表现在与资本家的关系上。资本是逐利的、贪婪的和无休止的。在资本的逻辑下，资本家的首要目的是"降低各种原料特别是工人阶级的一切生活资料的价格，减少原料费用，压住（即使还不能压低）工资"⑤。因而，自我的异化伴随着工人在经济和政治上的被奴役、被剥削、被压榨，使得工人们"越来越降到本阶级的生存条件以下。工人变成赤贫者，贫困比人

---

① 《马克思恩格斯选集》第1卷，人民出版社2012年版，第51页。
② 《马克思恩格斯选集》第1卷，人民出版社2012年版，第52页。
③ 《马克思恩格斯选集》第1卷，人民出版社2012年版，第59页。
④ 《马克思恩格斯选集》第1卷，人民出版社2012年版，第59页。
⑤ 《马克思恩格斯选集》第1卷，人民出版社2012年版，第72页。

第一章　市场经济与传统家庭伦理理性化的理论渊源

口和财富增长得还要快"①。作为一种"类存在物"的人，其生命的本质超越于维持自身生存手段之上，能够自主、自由的按照自己的意志去活动，也即人的自身的生命活动成为其意志的对象，只有如此，才能与动物相区别，进而才能作为"类存在物"而存在。而异化劳动把工人具有自然属性的"无机的身体"剥夺了，从而也剥夺了其类的属性。类的属性的丧失，不仅仅包括"无机的身体"的被剥夺，还有其精神的本质的丧失，在更深层次上而言，使得类的属性的丧失更为彻底。在此情况下，人的类本质属性，无论是自然界，还是人的精神的类能力，"都变成了对人来说是异己的本质，变成了维持他的个人生存的手段。异化劳动使人自己的身体同人相异化，同样也使在人之外的自然界同人相异化，使他的精神本质、他的人的本质同人相异化"②。马克思进一步指出："宗教、家庭、国家、法、道德、科学、艺术等等，都不过是生产的一些特殊的方式，并且受生产的普遍规律的支配。因此，对私有财产的积极的扬弃，作为对人的生命的占有，是对一切异化的积极的扬弃，从而是人从宗教、家庭、国家等等向自己的合乎人性的存在即社会的存在的复归。宗教的异化本身只是发生在意识领域、人的内心领域，而经济的异化是现实生活的异化，——因此对异化的扬弃包括两个方面。"③马克思指明了宗教的异化——精神的异化——是异化的重要内容。精神的本质的丧失包括三个方面：一是宗教作为对社会现实的歪曲的反映，反过来成为独立的支配人的精神的力量；二是宗教、道德、艺术等意识层面的东西是作为阶级统治的反映，是以资产阶级的观念、利益、需要所型构并为之服务的；三是对商品尤其是其一般等价物——货币——的热忱代替了对宗教的热忱。其反应的更深层次的问题是由宗教所塑造的终极价值，被以货币为内容的终极目的所替代。精神的异化从一种异化被转移到了另一种异化中，从宗教所导致的精神的异化被转移到了货币所导致的异化中。

---

① 《马克思恩格斯选集》第1卷，人民出版社2012年版，第412页。
② 《马克思恩格斯选集》第1卷，人民出版社2012年版，第57—58页。
③ 《马克思恩格斯文集》第1卷，人民出版社2009年版，第186页。

◇◆◇　市场经济与传统家庭伦理的理性化

在现代社会中，自身精神本质的丧失，则对人类社会有更为显著、深刻和广泛的影响。这种异化是由于货币由手段变为目的且在很大程度上成为终极目的所促成的，它虽然消解了由宗教所建构的终极价值，将宗教所产生的异化逐渐削弱了，但又产生了以货币为终极目的的精神的异化。这种异化相对于人的精神本质的丧失、进而人的类本质属性的丧失，其影响是同样的，甚至更为彻底。它不仅体现在工人身上，还体现在包括资本家、农民以及工人自身在内的更为广泛的群体上。这种异化也不再单纯地表现为资产阶级对无产阶级的剥削、压迫或压榨，而是表现为货币由手段变为目的，人的观念、人的意志、人的道德等精神性的因素被货币所支配。从这一层面而言，人的精神也不再属于他自己了。马克思、恩格斯所着重探讨的是货币在资本家手里由手段变为目的，但这种分析有着更为广泛的和持久的适用性。马克思指出："随着商品流通本身的最初发展，把第一形态变化的产物，商品的转化形态或它的金蛹保留在自己手中的必要性和欲望也发展起来了。出售商品不是为了购买商品，而是为了用货币形式来代替商品形式。这一形式变换从物质变换的单纯中介变成了目的本身。商品的转换形态受到阻碍，不能再作为商品的绝对可以让渡的形态或作为只是转瞬即逝的货币形式而起作用。于是货币硬化为贮藏货币，商品出售者成为货币贮藏者。"[①] 这里马克思指明了几点，一是对货币的贮藏代替了对商品的单纯保有，二是货币由借以生存的手段变成了主要目的。这既点明了整个资本主义社会的突出特征，也洞察到了其主要问题。货币由手段到目的的转化源于其自身的特性，一方面，"金银天然不是货币，但货币天然是金银"。货币的内在属性使其具有了作为一般等价物的无可匹配的条件，作为一般等价物，货币的本质在于商品交换的"中介运动"，如此，则人在社会中的活动成为人之外的并且是物质性的异化力量，进而异化成了货币的属性。货币成了一种异己的媒介，并反过来支配人自身，"人把自己的愿望、活动以及

---

① 《马克思恩格斯选集》第 2 卷，人民出版社 2012 年版，第 147 页。

第一章　市场经济与传统家庭伦理理性化的理论渊源

同他人的关系看作是一种不依赖于他和他人的力量。这样，他的奴隶地位就达到极端。因为媒介是支配它借以把我间接表现出来的那个东西的真正的权力，所以，很清楚，这个媒介就成为真正的上帝。对它的崇拜成为自我目的。同这个媒介脱离的物，失去了自己的价值"①。这种货币拜物教的生成，意味着货币本身成了自我目的，而且是终极目的，这种终极目的是作为一种新的"上帝"被加以崇拜，人的所有的活动，只有"在这些无代表这个媒介的情况下这些物才有价值"，人的"这种类生活活动的属性，都可以转移给这个媒介"。以货币为自我目的的终极追求，便代替了以上帝的救赎为内容的终极价值。齐美尔对此作了进一步的阐述，他认为："终极目的这种以最综合、最极端的形式的超前发生，不是在生活过程的中间事件中，反而倒是在货币中。有这么一些东西，其自身价值完全来自于其作为手段的特质、来自于其能够转化为更具体价值的能力，但从来还没有这样的东西能够像货币一样如此畅通无阻地、毫无保留地发展成为一种绝对的心理性价值，一种控制我们实践意识、牵动我们全部注意力的终极目的。"② 这不仅成为资本主义社会的普遍问题，也是受经济理性支配下的所有社会的普遍问题。

三　精神本质丧失的扬弃：以公有制代替私有制

私有制是自我异化的根源，因而也是精神本质丧失的根源。在私有制下，工人所必需的生产生活资料为资本家所有，工人所创造的劳动产品越多，其对资产家的依赖越深。解决异化问题的最根本措施在于实现共产主义，以公有制代替私有制。因为，只有在共产主义下，物质财富极大发展，才能使人得以向人自身、向人的本性复归。

异化的核心是自我的丧失，是人的类存在性的丧失。马克思指出："人的本质不是单个人所固有的抽象物，在其现实性上，它是一

---

① 《马克思恩格斯全集》第42卷，人民出版社1979年版，第19页。
② [德] 西美尔：《货币哲学》，陈戎女、耿开君、文聘元译，华夏出版社2007年版，第161页。

◆◆◆　市场经济与传统家庭伦理的理性化

切社会关系的总和。"① 这种社会关系的总和表现为人的类存在性。它体现于个体意识与从现实生活中抽象出的类意识的一致性。作为类意识,"人确证自己的现实的社会生活,并且只是在思维中复现自己的现实存在;反之,类存在则在类意识中确证自己,并且在自己的普遍性中作为思维着的存在物自为地存在着"②。正是意识到类意识的存在,人才能在其中确证自己。同时,人作为自为的主体存在,也只有在对社会生活的直观和现实的享受中才能感知自我的存在。也就是说只有拥有类属性或者在类意识中确证自己的时候,人才能称得上真正的人。如马克思所言,"有意识的生命活动把人同动物的生命活动直接区别开来。正是由于这一点,人才是类存在物。或者说,正因为人是类存在物,他才是有意识的存在物"③。而异化劳动在使人的劳动称为异己的对象的时候,人的"有意识的生命活动"被剥夺了,从而其类生活也丧失了。因而,异化的扬弃最重要的就是把人从支配自身的人的生存手段或者劳动对象中解放出来,把被夺取的人的类生活归还给人,使人可以自主活动、自由活动,使人成为类存在物,进而把自己的本质变成生存的手段。此外,马克思也指出:"人是一个特殊的个体,并且正是他的特殊性使他成为一个个体,成为一个现实的、单个的社会存在物,同样,他也是总体,观念的总体,被思考和被感知的社会的自为的主体存在,正如他在现实中既作为对社会存在的直观和现实享受而存在,又作为人的生命表现的总体而存在一样。"④ 这里,马克思指明了,人的类存在性既体现在实践上,也体现在观念上。这表明不仅作为一个"现实的"、自由、自主的社会存在物,才能回归到人的类存在性,还要在观念中拥有独立、自主、自由的意识才能实现类属性的复归。只有在两个方面都意识到这种类存在性,人才能把自身当作自为的社会存在物来对待,进而确证其社会主体性。可见,不仅政治、经济的或者说劳动的解放对人获取类属性

---

① 《马克思恩格斯选集》第1卷,人民出版社2012年版,第135页。
② [德] 马克思:《1844年经济学哲学手稿》,人民出版社2000年版,第84页。
③ 《马克思恩格斯选集》第1卷,人民出版社2012年版,第56页。
④ [德] 马克思:《1844年经济学哲学手稿》,人民出版社2000年版,第84页。

第一章　市场经济与传统家庭伦理理性化的理论渊源

重要，摆脱观念、思想、道德等精神的异化，对于获得类属性同样重要。

异化表现为对象的丧失和被对象的奴役，相应而言，工人的异化表现为其劳动产品的丧失、工人被其劳动产品所奴役。劳动产品之所以表现出这种特性，源于劳动产品为资本家所有而非工人所有，因而异化问题从根本上讲是私有制的存在。在这一制度下，"每个人都指望使别人产生某种新的需要，以便迫使他作出新的牺牲，以便使他处于一种新的依赖地位并且诱使他追求一种新的享受，从而陷入一种新的经济破产。每一个人都力图创造出一种支配他人的、异己的本质力量，以便从这里面获得他自己的利己需要的满足"①。正是私有制所滋生的这种支配他人的、利益最大化的、利己的心里，推动着异化的出现和扩展，而私有制下生产资料归资本家所有，工人们"自由的一无所有"则为这一扩展提供了基础条件。工人所获得的工资也是由于私有制的这种属性而变成劳动异化的力量，"因为用劳动产品、劳动对象来偿付劳动本身的工资，不过是劳动异化的必然后果，因为在工资中，劳动并不表现为目的本身，而表现为工资的奴仆"②。可见，私有制是一切异化问题的根源，也因而是解决一切问题的关键，对私有制的扬弃是"对一切异化的积极的扬弃"。这一扬弃的核心在于使人意识到自身的类存在性，使人自主的、自由的活动，成为类的存在，只有扬弃私有财产，才能占有自己的全面的本质，进而成为一个完整的人，才能自主、自由。占有自己的全面的本质，不仅要自由的、自主的处理自己的任何一种相关的关系，还要能自由的、自主的占有自己的感觉、思维、情感、愿望等一切器官的活动，使人的思想和行为能按自己的方式加以理解和行动。

对私有制的扬弃关键在于以公有制为基础的共产主义的实现。因为，共产主义是对"否定的否定"，是对"人的本质的占有，而这种占有以否定私有财产作为自己的中介，因而还不是真正的、从自身开

---

① ［德］马克思：《1844 年经济学哲学手稿》，人民出版社 2000 年版，第 120 页。
② 《马克思恩格斯选集》第 1 卷，人民出版社 2012 年版，第 61 页。

◆◆◆ 市场经济与传统家庭伦理的理性化

始的肯定,而宁可说是从私有财产开始的肯定,……可见,既然人的生命的现实的异化仍在发生,而且人们越意识到它是异化,它就越成为更大的异化;所以,它只有通过付诸实行的共产主义才能完成。要扬弃私有财产的思想,有思想上的共产主义就完全够了"①。共产主义是从资本主义社会的矛盾中孕育出来的,矛盾的核心体现为私有制对生产力的束缚、体现为生产资料的私人占有越来越不能适应社会化大生产。共产主义以公有制为基础,以生产关系的根本性变革消解了对生产力的束缚、并最终消解了私有制下矛盾产生的根源,从而使与私有制相伴生的自我异化失去了存在的根基。对人的本质的占有之所以能在共产主义实现,是因为它创造着"具有人的本质的这种全部丰富性的人,创造着具有丰富的、全面而深刻的感觉的人作为这个社会的恒久的现实"②。而具有"丰富的、全面而深刻的感觉"的人,本质上实现了"人向自身、向社会的即合乎人性的人的复归,这种复归是完全的,自觉的和在以往发展的全部财富的范围内生成的"③。在共产主义社会里,每个人的自由发展是一切人的自由发展的条件,一切对立以及造成对立的原因都消除了,实现了"人和自然界之间、人和人之间的矛盾的真正解决,是存在和本质、对象化和自我确证、自由和必然、个体和类之间的斗争的真正解决。它是历史之谜的解答,而且知道自己就是这种解答"④。奴役工人的生产关系自然随着对立的消除而消除了。由前述可知,自我异化只有通过他人的实践的、现实的关系才能表现出来。工人对劳动对象的丧失及其被劳动对象的奴役,是通过被资本家的奴役体现出来的,而资本家又是以私有制为依托。因而,"社会从私有财产等等解放出来、从奴役制解放出来,是通过工人解放这种政治形式来表现的,这并不是因为这里涉及的仅仅是工人的解放,而是因为工人的解放还包含普遍的人的解放;其所以如此,是因为整个的人类奴役制就包含在工人对生产的关系中,而一

---

① [德] 马克思:《1844年经济学哲学手稿》,人民出版社2000年版,第128页。
② [德] 马克思:《1844年经济学哲学手稿》,人民出版社2000年版,第88页。
③ [德] 马克思:《1844年经济学哲学手稿》,人民出版社2000年版,第81页。
④ [德] 马克思:《1844年经济学哲学手稿》,人民出版社2000年版,第81页。

切奴役关系只不过是这种关系的变形和后果罢了"①。这意味着异化问题的解决，在现实中首要的或者最重要的是实现工人的解放，使工人与被压迫、被奴役的关系相脱离，以工人的解放实现"普遍的人"的解放，再以一切人的解放实现人对人的本质的全面占有。这种占有当然包括对精神本质的占有。

第三节　马克思主义家庭伦理思想

马克思主义家庭伦理思想是历史唯物主义的重要体现。通过追溯家庭形式由血缘家庭、普那路亚家庭、对偶制家庭和专偶制家庭的历史变迁，呈现出私有制作为家庭、进而作为社会结构变迁的基础性。并进一步凝练出私有制对男女关系不平等、父母对子女的管制、爱情的功利心和感官性、阶级的压迫等问题所造成的决定性影响。以此得出，家庭问题的根源在于私有制，故而消灭私有制、实现共产主义才能解决这一问题。

一　家庭形式的历史变迁

随着生产力的发展，人类社会由野蛮时代进入文明时代。与此相对应，家庭财富增加，私有制兴起，人类社会由母系进入父系。这一过程中，家庭形式经历了血缘家庭、普那路亚家庭、对偶制家庭和专偶制家庭类型的变迁。这表明家庭形式作为一种社会关系，奠基于经济基础之上，随着后者的变化而变化。

家庭是社会的基本单位，也是形成氏族、部落、进而形成国家的基点。家庭的形成与发展根本上取决于生产力的发展。随着生产力的不同发展，家庭形式经历了血缘家庭、普那路亚家庭、对偶制家庭和专偶制家庭四个阶段的变迁。血缘家庭是家庭形式发展的第一个阶段。在这一阶段中，"在家庭范围以内的所有祖父和祖母，都互为夫妻；他们的子女，即父亲和母亲，也是如此；同样，后者的子女，构

---

① 《马克思恩格斯选集》第 1 卷，人民出版社 2012 年版，第 61 页。

◇◆◇　市场经济与传统家庭伦理的理性化

成第三个共同夫妻圈子。而他们的子女，即第一个集团的曾孙子女们，又构成第四个圈子"①。这些家庭关系以血缘为基础，禁止上一代和下一代结成夫妻和发生性关系，同一代的子女之间并不禁止。在普那路亚家庭中，姊妹和兄弟之间的性关系也排除了。这导致了家庭公社的分裂，其中，"一列或者数列姊妹成为一个公社的核心，而她们的同胞兄弟则成为另一个公社的核心"②。相应的，在家庭公社内部，亲属制度也发生了变化，"我母亲的姊妹的子女，依然是我母亲的子女，同样，我父亲的兄弟的子女，也依然是我父亲的子女，他们全都是我的兄弟姊妹；但是我母亲的兄弟的子女，现在都是我母亲的内侄和内侄女，我父亲的姊妹的子女，现在都是我父亲的外甥和外甥女，而他们全都是我的表兄弟和表姊妹了"③。在这种形式中，子女仍然是只知其母、不知其父的"母权制"。母亲虽然对所有的子女都负有照管或者赡养义务，但她仍然会把自己的子女和其他人的子女加以区分。这一变化为氏族制度的形成奠定了基础。性关系在姊妹和兄弟之间的禁止，催生了一个具有血缘但是不能结婚的亲属集团，这一集团具有共同的祖先、宗教和生活设施，逐渐形成了稳固的氏族。随着生产的发展，两性之间性关系的范围进一步缩小，产生了新的家庭形式——对偶制家庭。恩格斯指出："由于婚姻禁规日益错综复杂，群婚就越来越不可能；群婚就被对偶制家庭排挤了。"④ 在这种家庭形式中，"群已经缩减到它的最后单位，仅由两个原子组成的分子，即一男和一女"⑤。不过这一时期的群婚并没有完全消失，在同一氏族里，妇女为男子的共同的妻子、男子为妇女的共同丈夫的残余还散见于北美的某些部落中。随着家畜饲养水平的提升，财富不断增加，劳动力逐渐超出维持它的费用并有了盈余。这推动了财富的家庭所有制的发展。恩格斯认为："正如以前容易得到的妻子现在具有了交换

---

① 《马克思恩格斯选集》第4卷，人民出版社2012年版，第44页。
② 《马克思恩格斯选集》第4卷，人民出版社2012年版，第47页。
③ 《马克思恩格斯选集》第4卷，人民出版社2012年版，第47页。
④ 《马克思恩格斯选集》第4卷，人民出版社2012年版，第55页。
⑤ 《马克思恩格斯选集》第4卷，人民出版社2012年版，第62页。

第一章　市场经济与传统家庭伦理理性化的理论渊源

价值而可以购买一样，劳动力也发生了同样的变化，特别是在畜群完全转归家庭所有以后。"① 财富归家庭私有对对偶婚和母权制都产生了重要影响。财富的增加，"一方面使丈夫在家庭中占据比妻子更重要的地位；另一方面，又产生了利用这个增强了的地位来废除传统的继承制使之有利于子女的原动力"②。这样既产生了废除母权制的动力，也形成了其可能性。子女继承父亲财产的可能逐步转变了旧有的氏族男性成员的子女离开本氏族的传统。如此，则按母系计算世系的办法被废除，母系的继承权随之被废除，以男性为计算世系的惯例确立，父系的继承制随之得以确立。这对随后的家庭形式产生了重要影响，也对整个社会产生了深远影响。

随着生产水平的发展，相对松散的对偶制关系逐渐变得更加稳固，氏族社会由母权制向父权制的过渡更增加了这一稳固性。专偶制家庭在此基础上逐步诞生。这一家庭形式"是建立在丈夫的统治之上的，其明显的目的就是生育有确凿无疑的生父的子女；而确定这种生父之所以必要，是因为子女将来要以亲生的继承人的资格继承他们父亲的财产"③。这一形式中的婚姻关系相较于对偶制更多地受到了规范的约束。可以从斯巴达和雅典家庭形式的不同看出这种家庭形式的逐步发展。在斯巴达，"是一种由国家根据当地的观点而改变了的对偶婚制，这种对偶婚制在有些方面还像群婚"④。男子可以有多个妻子，一个妻子同时侍奉几个兄弟，一个人还可以以朋友妻子为妻子。而在雅典，妇女被幽禁起来，禁止同别的男子进行交往；丈夫可以从事公共活动，妻子则不被允许；妻子成了丈夫的生育工具，等等。同时，法律"不仅规定必须结婚，而且规定丈夫必须履行一定的最低限度的所谓婚姻义务"⑤。这代表了一种普遍的变迁趋势，这一变迁同样是两性间性爱关系的逐步缩小为关键的。在专偶制发展的同时，也

---

① 《马克思恩格斯选集》第4卷，人民出版社2012年版，第63页。
② 《马克思恩格斯选集》第4卷，人民出版社2012年版，第64页。
③ 《马克思恩格斯选集》第4卷，人民出版社2012年版，第71页。
④ 《马克思恩格斯选集》第4卷，人民出版社2012年版，第73页。
⑤ 《马克思恩格斯选集》第4卷，人民出版社2012年版，第75页。

◆◆◆　市场经济与传统家庭伦理的理性化

存在着淫游制,即"男子和未婚妇女在婚姻之外发生的性关系"①。淫游制源于妇女为宗教的献身行为,是群婚时代性自由的一种残余。专偶制内部也发展出另外一种两性关系——通奸,成为"与个体婚制和淫游制并行的不可避免的社会的制度了"②。由此可以看出,最初家庭形式是由婚姻纽带所连接的一个大致范围,最关键的是性关系所涉及的范围。随着被惯例或者法律所允许的性关系的范围逐步缩小,亦即性关系的排他性的增强,家庭范围亦不断缩小。每一次缩小都推动着家庭形式的变迁。直到习俗和法律只允许性关系涉及固定的两性之间时,专偶制家庭形成了。

家庭形式及其变迁与人类文明的发展密切相关,而后者的发展又取决于生产力及建筑于其上的经济基础的发展。在蒙昧时代,正是火的使用使人类社会进入中级阶段,弓、弦、箭的发明和使用使人类社会进入高级阶段,制陶术使人类社会进入野蛮时代,驯养家畜、栽培食物和使用土坯、石头建筑房屋使人类进入野蛮时代的中级阶段,铁的冶炼和文字的发明使人类社会进入野蛮时代的高阶阶段。因而,正是生产力和生产关系的发展决定着家庭形式的变迁。性关系范围缩小对普那路亚家庭形式的塑造受制于原始共产制的家户经济。恩格斯认为:"原始共产制的共同的家户经济(它毫无例外地一直盛行到野蛮时代中级阶段的后期),决定着家庭公社的最大限度的规模。"③ 共产制家户经济的形成和发展,使得在家庭公社内部,性关系的范围进一步缩小具备了相应的经济条件,同时生活条件的改善也使得妇女对缩小性关系范围具有了一定的意识和动力。恩格斯对此指出:"古代遗传下来的两性间的关系,越是随着经济生活条件的发展,从而随着古代共产制的解体和人口密度的增大,而失去森林原始生活的素朴性质,就必然越使妇女感到屈辱和压抑;妇女也就必然越迫切地要求取得保持贞操的权利,取得暂时地或长久地只同一个男子结婚的权利作

---

① 《马克思恩格斯选集》第 4 卷,人民出版社 2012 年版,第 76 页。
② 《马克思恩格斯选集》第 4 卷,人民出版社 2012 年版,第 78 页。
③ 《马克思恩格斯选集》第 4 卷,人民出版社 2012 年版,第 46 页。

第一章 市场经济与传统家庭伦理理性化的理论渊源

为解救的办法。"①另外，在这一经济形式中，"大多数或全体妇女都属于同一氏族，而男子则来自不同的氏族，这种共产制家户经济是原始时代普遍流行的妇女占统治地位的客观基础"②。这就为女性成为家庭公社的最高统治者奠定了经济基础。对偶制家庭形式正是奠立在此基础之上。随着家畜驯养及其大量繁殖，家庭公社的财富增加了。在此一背景下，对畜群的私有化得以发展。而"这些财富，一旦转归家庭私有并且迅速增加起来，就给了以对偶婚和母权制氏族为基础的社会一个强有力的打击。对偶婚给家庭添加了一个新的因素"③。这样一种全新生产关系的确立推动了家庭内部结构的变迁。男性的地位大大提高，不仅对他的劳动工具具有了支配权，还使其子女继承其财产成为必要和可能。这就加速了母权制的瓦解和父权制的到来。概而言之，家庭形式的变迁，最终取决于经济基础的变化。同时也应该看到，经济基础对家庭形式的影响，并不是直接作用于家庭成员的道德或者行为，而是财富的增加以及家庭私有制的发展，促使性观念发生了变化，最为重要的是女性对性交对象的排他性意识的增加，正是这一变化使得同代人之间、上代人与下代人之间、朋友之间等关系范围内的性关系逐渐被排除，为了维护这一变化，习俗的、道德的规制逐渐形成，相应的法律的禁止也随之慢慢发展起来。而经济基础的变化使得习俗、道德、法律的变革最终成为可能。

二 家庭关系的主要问题

在私有制下，男性主导了家庭财富，使得男女处于不平等地位。女性不但受夫权的统治，还受"父权"的管制。淫游制是男女不平等的进一步体现。在资本主义社会下，虽然获得了法律的形式上的保护，但是上述问题依然存在，而且增加了阶级压迫。

随着生产力的发展，家畜驯养和畜群不断繁殖，家庭公社的财富不断增加。财富的大幅增加推动了私有制的发展。如恩格斯所言：

---

① 《马克思恩格斯选集》第4卷，人民出版社2012年版，第61页。
② 《马克思恩格斯选集》第4卷，人民出版社2012年版，第57页。
③ 《马克思恩格斯选集》第4卷，人民出版社2012年版，第63页。

◇◆◆ 市场经济与传统家庭伦理的理性化

"这种新的财富归谁所有呢？最初无疑是归氏族所有。然而，对畜群的私有制，一定是很早就已经发展起来了。"① 私有制瓦解了共产制家户经济，母权制随之瓦解，对女性、婚姻、家庭以及整个社会都产生了深刻影响，女性的不平等地位由此产生。恩格斯指出："母权制被推翻，乃是女性的具有世界历史意义的失败。丈夫在家中也掌握了权柄，而妻子则被贬低，被奴役，变成丈夫淫欲的奴隶，变成单纯的生孩子的工具了。"② 父权制的确立也开始了父权对子女和奴隶、男性对女性的统治。这显著地体现在罗马人家庭中。罗马人发明了 familia, id est patrimonium，即遗产，"用以表示一种新的社会机体，这种机体的首长，以罗马的父权支配着妻子、子女和一定数量的奴隶，并且对他们握有生杀之权"③。马克思进一步指出："现代家族在胚胎时期就不仅含有 servitus（奴隶制），而且也含有农奴制，因为它从最初起就和土地的赋役有关。它含有后来在社会和国家中广泛发展起来的一切对抗性的缩影。"④ 也即在对偶制家庭发展并向专偶制家庭转变的过程中，私有制的产生已经使这种家庭关系笼罩上不平等或者被奴役的色彩，这一关系在之后的社会和国家中广泛的发展起来。专偶制的发展与奴隶制并存，使得男性对女性的统治进一步被凸显出来。专偶制成了"只是对妇女而不是对男子的专偶制"⑤。这种不平等性一直持续到资本主义社会。在这一社会中，男女尽管在法律上获得了平等的权利，但是私有制使得女性在实质上不仅处在男权的统治下，还处在阶级的统治之下。恩格斯指出："现代的个体家庭建立在公开的或隐蔽的妇女的家务奴隶制之上，而现代社会则是纯粹以个体家庭为分子而构成的一个总体。"⑥ 因为，大部分家庭都是丈夫负责挣钱以赡养家庭，经济地位决定了丈夫在家庭关系中占据优先地位，即使

---

① 《马克思恩格斯选集》第4卷，人民出版社2012年版，第62页。
② 《马克思恩格斯选集》第4卷，人民出版社2012年版，第66页。
③ 《马克思恩格斯选集》第4卷，人民出版社2012年版，第66页。
④ ［德］马克思：《摩尔根〈古代社会〉一书摘要》，人民出版社1965年版，第38页。
⑤ 《马克思恩格斯选集》第4卷，人民出版社2012年版，第73页。
⑥ 《马克思恩格斯选集》第4卷，人民出版社2012年版，第85页。

第一章　市场经济与传统家庭伦理理性化的理论渊源

法律在某种程度上规范了女性的权利。在资本主义社会，一切都变成了商品，婚姻也成为了一种交易，只是这种交易由所谓的权利平等下的契约代替了古老的习俗。

如前所述，两性之间性关系范围的变化是家庭形式变迁的轴线。性爱是爱情的重要组成部分，但是在充满了矛盾和对立的家庭关系中，性爱很少获得它的纯粹性。以希腊的专偶制家庭为例，"个体婚制对希腊人说来就是一种负担，是一种必须履行的对神、对国家和对自己祖先的义务"①。在此种情况下，性爱也仅仅是一种"必须履行"的义务。专偶制家庭的发展伴随着淫游制和通奸的发展。妇女的公开卖淫和男子的通奸都是对纯粹的性爱关系的污损，纯粹的爱情更无处获得。恩格斯指出："随着财产差别的产生，亦即早在野蛮时代高级阶段，与奴隶劳动并存就零散地出现了雇佣劳动，同时，作为它的必然补充，也出现了与女奴隶的强制献身并存的自由妇女的职业卖淫。"②无论是被"强制献身"或者自由的"职业卖淫"，都远远不是纯粹的性爱。恩格斯在这里也指出了性爱关系与财产的差别以及由此所形成的社会地位的差别密切联系起来了。女奴隶的"强制献身"，是其被奴隶主阶级压迫的结果，"职业卖淫"者也多半是缺少财产的、难以为继的无产阶级。通奸的发生，出现了两种人——"妻子的经常的情人和戴绿帽子的丈夫"③。这种对爱情的忠贞的违背同样是对纯粹性爱关系的破坏。一如恩格斯所言，纯粹的性爱关系是排他的，无论是淫游制，还是通奸，妇女和丈夫之间，纯粹的排他的性爱关系都已经被破坏了，纯粹在妇女和情人之间的性爱关系中更无从谈起。在许多诗歌中被歌颂的骑士之爱不仅不是纯粹的，还是纯粹性爱关系的破坏者。真正的性爱"表现为热恋，表现为每个人（至少是统治阶级中的每个人）都能享受到的热恋，表现为性的冲动的最高形式"④。而"中世纪的那种骑士之爱，根本不是夫妇之爱。恰好相反，

---

① 《马克思恩格斯选集》第4卷，人民出版社2012年版，第75页。
② 《马克思恩格斯选集》第4卷，人民出版社2012年版，第77页。
③ 《马克思恩格斯选集》第4卷，人民出版社2012年版，第78页。
④ 《马克思恩格斯选集》第4卷，人民出版社2012年版，第80—81页。

古典方式的、普罗旺斯人的骑士之爱,正是极力要破坏夫妻的忠实,而他们的诗人们所歌颂的也正是这个"①。可见,在前资本主义社会中,性爱关系或处于强制、或处于卖淫、或处于淫游制等关系中,是性别压迫、家庭压迫、阶级压迫的产物,性爱远未获得其纯粹性,因而也远未获得真实的爱情。而在资本主义社会中,除了阶级的压迫之外,性爱关系被置于资本所编织起来的利益关系中。在这里,"婚姻都是由当事人的阶级地位来决定的,因此总是权衡利害的婚姻。这种权衡利害的婚姻,在这两种场合都往往变为最粗鄙的卖淫——有时是双方,而更常见的是妻子。妻子和普通娼妓的不同之处,只在于她不是像雇佣女工做计件工作那样出租自己的身体,而是把身体一次永远出卖为奴隶"②。因而,在资本主义社会中,婚姻虽然获得了部分形式上的平等、自由、独立,但是婚姻的性质为资本所支配。婚姻关系中对核心的因素——爱情,也被赋予了彻头彻尾的资本的属性,建立于资本之上的婚姻更无爱情纯粹可言。

随着私有制的发展,父权制的形成使得父权开始主宰整个家庭关系。由前述可知,罗马人的对偶制家庭里,已经出现了家长对妻子、子女、奴隶和其他财产的支配。这种支配在家庭关系中常常体现为父母对子女的支配,尤其是在子女的婚姻方面。在南方斯拉夫的扎德鲁加家庭公社里,"公社处于一个家长的最高管理之下,家长对外代表公社,有权出让小物品,掌管财务,并对财务和对整个家务的正常经营负责"③。而女主妇作为家长,"在为姑娘择婿时,主妇也起着重要的,而且往往是决定性的作用"④。在同时期的俄罗斯和印度都存在这种支配关系。可见,在对偶婚制度中,较为普遍的是"由母亲给自己的子女说定婚事;在这里关于新的亲戚关系的考虑也起着决定的作用,这种新的亲戚关系应该使年轻夫妇在氏族和部落中占有更牢固的

---

① 《马克思恩格斯选集》第4卷,人民出版社2012年版,第81页。
② 《马克思恩格斯选集》第4卷,人民出版社2012年版,第82页。
③ 《马克思恩格斯选集》第4卷,人民出版社2012年版,第68页。
④ 《马克思恩格斯选集》第4卷,人民出版社2012年版,第68页。

第一章　市场经济与传统家庭伦理理性化的理论渊源

地位"①。在专偶制家庭形式中，随着父权制的深化，家父长的支配权力也随之强化。这种权力主要体现在对子女婚姻选择上的支持。恩格斯指出："在一切历史上主动的阶级中间，即在一切统治阶级中间，婚姻的缔结和对偶婚以来的做法相同，仍然是一种由父母安排的、权衡利害的事情。"② 王公的婚事由父母和诸侯们基于政治利益、经济利益以及家族的其他利益而加以决定。因而，在前资本主义社会的绝大多数场合和绝大多数时期，子女的婚姻往往不是由其自身决定，而是受家父长权力的支配。在资本主义社会中，尽管在法律上规定了子女在继承、结婚方面的权利，但是在日常生活中却仍然受父母支配。从德国、法国和英国等国的相关法律及其与实际效果之间的落差中可见一斑。"在法律保证子女继承父母财产的应得部分，因而不能剥夺他们继承权的各国——在德国，在采用法国法制的各国以及其他一些国家中——，子女的婚事必须得到父母的同意。在采用英国法制的各国，法律并不要求结婚要得到父母的同意，在这些国家，父母对自己的财产也有完全的遗赠自由，他们可以任意剥夺子女的继承权。很明显，尽管如此，甚至正因为如此，在英国和美国，在有财产可继承的阶级中间，结婚的自由在事实上丝毫也不比在法国和德国更多些。"③ 可见，资本主义社会尽管子女在继承权和婚姻选择权等方面获得了形式上的平等和权利，但实质上仍然被父母所控制。英国法制国家保留的父母对子女的继承权的剥夺，更是增加了父母和子女之间的不平等。概而言之，从进入阶级社会以来，子女和父母之间就存在着不平等，子女的权利在本质上都难以得到保护。

三　家庭问题的解决对策

男性对女性的统治、家父长对子女的管制和公开的卖淫以及通奸等问题都是私有制发展的结果，资本主义将这一问题变得更加广泛和深入。因而，消灭私有制进而消灭资产阶级才能从根本上解决这些问题。

---

① 《马克思恩格斯选集》第4卷，人民出版社2012年版，第90页。
② 《马克思恩格斯选集》第4卷，人民出版社2012年版，第80页。
③ 《马克思恩格斯选集》第4卷，人民出版社2012年版，第84页。

◆◆◆ 市场经济与传统家庭伦理的理性化

在马克思、恩格斯所处的那个历史阶段,资本主义社会中的核心家庭建立在对女性的家务奴役之上,尽管这种奴役或为公开的、或为隐蔽的。家庭的分工中仍然以男子外出挣钱、女性要料理家务和照顾孩子为主,这就使得丈夫在家庭中具有了高于女性的统治地位。这样一种统治既体现资产阶级家庭内部丈夫对妻子的统治,也体现为无产阶级家庭中妇女普遍的受资产阶级压迫。因而,在工业领域内,"只有在资本家阶级的一切法定的特权被废除,而两个阶级在法律上的完全平等的权利确立以后,无产阶级所受的经济压迫的独特性质,才会最明白地显露出来;民主共和国并不消除两个阶级的对立,相反,正是它才提供了一个为解决这一对立而斗争的地盘"①。同时,恩格斯进一步指出:"在现代家庭中丈夫对妻子的统治的独特性质,以及确立双方的真正社会平等的必要性和方法,只有当双方在法律上完全平等的时候,才会充分表现出来。那时就可以看出,妇女解放的第一个先决条件就是一切女性重新回到公共的事业中去;而要达到这一点,又要求消除个体家庭作为社会的经济单位的属性。"② 从这里可以看出几点,一是男女实质权利的不平等是阶级权利不平等的体现,更确切地说是资产阶级和无产阶级在政治、经济、社会方面不平等所致,是资产阶级的特权所致。实现二者权利的平等就需要消除这一特权,使资产阶级和无产阶级在法律上、经济上和政治上享有完全的实质性的平等权利。二是使妇女离开狭小的家庭空间,参与到现代工业下的社会生产,重新回到公共事业中来,是妇女解放的重要环节。三是妇女的解放、进而更大范围上的个体家庭的解放,需要个体家庭脱离社会的经济单位附属。三者的关键在于经济基础的变革,也即生产资料的公有。因为,只有随着生产资料转归公有,"个体家庭就不再是社会的经济单位了。私人的家务变为社会的事业。孩子的抚养和教育成为公共的事情;社会同等地关怀一切儿童,无论是婚生的还是非婚生的。因此,对于'后果'的担心也就消除了,这种担心在今天成了

---

① 《马克思恩格斯选集》第4卷,人民出版社2012年版,第85页。
② 《马克思恩格斯选集》第4卷,人民出版社2012年版,第85页。

第一章　市场经济与传统家庭伦理理性化的理论渊源　◆◇◆

妨碍少女毫无顾虑地委身于所爱的男子的最重要的社会因素——既是道德的也是经济的因素"[1]。简而言之，上述一系列家庭的问题根源于私有制下的非平等性和非道德性，解决这些问题也需要从根本上消除私有制，消除产生这些问题的最根本的成因。

性爱的非纯粹性反映的是对婚姻的不忠实、对爱情的不忠贞。无论是被置于不平等之下的专偶制中，还是卖淫和通奸中，性爱都充满了利益、欺骗、情欲，因而是非纯粹的。无产阶级的性爱要超越于上述性爱关系之上，获得性爱的纯粹性，进而获得爱情的纯粹性。恩格斯指出，资本主义社会的性爱同以厄洛斯为代表的古代人的单纯性爱是根本不同的。其一，"性爱是以所爱者的对应的爱为前提的"[2]。这意味着纯粹的性爱是发生在双方自愿和相互欣赏与喜欢的基础上，除此以外的，受到压迫、基于利益考量、被欺骗的性爱都是非纯粹的，也因而是非道德的。其二，"性爱常常达到这样强烈和持久的程度，如果不能结合而彼此分离，对双方来说即使不是一个最大的不幸，也是一个大不幸"[3]。此即是说，理想的性爱不仅是纯粹的，还是强烈和持久的，因为强烈和持久使得建立在双方自愿和相互欣赏基础之上的性爱更加美好。这意味着理想的性爱需要建立现代意义上的夫妻关系，在相关法律和规范的保障下维持性爱关系的长久。其三，"对于性关系的评价，产生了一种新的道德标准，人们不仅要问：它是婚姻的还是私通的，而且要问：是不是由于爱和对应的爱而发生的？"[4]这里，恩格斯点明了理想的性爱关系要符合现代的道德标准，基于私通或卖淫而发生的性爱关系是非道德的，只有完全建立在相互的爱的基础之上的性爱才是道德的。建立这种现代的理想的性爱关系，就要消除处于不平等关系的专偶制以及与之相伴的卖淫和通奸，进而就要消除造成这一不平等关系的阶级压迫、男子对财富的集中，再进而就要消灭私有制。因而，以生产资料的公有代替其私有是实现纯粹的理

---

[1] 《马克思恩格斯选集》第4卷，人民出版社2012年版，第87页。
[2] 《马克思恩格斯选集》第4卷，人民出版社2012年版，第88页。
[3] 《马克思恩格斯选集》第4卷，人民出版社2012年版，第88页。
[4] 《马克思恩格斯选集》第4卷，人民出版社2012年版，第88页。

市场经济与传统家庭伦理的理性化

想的性爱关系的根本措施。因为,一方面随着资本主义"生产关系的消灭,从这种关系中产生的公妻制,即正式的和非正式的卖淫,也就消失了"①;另一方面在公有制基础上,导致压迫、造成卖淫的不平等及其阶级成因消失了,专偶制历史以来第一次得以在真正的、美好的爱情的基础上实现其最纯洁的形式。如恩格斯所言:"既然专偶制是由于经济的原因而产生的,那么当这种原因消失的时候,它是不是也要消失呢?可以不无理由地回答:它不仅不会消失,而且相反,只有那时它才能完全地实现。因为随着生产资料转归社会所有,雇佣劳动、无产阶级,从而一定数量的——用统计方法可以计算出来的——妇女为金钱而献身的必要性,也要消失了。卖淫将要消失,而专偶制不仅不会灭亡,而且最后对于男子也将成为现实。"②

在资本主义社会中,存在于家庭内部,其问题表现为资产阶级内部的家庭关系被金钱支配,家庭的温馨变成了赤裸裸的对金钱的追逐。马克思指出:"现代的、资产阶级的家庭是建立在什么基础上的呢?是建立在资本上面,建立在私人发财上面的。这种家庭只是在资产阶级那里才以充分发展的形式存在着,而无产者的被迫独居和公开的卖淫则是它的补充。"③ 马克思在这里阐明了资产阶级家庭的本质属性及其问题的根源。整个资产阶级的家庭关系建立在资本上面,也即家庭关系变成了受金钱支配的利害关系。更为重要的家庭问题是由于资产阶级对无产阶级家庭的压迫所带来的家庭的贫困与饥荒。通过对剩余价值的榨取,资本家不仅将无产者本人——诸多男性——变为纯粹的商品,还促使许多妇女在承担繁重的家庭劳务的同时,进入工厂接受剥削,同时他们的子女也变成了同样的劳动工具。资产阶级所展开的关于家庭的教育也充斥了资产阶级的意识形态,以一种平等、自由、民主的谎言掩盖阶级压迫,愚弄无产者及其家庭。正如马克思所言:"无产者的一切家庭联系越是由于大工业的发展而被破坏,他们的子女越是由于这种发展而被变成单纯的商品和劳动工具,资产阶

---

① 《马克思恩格斯选集》第 1 卷,人民出版社 2012 年版,第 419 页。
② 《马克思恩格斯选集》第 4 卷,人民出版社 2012 年版,第 86—87 页。
③ 《马克思恩格斯选集》第 1 卷,人民出版社 2012 年版,第 417—418 页。

第一章　市场经济与传统家庭伦理理性化的理论渊源

级关于家庭和教育、关于父母和子女的亲密关系的空话就越是令人作呕。"① 这一问题的最深刻的根源在于私有制。正是私有制使得个体家庭作为整个社会制度的一部分，从属于不平等的阶级制度、进而从属于资本家。私有制不仅使得个体家庭中孩子的抚养和教育成为家庭的重要的但确陷于私人的事，还使得这一事业成为因为资产阶级的剥削而陷于贫困的个体家庭难以完成的最基本的任务。因而，只有以公有制代替私有制，变革导致这些问题的经济基础，才能彻底解决这些问题。因为，只有这时家庭不再是附属于社会的经济单位，家庭里的私人事务成为社会公共事业的一部分，所有的儿童——不分阶级、不分性别、不分婚生与非婚生——得到同等的关爱和教育，女子也不再需要出于金钱的考虑而委身于不喜爱的男子。由前述可知，专偶制的产生是财富向男性普遍集中并限其子女继承的结果，这是造成家庭中男性对女性统治的根本原因，也是家长支配子女的根本原因。因而解决这一问题，"就需要妻子方面的专偶制，而不是丈夫方面的专偶制，所以这种妻子方面的专偶制根本不妨碍丈夫的公开的或秘密的多偶制。但是，行将到来的社会变革至少将把绝大部分耐久的、可继承的财富——生产资料——变为社会所有，从而把这一切对于传授遗产的关切减少到最低限度"②。

---

① 《马克思恩格斯选集》第 1 卷，人民出版社 2012 年版，第 418 页。
② 《马克思恩格斯选集》第 4 卷，人民出版社 2012 年版，第 86 页。

第二章　市场经济与传统家庭伦理理性化的深层动因

中国的社会以市场经济的确立为界点发生了深刻的变革。在现代市场经济确立以前，传统市场虽然存在，但其是建立在传统家庭伦理基础之上的社会关系的附庸。所谓现代市场经济，是以现代工业体系为基础，以现代交通为支撑，以经济的广泛联系和逐步的一体化为前提，以相对完善的法律法规和宏观调控为保障，而传统市场，虽然有交易、有买卖、有等价物，但交易的范围限制在相对狭窄的区域内，全国的市场是割裂的，缺乏统一的、畅通的现代交通设施；缺少现代工业体系支撑，以自给自足的小农经济为基础；交易的产品往往是农产品、手工业产品，交易的主体是来自不同社会阶层的个体、手工业团体、行会；缺少现代财政和货币制度，缺少现代法律法规对市场交易的规范，缺少对私有财产权的保护；交易目的主要是为了自身或者家庭的需要，而非是生产的扩大或者财富的扩张，等等。晚清时期，从不同领域看，在官办或官督商办的企业中，裙带关系、任人唯亲、中饱私囊等现象普遍存在；在民营企业中，官办企业挤压、地方官员盘剥、家族经营等问题丛生；在手工业团体中，以师徒关系传承、以地缘和血缘为纽带建立帮会、利用地缘优势排挤外来商品等等；在农业领域，广大农民仍是以自给自足为主。因而，从整体上看传统市场附属于社会关系之下。民国时期，仍处于前工业社会，附属性质未变。新中国成立以后直至改革开放前，呈现出过渡状态。改革开放以后，确立了以市场为导向的经济制度改革，国有企业现代企业制度的建立、民营企业的发展、政府宏观调控的完善，市场逐步成为资源配

第二章　市场经济与传统家庭伦理理性化的深层动因

置的决定性因素，市场第一次成为独立的、支配整个资源配置的核心因素。随着改革开放的深入，国内统一市场形成、产权制度进一步清晰、劳动力市场化，这些因素背后也潜藏着特定的社会关系，当其不断接受市场调节的时候，其背后的社会关系也逐步被置于市场之上。

第一节　现代市场经济确立以前市场和社会的融合

两千多年来，漫长的小农经济使得儒家伦理逐步成了政治、经济、社会等活动的支配性准则。虽然商业的不断发展形成了传统的市场制度，但大多数时候与传统市场相关的经济活动都是受以儒家伦理为核心所建构起来的社会关系所支配的。晚清时期，尽管受洋务运动影响，中国近代工业有所发展，但整体的中国仍是前工业社会，传统的伦理道德仍是社会经济活动的支配性准则。民国时期，制定了一系列旨在发展民族资本主义的政策、法律、制度，但由于不断的战争以及国民政府变动不定的财政和金融政策，这种政策、制度和法律无法实施，前工业的社会特征并未改变。市场作为社会制度的附属的基本面貌也未得以改变。新中国成立以后直至改革开放，一方面由于计划经济的实施，排除了市场在工商业、手工业和农业中的调节作用，整体的社会尤其是农村地区仍处于前工业社会状态；另一方面现代工业得以发展，形成了相对健全的现代工业体系，为市场经济的发展奠定了基础。因而，呈现出过渡状态。

一　晚清：市场成为社会的附庸

在晚清时期，虽然已经有了一定的商业和近代工业的发展，但仍然处于前工业社会。在这一阶段，尽管在部分现代企业中，对利润最大化的追求开始成为其主要目标，但相对于整体社会而言，以儒家伦理为主要内容的传统伦理道德仍然支配资源配置、商业交往、土地使用等社会经济活动，也即是说没有形成以市场作为基础性调节要素的经济体系，传统市场始终是附属于社会关系的。

◆◆◆　市场经济与传统家庭伦理的理性化

　　中国近代工业的发展始于鸦片战争以后，在"师夷长技以制夷"思想以及"自强"口号影响下，学习西方近代工业。先后创办了安庆内军械所、江南制造局、天津机器局、福州船政局等企业，在西安、广州、山东、四川等地相继创办了机器局。这些企业多为官办或官督商办，许多官员被派去管理或监督企业。在这一背景下，企业的运营是与自强、求富密切联系的，也是与意识形态中的忠君爱国联系起来的，追求资本的积累并不占首位。此外，官督商办旨在"寻求某种官商合办的形式，即集盐务、西方式的合股公司以及传统中国的合伙商号等特点之大成的形式"[1]。这种模式下，官员对企业具有最终控制权，具有一定官僚背景的商人或买办负责具体经营，这些官绅型商人或买办还要提供大量资本。对于控制者而言，他们依赖中央或地方的政府贷款来维持企业运营，由于企业的管理、运行、收入缺乏必要的规则和透明度，控制者会尽可能地满足自身的私利欲望。这一模式缺乏详细的、全面的规则以及约束与激励机制，其运行建立在官员对具体经营者的信任以及经营者对官员的忠诚之上，投资的股东也同样是建立在对经营者的信任之上，这种信任也缺乏必要的法律保障。在清政府本身财政有限背景下，充分利用商人资本是加速中国近代资本主义发展的必要途径，但上述模式大大限制了这一发展。对于控制者而言，他们"直接插手经营管理；同时由于他们一身而兼官方经理和私人投资者身份，所以自然而然地会产生混淆国家利益和官僚利益的倾向，并且从为国家效劳的立场转而后退到追求他们的一己之利"[2]。对投资者而言，清廷"没有商法或宪法保护他们的权利和财产"[3]，使其面临诸多不确定性，进而造成了投资人对投资官办企业的不信任，在这一情况下，许多人不愿意投资到官办或官督商办的企

---

[1] [美]费正清等编：《剑桥中国晚清史（1800—1911）》下卷，中国社会科学院历史研究所编译室译，中国社会科学出版社1985年版，第411页。
[2] [美]费正清等编：《剑桥中国晚清史（1800—1911）》下卷，中国社会科学院历史研究所编译室译，中国社会科学出版社1985年版，第426页。
[3] [美]费正清等编：《剑桥中国晚清史（1800—1911）》下卷，中国社会科学院历史研究所编译室译，中国社会科学出版社1985年版，第425页。

第二章　市场经济与传统家庭伦理理性化的深层动因

业,只能采用一种鼓励方法,"给官员及其亲友们以私人投资的机会。看来投资人都是那些负责人的亲密朋友和同事"①。不仅如此,他们在人事任命上,常常唯亲不唯贤,在企业内部插入亲友,搞裙带关系,使管理更加混乱。

　　清廷的官员从维护旧有意识形态的需要出发,始终存在一种认识,即企业对于维护政治权力格外重要,企业的控制权不能交由商人。受这一认识的限制,官员将私人企业视为不稳定因素,同时也为了自身的利益,极力排挤私营企业的发展。由于私人企业缺少必要的资金、政治、设备等条件,难以大规模发展。鸦片战争和太平天国农民运动更是冲击了统一市场发展的趋势。这导致晚清时期民族资本主义发展只是局限在少数领域、小规模层面上。尽管清政府为了增加官办企业的投资,开始减少对私人企业的控制,1904 年,颁布了《公司律》。与此同时,在帝国主义对经济控制不断加强的情况下,部分商人在爱国主义驱动下,积极开展实业救国。这在一定程度上促进了私人企业的发展,1908 年,清政府注册股份公司有 227 个,至 1912 年,已有 20749 个工厂。但这些工厂大多集中在棉纺织、缫丝、火柴、玻璃、面粉、肥皂、蜡烛、造纸等的生产,并且这些工厂只有 363 家企业使用机器生产,剩下的大部分是以人力和畜力为动力的作坊式生产。由此可以看出,晚清时期,尽管民族工业已有所发展,但只局限于少数的官办、官督商办或者与官员有密切联系的少数民族资本家所开办的企业中,对于整个国家来讲,工业化只是个别的事例。诚如费维凯所言:"中国工业化的结果可以用这样的话来总结:它只是个别的事例,而不是普遍的工业化。"② 这也意味着工业化并没有触动社会关系,社会的思想和伦理道德并没有因少数工业的出现而发生大的改变。在大商埠中,"绅商的数目很大,致使他们的日常生活方式、价值观、社会和政治倾向都变得与众不同。但是他

---

　　① [美] 费正清等编:《剑桥中国晚清史(1800—1911)》下卷,中国社会科学院历史研究所编译室译,中国社会科学出版社 1985 年版,第 417 页。
　　② [美] 费维凯:《中国早期工业化:盛宣怀(1844—1916)和官督商办企业》,虞和平译,中国社会科学出版社 1990 年版,第 6 页。

◆◆◆　市场经济与传统家庭伦理的理性化

们仍然缺乏一个完全的统一目的,并且对传统的乡土和宗族关系仍承担着强烈的义务"①。这也同时表明,由传统工业向现代工业转变的核心在于机器大工业的发展。此外,19世纪后半期,在辛丑条约签订后,帝国主义对华投资大为增加,沿海地区出现了许多外资企业,中国的买办商人大量增加。这些为数不多的买办商人通过纳捐,进入了官僚队伍,亦官亦商,因为,"官衔已成为任何想进入官衙做生意或寻求官方支持的商人所绝对必要的条件"②。从这里也可以看出,进入官僚队伍或者与官僚建立密切联系,既有在经营中获得支持、求得庇护、进一步积累资本的考虑,也出于自身获得特定社会地位、社会名望、政治权力的考虑,甚至后者更甚于前者,因为"在一般社会观念里,士人的社会地位仍然是无可超越的,尤其是仕宦的身份,更是大众追求的对象。商人在事业发达以后,依旧希望子孙读书,或者自己取得仕宦的身份"③。在荣德生、荣宗敬兄弟创办茂新面粉厂的时候,甚至被"受到官员支持的地方绅士抱怨工厂的烟囱高耸入云,根据风水,它会给当地带来灾祸"④。由上述种种可以看出,社会关系、经济关系深深受着传统伦理的影响,尽管有利益的考量,但是等价交换、公平竞争、以利益为最大化取向的市场准则远未形成,也远未成为支配社会关系的基本准则。

这一情况在手工业行会中体现得更为明显。随着商业的发展,面对雇主和雇工之间的纠纷、商人之间的争执、部分官吏对商业的敲诈等等,各个行业为了维护自身利益、壮大自身力量,形成了各种行会。在清末近代工业发展的推动下,手工业和商业也得以快速发展,进一步推动了行会的形成与发展。典型地区有苏州、杭州、宁波、广州、上海等地,比较大的行会有上海的商船会馆、海州帮商。行会商

---

① [美]费正清等编:《剑桥中国晚清史(1800—1911)》下卷,中国社会科学院历史研究所编译室译,中国社会科学出版社1985年版,第410页。
② [美]费正清等编:《剑桥中国晚清史(1800—1911)》下卷,中国社会科学院历史研究所编译室译,中国社会科学出版社1985年版,第413页。
③ 梁庚尧:《中国社会史》,东方出版中心2016年版,第379页。
④ [美]费正清等编:《剑桥中国晚清史(1800—1911)》下卷,中国社会科学院历史研究所编译室译,中国社会科学出版社1985年版,第434页。

第二章　市场经济与传统家庭伦理理性化的深层动因

人通常采取一致的行动，并制定本行业的行规条例，作为约束本行业发展的规则。这些行规对"关于学徒、帮工的限制，非行会手工业者的排斥，产品价格、工资水平的统一和原材料分配、销售市场的限制等等，都有十分严密的规定"①。具体而言，在限制学徒、帮工方面，规定不得随便聘请老师；在非行会手工业者排斥方面，规定外来手工业者需缴纳一定会费方得营业；在工资水平方面，规定不按行会规定的工资价格进行雇佣帮工；在价格方面，规定采用行会公议的价格；在原材料方面，规定材料由行会进行统一分配；在销售方面，规定门市错开，等等。此外，行会还担负着信用、质量、制裁违规者以及必要的公益事业等作用。在这些行规影响下，"分工的发展和生产的专业化，没有改变手工业的小规模性质，也没有促进行业之间的自由竞争，而只是促使相近行业分成众多的行帮组织，进一步造成城市工商各业彼此之间的对立和隔离状态"②。以外资船厂中的行会为例，在外资船厂中，为了压榨工人，实行以领班或头脑为核心组织的生产劳动制度，这些领班或头脑"大量使用与自己有宗族、乡土关系的工人，因此在工人中形成地方帮派"③。逐渐形成了略成规模的宁波帮、广东帮、上海帮等帮派，这些帮派涵盖木工、铁工、钳工等工人。1858年，在广东帮的木工行会中，他们"造鲁班殿于虹口草帽弄，是广帮木工集议之所。广东木工来沪，要先加入帮内，才能开业工作，每人每年须纳会费若干，资格愈老。一般生活困难的，其老死病葬，由帮内负责"④。宁波帮的帮规规定，每年祈神一次，入会者限于宁波六县，会员总额维持在六百人左右，每名头脑每次只限收一名学徒，人数无从扩充，不准经营分包业务，违犯行会要受到惩罚，等等。⑤ 从这里可以

---

① 范文澜等：《中国通史》第10册，人民出版社1994年版，第388页。
② 范文澜等：《中国通史》第10册，人民出版社1994年版，第389页。
③ 上海市工商行政管理局和上海市第一机电工业局机器工业史料组编：《上海民族机器工业》，中华书局1979年版，第51页。
④ 上海市工商行政管理局和上海市第一机电工业局机器工业史料组编：《上海民族机器工业》，中华书局1979年版，第59—60页。
⑤ 上海市工商行政管理局和上海市第一机电工业局机器工业史料组编：《上海民族机器工业》，中华书局1979年版，第60页。

◆◆◆ 市场经济与传统家庭伦理的理性化

看出，只有具有同乡、家族、亲戚关系才能加入某个帮派；帮派内要从学徒做起，具有等级色彩；举行特定的仪式，以共同的某种"信仰"聚合在一起；排斥外来竞争，防止内部竞争；帮派具有某种程度上的互惠性，等等。此外，当时的工人和工匠不被重视、没有地位。也反映了社会地位、社会名望是影响劳动者取向的主要因素，经济利益则次之。

二 民国：市场在社会中的凸显

辛亥革命推翻了清朝政权，试图建立有利于民族资本主义发展的政治经济制度，并制定了一系列旨在发展现代工业企业的法律、制度和政策，在一定程度上推动了民族资本主义的发展。但由于军阀混战、日本侵略以及国民党不断发起内战，上述法律条文和政策制度都沦为空谈。国民政府为了筹措战争经费而实施的一些财政政策和金融政策，严重阻碍了现代工业的发展，官僚资本的横行更是阻碍了公平竞争的市场准则的实施。总体而言，民国时期，始终未建立独立的以现代市场为基础的经济制度，呈现出由前工业社会向现代工业社会过渡的特征，广大内陆地区的经济社会仍处于前工业阶段。因而，市场作为社会的附属的基本特征仍未改变。

民国时期处于不断的战争当中，虽然制定了一系列有利于民族资本主义发展的法律法规，但是缺乏一个具有权威的中央政府，这些法律法规难以顺利实施。战争需要大量经费，北洋政府、国民政府为了战争不合理地向工农业征收税收，这些政策抑制了工农业发展。政府有限的财政收入，大量"浪费在维持一支庞大的军队，并耗费在持续的内战之中；或者用来偿还内债和外债本息作抵押。无论是北京政权或是南京政权，都不能从政府收入中提出资金，用于任何重大的发展投资，其政策也没能促进私营经济资本的形成"[①]。以南京政府为例，1929 年前后，建立了以关税、盐税、货物税等为主的税收体系，但

---

① ［美］费正清等编：《剑桥中华民国史（1912—1949）》上卷，杨品泉等译，中国社会科学出版社 1994 年版，第 100—101 页。

第二章　市场经济与传统家庭伦理理性化的深层动因

不断巧立名目、苛捐杂税、加重税率，官僚的腐败又加剧了此一问题。抗战时期，先后制定了《非常时期经济方案》《对于财政经济交通农林报告之决议》，旨在促进农业生产、发展工矿业、发展交通运输等等，但由于动荡不定多流于形式。不仅如此，不合理政策更是加剧了经济停滞问题。在"银行系统起操纵作用的，是政府中的显赫人物，利用银行资本进行政治欺诈来谋取个人利益"[1]，这些银行不是为建立国家金融体系以支持经济发展，而是政府进行经济控制、筹措军费以实现独裁的工具。在金圆券制度下，物价一路上涨，又大量印发纸钞，导致通货膨胀。《修正金圆券发行办法》《修正人民所有金银外币处理办法》的颁布，导致了挤兑，通货膨胀更加严重。尽管一些旨在发展经济的政策在一定程度上促进了民族资本主义的发展，如1912—1927年，资本1万元以上的工矿企业，在全国共有1984家，资本总额为458955000元，平均每家企业资本为231000余元。[2] 上述原因以及战争的持续还是导致了大量企业倒闭。抗战胜利后，许多官僚接收了沦陷区的企业，国有资本控制的企业成为个人谋取私利的工具，他们利用自身权力在生产、销售、经营等方面打压民营企业。外资企业不仅控制了许多铁、煤、电等原材料的生产和销售，还在棉纺织方面以相对低廉的价格冲击民营企业。这使得整个中国近代以来的工业发展并未发生实质转变，依然处于前工业化水平。以1933年的国内净产值为例，其中，"农业当然显得很大，按当年物价计算，占65%；所有的工业（工厂、手工业、矿业、公用事业）占10.5%；贸易居第三位，占9.4%。其他部门依次为：运输5.6%，金融、个人劳务和房租5.6%，政府行政2.8%，建筑1.2%"[3]。从该年国民收入的支出看，"现代非农业部门（较宽松的规定为工厂、矿业、公用事业、建筑、现代商业和运输、商店、饭馆和现代金融机构），仅

---

[1] ［美］费正清等编：《剑桥中华民国史（1912—1949）》上卷，杨品泉等译，中国社会科学出版社1994年版，第110页。

[2] 杜恂诚：《民族资本主义与旧中国政府》，上海社会科学院出版社1992年版，第31、107页。

[3] ［美］费正清等编：《剑桥中华民国史（1912—1949）》上卷，杨品泉等译，中国社会科学出版社1994年版，第41页。

◇◆◇　市场经济与传统家庭伦理的理性化

占总收入的12.6%；农业和非农业部门（手工业、老式运输、小商贩、传统金融机构、个人劳务、房租）和政府行政占87.4%。从支出上看，1949年以前的中国大陆经济结构，也是处于典型的前工业社会"[1]。因而，民国时期的中国社会呈现出明显的前工业社会特征。

这种情况在手工业中更为显著。由于工业现代化水平低，手工业发展的整体水平也被限制了。民族资本的发展以及外资在华投资都集中在沿海通商口岸以及交通相对便利的沿江城市。资本所能扩延的范围常常与现代交通所能延及的范围相一致，交通越封闭、落后的地方，民族资本或者外国资本越难以影响到。这就造成了在通商口岸以及沿江或者铁路附近地区，现代工业、商业和运输业等迅速发展起来，从而传统市场也得以发展。而除此以外的广大内陆尤其是农村地区，仍然为传统的生产方式所支配。诚如约瑟夫·弗莱彻所言："现代工业、商业和运输业，绝大部分依旧限于在条约口岸，只在很有限的程度上取代了传统手工业。现存的市场体系，是依靠人力、畜力、大车、舢板、帆船来运输。农业部门几乎没有受到影响。"[2] 中国传统手工业主要集中在缫丝、纺织、地毯、草帽、刺绣、制茶、制瓷、井盐等行业。在民族或国外资本所能延及的地方，机器能够大规模代替手工业的领域，传统手工业受到了严重冲击。以缫丝产业为例，国外资本家试制出了人造丝，不仅能大批量生产，而且物美价廉。人造丝逐渐渗入市场，对传统手工业的缫丝生产者产生了严重冲击。如1924年春，浙江"杭垣禁用人造丝尚严，其时每箱价值（记一千二百两）约一百九十余两，合之浙省通用银元，每百两约合二十三元，而天然丝价约在六七十、八元之间（每百两价），同一分量之织物原料，人造丝价低于蚕丝两倍，外观亦精美，是以少数厂家及机户，均暗中购买人造丝，掺入绸货中，为同业查出议罚者，时有所闻"[3]。

---

[1] ［美］费正清等编：《剑桥中华民国史（1912—1949）》上卷，杨品泉等译，中国社会科学出版社1994年版，第41页。

[2] ［美］费正清等编：《剑桥中华民国史（1912—1949）》上卷，杨品泉等译，中国社会科学出版社1994年版，第37页。

[3] 彭泽益编：《中国近代手工业史资料（1840—1949）》第3卷，中华书局1984年版，第5—6页。

第二章　市场经济与传统家庭伦理理性化的深层动因　◆◇◆

这一冲击在棉纺、地毯、制衣等行业同样存在。在此影响下，原来手工业生产的家庭或作坊倒闭，旧式生产者成为工厂工人。市场制度在这些地区得以不断发展。与此同时，在有限的程度内，这些地区的乡镇开始"生产供出口的大宗商品，其中包括供应条约口岸工厂加工的经济作物。这些商品流通趋向的新渠道，不再是传统的定期集市。特别是在东部沿海条约口岸的周边农业腹地，与定期集市经济并行，现代城市经济发展起来"[1]。这促进了自给自足农村传统市场的逐步瓦解，新的市场制度也在萌芽中。但是对于广大内陆地区而言，手工业依然为传统生产方式所支配，其生产动力仍然是靠人力，而非机械。靠人力、畜力、帆船等方式运输的传统交通条件，一方面使得原材料的获取规模有限，另一方面使得产品的出售只能局限在周边的区域性市场内，这大大限制了这些乡镇地区现代市场的发展。如费孝通所言："若是作坊工业可以算是我们传统经济中资本主义的萌芽，则这萌芽在运输困难和市场狭小的阻碍下被遏制了。"[2] 可见，民国时期仍然处于前工业社会，建立在现代工业、商业和运输业基础之上的现代市场远未形成。

综上可知，相较于晚清，民国时期的民族资本主义大大发展，不仅工矿企业的数量显著增多，资本总额也有了大幅增加。同时一系列关于民族资本主义发展的法律法规也陆续出台。工商业的发展使得市场的规模扩大，远途商业贸易不断增加，以利益最大化为取向的观念意识在增长，市场的调节作用增强了。但仍处于前工业社会的客观事实，阻碍了这种发展，使得传统市场从属于社会的状态并未发生根本的改变。北洋政府、南京国民政府政所提出的发展民族资本主义的诸多计划，要么是沦为一纸空文，要么就是在实施过程中严重被扭曲。政府围绕这些计划所颁布的界定和保护产权的法律法规也形同虚设。重要的工矿、交通、能源等工业企业多半由政府直接派人控制或者被与政府有密切关系的人所控制，许多资本家还在政府担任要职。企业

---

[1] ［美］费正清等编：《剑桥中华民国史（1912—1949）》上卷，杨品泉等译，中国社会科学出版社1994年版，第35页。
[2] 《费孝通全集（1937—1941）》第2卷，内蒙古人民出版社2009年版，第345页。

◇◆◇　市场经济与传统家庭伦理的理性化

具体管理中，仍然充满了家族经营、裙带关系、任人唯亲。官僚资本与权力的结合，使得资本凭借着权力开展不公平竞争，大大抑制了民营企业的发展。这一过程中，政府不仅未能提供产权保护，还成了产权的最大侵害者。这些问题带来了更深远的影响，它使整体的社会仍处于前工业社会阶段，造成传统市场属于社会的那种经济、社会、文化等条件都难以变革，传统市场与社会的关系也未能发生本质上的改变。传统市场从属于社会，一方面是因为商品经济发展缓慢，这不仅导致分工发展缓慢，也导致农业地主向商业地主转变困难，而后者又限制着农民由农业向手工业、商业的转移。这在整体上限制了传统市场由被地域、运输、交通所分割的区域性市场向统一的大市场转变，以及由受乡规民约、物物交换、自给自足所支配的传统市场向以机器大工业为基础、以货币为目的、以利益最大化为取向、以优胜劣汰为基本准则的现代市场经济的转变。另一方面是因为以传统家庭伦理为核心的伦理道德建构了特定的社会制度，支配着经济、政治、社会诸领域。传统家庭伦理道德是以地缘、血缘为基础，其最本质上是对土地的依赖生发出对家庭、进而对家父长的依赖。民国时期，仍处于前工业社会的客观事实，限制了交通、分工、现代工业的发展、进而抑制了传统市场本身的发展，这又决定着在社会内部对土地、进而对家父长的依赖也没有发生大的改变。费孝通认为："地缘是从商业里发展出来的社会关系。血缘是身份社会的基础，而地缘是却是契约社会的基础。契约是指陌生人中所作的约定。在订契约时，各人有选择的自由，在契约进行中，一方面有信用，一方面有法律。法律需要一个同意的权力去支持。契约的完成是权利义务的清算，须要精密的计算，确当的单位，可靠的媒介。在这里是冷静的考虑，不是感情，于是理性支配着人们的活动——这一切是现代社会的特性，也正是乡土社会所缺的。"[①] 可以说自民国之始终，基于契约和法律的信任而非基于血缘的信任、基于精密的计算的交易而非基于伦理道德的交易、基于利益最大化的取向而非基于获取身份地位的取向等等远未形成。

---

① 费孝通：《乡土中国·生育制度·乡土重建》，商务印书馆2011年版，第78页。

第二章 市场经济与传统家庭伦理理性化的深层动因

因而，民国时期，传统市场虽然有所发展，但其从属于社会的整体状况尚未发生转变。

三 新中国：市场在社会中的沉寂

新中国成立初期，仿照苏联模式，实行计划经济，开展了对农业、手工业和工商业的社会主义改造，逐步排除了市场的调节作用。计划经济加速了现代工业的建立，消除了阻碍现代工业的社会结构，使两千多年来一直支配经济社会活动的儒家伦理逐步退居次要地位。但市场的作用被排除，整体的经济发展仍然处于低水平，尤其是在广大的农村，仍然没有改变相对封闭、落后、封建的状况。呈现出前工业社会向现代工业社会过渡的特征。

新中国成立以后，随着公私合营、土地改革的深入发展，国民经济结构发生了重要变化。"三反""五反"运动、抗美援朝运动的胜利也为经济建设提供了相对稳定的国内国际环境。同时，农村生产方式相对落后，个体经济对工业生产和粮食供应的制约日益突出。在此背景下，向社会主义过渡成为党和政府的重要任务。毛泽东在七届二中全会上提出了过渡时期的总路线："要在一个相当长的时期内，基本上实现国家工业化和对农业、手工业、资本主义工商业的社会主义改造。"[①] 在这一要求下，社会主义改造在各个领域迅速发展起来。农业生产合作社的数量，1951年为300多个，到1952年6月，为3000多个。1952年，中共中央颁布了《关于发展农业生产合作社的决议》，大大加速了合作社的发展，至1955年春，增加到67万个。1955年7月，毛泽东在《关于农业合作化问题》的报告中，批评农业合作化建设是"小脚女人走路"，推动了合作化步伐的加快。至1956年10月，大部分省份完成了农业高级合作社的建设。农业社会主义改造的推进又促进了资本主义工商业和手工业的改造。1953年10月，中共中央印发了《关于实行粮食的计划收购与计划供应的决议的通知》，要求对农村粮食实行统购统销，对私营粮食工业进行价

---

① 《建国以来毛泽东文稿》第4册，中央文献出版社1990年版，第301页。

◇◆◇　市场经济与传统家庭伦理的理性化

格管制，不允许其自由经营粮食，打击投机商贩。① 这些措施使国家掌握了工业品和农产品的基本货源。在此基础上，1954年7月，中共中央又下发了《关于加强市场管理和改造私营商业的指示》，要求将私营批发商转为零售商；把城乡私营零售商逐步地改造成国家资本主义的零售商；广泛建立以国家领导的没有私营粮商参与的粮食或其他小土产市场；统管工农业产品及原材料的进出口等等。② 由于这些举措的实施，使"我国整个市场的关系发生了根本性质的变化"③，绝大部分工农业生产及其销售都被纳入国家计划或领导下，私营市场所涵盖的领域及其规模都大大缩小了。

但这一时期私营商业还普遍存在着，在零售方面，"国营商业和合作社商业所占经营比重，已达百分之五十七点五四。私营商业的零售营业额，据八大城市一九五四年第四季度统计，只有上年同期的百分之六十三点一一。一九五四年全年，私营商业的总营业额，包括批发和零售，为一九五三年的百分之五十四点五三；其中，第四季度的营业额（缺西安数字）和一九五三年第四季度比较，只有百分之四十六点一"④。从这里可以看出，一方面工农业产品的主要货源及其批发零售已为国家所掌握，国家已经有力地控制了整个市场。另一方面，无论批发还是零售，私营商业日益萧条，其经营日渐困难，但还有一定规模的存在。为了进一步实现对工商业的社会主义改造，中共中央又下发了《关于进一步加强市场领导、改造私营商业、改进农村购销工作的指示》，要求使农村中的私营商贩走上互助合作的道路，并将农村的市场逐步过渡为供销合作社；对私营批发商，让能经营者继续经营，或者转为国营商业代理批发业务；对城市零售商逐步进行

---

① 中央档案馆、中共中央文献研究室：《中共中央文件选集（1949年10月—1966年5月）》第14册，人民出版社2013年版，第136—139页。
② 中央档案馆、中共中央文献研究室：《中共中央文件选集（1949年10月—1966年5月）》第16册，人民出版社2013年版，第369—376页。
③ 中央档案馆、中共中央文献研究室：《中共中央文件选集（1949年10月—1966年5月）》第16册，人民出版社2013年版，第370页。
④ 中央档案馆、中共中央文献研究室：《中共中央文件选集（1949年10月—1966年5月）》第19册，人民出版社2013年版，第27页。

第二章　市场经济与传统家庭伦理理性化的深层动因

国家资本主义的改造，等等。这一时期，由于生活必需品相对不足，部分人民群众尤其是农民买不到必需品，在农村出现了"合作社忙死，农民等死，私商闲死"的不良现象，公私关系、城乡关系趋于紧张状态，因而并没有完全禁止私营商业的存在，仍是以改造、吸纳为主，保留小部分私营商业的必要存在。可见，由于这些问题的存在，资本主义工商业的改造在这一时期还是由低级、中级到高级循序渐进而行。在对"小脚女人走路"的批评后，工商业的改造也大大加快。1955年10月，由毛泽东所主持起草的《中共中央关于资本主义工商业改造问题决议》指出："我们现在已经有了充分有利的条件和完全的必要把对资本主义工商业的改造工作推进到一个新的阶段，即从原来在私营企业中所实行的由国家加工订货、为国家经销代销和个别地实行公私合营的阶段，推进到在一切重要的行业中分别在各地区实行全部或大部分公私合营的阶段，从原来主要的是国家资本主义的初级形式推进到主要的是国家资本主义的高级形式。"[①] 此后，全国各地掀起了公私合营的高潮。至1956年1月底，全国各地全部实现了全行业的公私合营。1956年夏，手工业的社会主义改造也急速加快。新中国成立初期，为了恢复和发展生产，党和政府积极支持手工业的发展，并对之加以合理引导。1953年11月，朱德在《把手工业者组织起来，走社会主义道路》的报告中强调，要从实际出发，从低级到高级，从大到小，把手工业组织起来。[②] 截至1955年上半年，手工业合作组织发展到5万个左右，人数近150万人。1956年初，毛泽东在《中国农村的社会主义高潮》中要求，加快手工业改造。同年6月底，被改造的手工业人数占手工业总人数的90%。至同年底，手工业的社会主义改造基本完成。

社会主义的三大改造有深刻的背景，由于近代工业发展的滞后和长期的战乱，新中国成立初期的工农业生产技术落后，限制了整体生产力的发展。许多群体尤其是农民陷于贫困之中，在分到部分田地

[①] 薄一波：《若干重大决策与事件的回顾》，中共党史出版社2008年版，第288页。
[②] 薄一波：《若干重大决策与事件的回顾》，中共党史出版社2008年版，第314页。

◇◆◇　市场经济与传统家庭伦理的理性化

后，缺少必要的工具、家畜耕种。因而这一时期的社会主义改造从整体上是必要的。但也应该看到，由于对社会主义建设还缺乏深入认识，将"一大二公"简单视为社会主义的基本特征，将计划经济简单理解为指令性经济，加之苏联模式的影响，社会主义改造的完成，实质上"建立了一套实际上是严格限制价值规律发生作用的高度集中的经济体制"①。计划经济模式下，市场的调节作用基本被取消了。尽管其后经历了党的八大等对经济的调整，部分由于改造过快、过粗所带来的问题有所缓解，不过，从1949年至1978年，相对集中的计划性基本没变。但客观上应该看到，这一时期的发展也为改革开放以后市场经济的发展奠定了重要基础。一是现代工业体系的建立。市场制度很早就存在，但是作为社会的支配性因素却是在机器大工业崛起以后才形成的。波兰尼认为："一旦精巧的机器及工厂被用于一个商业社会的生产之后，一个自律性市场的观念必然会具体化地实现。"②这意味着只有市场与现代工业的结合，市场经济的基础性作用才能形成。从1949年到1978年，尽管市场的基本作用被取消了，但是建立了相对完整的现代工业体系，这是改革开放以后社会主义市场经济得以被确立的一个关键因素。如邓小平所言："三十年来，不管我们做了多少蠢事，我们毕竟在工农业和科学技术方面打下了一个初步的基础，也就是说，有了一个向四个现代化前进的阵地。我们现在有二百多万台机床，石油年产量超过一亿吨，煤炭超过六亿吨，只有钢才三千多万吨。总之，我们还是建立了实现四个现代化的物质基础。"③二是封建行会的关系解体。在手工业的社会主义改造之前，封建行会的习气还普遍存在，他们为了"保障本行业或行业成员的利益，为着保护自己辛苦学来的手艺不轻易传给别人，在手工业者中间保存着浓厚的封建行会习气"④。在西方资本主义发展史上，这种行会习气是

---

① 薄一波：《若干重大决策与事件的回顾》，中共党史出版社2008年版，第326页。
② [英]波兰尼：《巨变：当代政治与经济的起源》，黄树民译，社会科学文献出版社2013年版，第106页。
③ 《邓小平文选》第2卷，人民出版社1994年版，第232页。
④ 薄一波：《若干重大决策与事件的回顾》，中共党史出版社2008年版，第323页。

第二章　市场经济与传统家庭伦理理性化的深层动因

阻碍市场经济发展的重要因素。马克思指出："要成为整个时代普遍的占统治地位的形式，资本的条件就必须不仅局部地，而且是大规模地发展起来。（当行会解体时，或许有个别的行会师傅转化为工业资本家，但这样的情形按事物的本性来说是很少的。整个来说，哪里出现了资本家和工人，哪里的行会制度、师傅和帮工就消失了。）"[①] 行会的封建关系对资本主义的限制即为对这一制度下的市场机制的限制。在社会主义制度下，这一封建关系中所含有的非理性的传统同样是阻碍市场条件作用发挥的因素。因而，手工业的社会主义改造，为之后的社会主义市场经济的确立奠定了基础。三是地主阶级的消灭。中国近代以来，限制民族资本主义发展的一个重要因素是社会结构问题，这一问题中最突出的是地主阶级对发展现代工业的阻碍。在中国传统文化影响下，地主阶级以取得功名或者获取社会威望为主，这种文化心理限制了其由农业地主向商业地主的转变，这又进一步限制着农民从土地的束缚中解放出来，参与到民族资本的扩大中。1949年以后，对地主阶级的消灭，尽管这一过程中存在部分过粗、过快带来的问题，但是客观上祛除了近代以来限制现代工业发展的最为紧要的社会结构方面的障碍。综上可见，社会主义改造一方面影响了市场经济与社会主义制度的接合，带来了部分经济、政治和社会问题，但是也为改革开放以后市场经济的发展奠定了客观前提。

第二节　市场经济确立以后市场和社会的分离

近代以来直至改革开放前，中国始终未形成独立的、有效的以市场为导向的经济制度。市场制度赖以发挥作用的前提是自由竞争、优胜劣汰、以利益最大化取向的基本原则被有效保障，这意味着一方面政府不能干预市场的基本机制；另一方面政府必须建立清晰的产权制度，保护合法的私有财产。而这正是清朝政权和国民政府所缺少的。改革开放以来，以国有企业现代企业制度的建立、民营企业的发展、

[①] 《马克思恩格斯选集》第2卷，人民出版社2012年版，第760页。

◇◆◇ 市场经济与传统家庭伦理的理性化

政府宏观调控方式的完善等为着力点,确立了市场经济。这是历史上以市场为导向的经济制度第一次在中国得以真正被确立和有效实施。相对于晚清和民国时期,改革开放以后的中国,国家统一,主权独立,建立了相对完善的现代工业体系,更为重要的是,建立了清晰的产权制度,私有合法财产得到有效保护,市场的决定性作用不断被深化、维护和巩固。这意味着存在于晚清和民国时期的,由伦理道德、文化目标、社会传统所建构起来的社会制度第一次与市场相分离,市场开始作为一种独立的经济制度调控资源的配置。以前的伦理道德、文化目标和社会传统开始退居其次。这为中国的社会变革奠定了前提。

一 国有企业现代制度建立

现代企业制度在国有企业中的普遍建立,是市场经济作为独立的经济制度第一次出现在中国的关键。国有企业在国民经济中趋于主导地位,国有企业接受市场调节、参与市场竞争、遵循优胜劣汰等,使得市场得以作为决定性因素支配整个国民经济。晚清、民国时期的官办企业或者国营企业中,普遍存在的裙带关系、官僚资本、实质上的垄断以及利用权力打压私营企业等问题,只有在国有企业接受市场的调节以后,这些现象才得以逐步避免。以儒家伦理为主要内容的社会关系对经济活动的支配在现代企业制度中被大大削弱了。

经济体制改革是改革开放的核心内容。这一改革的基本方向是改变计划经济模式的僵化性,扩大企业自主权,增强企业活力。在1978年7—9月中央召开的务虚会上,李先念指出:"过去20多年的经济体制改革的一个主要缺点,是把注意力放在行政权力的分割和转移上,由此形成了'放了收、收了放'的'循环'。在今后的改革中,一定要给予各企业必要的独立地位,使它们能自动地而不是被动地执行经济核算制度,提高综合经济效益。"[①] 1979年,国务院颁布

---

① 《李先念文选》,人民出版社1989年版,第330页。

第二章　市场经济与传统家庭伦理理性化的深层动因

了《关于扩大国营工业企业经营管理自主权若干规定》，要求各地通过"简化计划指标""放松计划控制""增加奖励基金""强化物质激励"等，加强企业管理权力的下放，调动生产积极性。至1980年改革试点已经扩大到6000多家大中型企业。这种改革尝试是以"计划经济为主，市场调节为辅"的原则，改革在取得一定成效后，局限也凸显出来，主要表现在无序竞争、重复建设、财政赤字加剧以及通货膨胀等。为了解决这些问题，1984年国务院颁布了《关于进一步扩大国营工业企业自主权的暂行规定》，侧重于放权让利，一方面是扩大企业经营决策自主权，另一方面是允许企业将"职工奖励基金""职工福利基金""生产发展基金"等自行支配。利改税以后，允许企业在上缴企业所得税、"调节税"以后，余下的利润归自己支配。在农村，家庭联产承包责任制调动了农民生产积极性，增强了农业生产力，国有企业的改革也在积极借鉴这一形式。1987年，全国大多数国有大中型企业实施了承包制。其主要内容是："上缴利润定额包干"；"上缴利润基数包干，超收分成"；"上缴利润递增包干"；"亏损企业减亏包干"；"两包一挂"；等等。这些改革一方面调动了企业生产积极性，提高了决策灵活性；另一方面也带来了突出问题，包括导致了企业短期行为增加、所有权与经营权定位不清晰、"法定代表人"的腐败增加，等等。

这些局限性的存在，导致国有企业普遍出现亏损，增加了进一步深化国有企业改革的必要。十四大明确提出了建立社会主义市场经济，中心任务是"转换国有企业特别是大中型企业的经营机制，把企业推向市场，增强它们的活力，提高它们的素质……通过理顺产权关系，实行政企分开，落实企业自主权，使企业真正成为自主经营、自负盈亏、自我发展、自我约束的法人实体和市场竞争的主体，并承担国有资产保值增值的责任……鼓励有条件的企业联合、兼并，合理组建企业集团。国有小型企业，有些可以出租或出售给集体或个人经营"[①]。1993年，十四届三中全会提出了《关于建立社会主义市场经

[①] 《江泽民文选》第1卷，人民出版社2006年版，第228—229页。

◆◆◆ 市场经济与传统家庭伦理的理性化

济体制若干问题的决定》(以下简称《决定》),要求建立"产权清晰、权责明确、政企分开、管理科学"[1]的现代企业制度,使市场成为资源配置的基础性因素。围绕这一目标,重点明确了产权关系,使企业成为享有民事权利、承担民事责任的法人实体,实现"自主经营、自负盈亏、照章纳税";对长期亏损、资不抵债的企业依法实施破产,实现优胜劣汰;合理分配国家、集体和个人的利益,形成有效的约束和激励机制。1994年7月1日,《中华人民共和国公司法》正式实施,将上述政策措施加以规范化。但随着全球化的发展,市场竞争的激烈以及科学技术的飞速发展,许多国有企业仍然难以适应市场经济,存在着"经营机制不活,技术创新能力不强,债务和社会负担沉重,富余人员过多,生产经营艰难,经济效益下降,一些职工生活困难"[2]等问题,深化国有企业的改革仍有必要。1999年,中共中央颁布了《关于国有企业改革和发展若干重大问题的决定》,重点加强企业的战略性改组、建立健全现代企业制度、加强和改善企业管理。这些政策措施大力推动了国有企业的改革发展。在企业重组方面,部分经营困难、效益低下的企业,得到了重组、改造和调整;通过坚持抓大放小、积极扶持中小型科技企业,具有竞争力的现代企业集团逐步形成;对"产品没有市场、长期亏损、扭亏无望和资源枯竭的企业,以及浪费资源、技术落后、质量低劣、污染严重的小煤矿、小炼油、小水泥、小玻璃、小火电等,要实行破产、关闭"[3],国有企业整体质量得到优化。在企业制度方面,政企分开趋势明显;国有资产管理、监督、营运的体制机制得以建立;各司其职、有机统一、有效制衡的现代公司法人治理结构形成;面向市场的企业经营机制形成。在企业管理方面,企业发展战略更具合理性;各项规章制度也轮廓初现;管理薄弱环节得到改善;现代管理技术、方法和手段

---

[1]《中共中央关于建立社会主义市场经济体制若干问题的决定》,《人民日报》1993年11月17日第1版。
[2] 中央文献研究室编:《中共十三届四中全会以来历次全国代表大会中央全会重要文献选编》,中央文献出版社2002年版,第553页。
[3] 中央文献研究室编:《中共十三届四中全会以来历次全国代表大会中央全会重要文献选编》,中央文献出版社2002年版,第559页。

第二章 市场经济与传统家庭伦理理性化的深层动因

被广泛采用。① 2003年10月,中共中央颁布了《关于完善社会主义市场经济体制若干问题的决定》,促进市场准入进一步放宽,国有企业参与市场竞争的程度加深,其活力得到激发,现代企业管理体制机制得到了完善。

由上可知,国有企业的改革是一个逐步向市场转型的过程,其核心的内容是逐步扩大市场在公有制经济中的调节作用。十二大确定的基本原则是:"国家通过经济计划的综合平衡和市场调节的辅助作用,保证国民经济按比例地协调发展。"② 也即公有制经济的建设要更多运用价值规律。在中共中央《关于经济体制改革的决定》中,进一步强调对价值规律的运用和国有企业之间存在竞争的必然性和必要性,并指出:"社会主义企业之间的竞争,同资本主义条件下的弱肉强食根本不同,它是在公有制基础上,在国家计划和法令的管理下,在为社会主义现代化建设服务的前提下,让企业在市场上直接接受广大消费者的评判和检验,优胜劣汰。"③ 邓小平南方讲话以后,市场被定性为社会主义制度下发展生产力、解放生产力的主要手段。在此基础上,十四大明确提出要建立社会主义市场经济制度,使市场成为经济资源配置的基础性因素,因而国有企业改革的核心,就是由计划为主、市场为辅转为自主经营、自负盈亏、自我发展、独立承担责任的市场主体,将竞争机制引入国有企业运营中,使市场的调节成为国有企业运营的支配性因素。十四大报告指出:"国有企业、集体企业和其他企业都进入市场,通过平等竞争发挥国有企业的主导作用。"④ 由此,一个接受市场调节、参与市场竞争、面临优胜劣汰的国有企业运营机制初步建立。1999年,中共中央颁布了《关于国有企业改革若干重大问题的决定》,对企业的资产重组、结构调整、抓大放小以及政企分开、现代企业制度的建立、企业管理的改善等使市场对国有

---

① 中央文献研究室编:《中共十三届四中全会以来历次全国代表大会中央全会重要文献选编》,中央文献出版社2002年版,第559—566页。
② 胡耀邦:《全面开创社会主义现代化建设的新局面——在中国共产党第十二次全国代表大会上的报告》,人民出版社1982年版,第23页。
③ 《中共中央关于经济体制改革的决定》,人民出版社1984年版,第33页。
④ 《江泽民文选》第1卷,人民出版社2006年版,第228页。

◆◆◆　市场经济与传统家庭伦理的理性化

企业的调节作用进一步显现。

国有企业是计划经济下的经济主体,从计划经济向市场经济转变过程中,国有企业的转变就成为重中之重。在计划经济下,国有企业虽然具有基本的企业组织框架,但只是中央计划下的一个生产单位,企业的生产安排、人事任命、收益留置等等,都取决于行政机关,在实质上是附属于行政机关的,难以称为独立的经济实体,因而,不能够依据利润最大化原则以及市场状况作出最合理的决策。政府在面对庞杂的生产、供求信息时存在着"信息不对称"以及对非经济利益的关注,加剧了上述问题。问题的核心是国有产权关系模糊、现代公司治理结构缺乏。国有企业的转变需要着重解决两个问题:"一是明晰产权界定,建立公司的法人制度;二是通过有效的公司治理结构,建立所有者与经营者之间的权力制衡。"① 国有企业现代企业制度的建立健全正是着眼于此。虽然,产权关系仍然存在某种程度上的模糊性,计划经济时期的部分问题仍然以不同形式存在着,但是关于国有企业产权的界定和实施以及现代治理结构的发展取得了显著成效。国有企业成为相对独立的市场主体,遵循优胜劣汰、公平竞争、以利益最大化为取向的市场准则,这不仅使国有企业自身的经营、管理、运行发生了实质性改变,也促使了一系列近代以来困扰市场经济发展的诸多障碍逐渐被消除。国有企业被纳入市场的调节中来,扭转了其一直以来作为行政机关附属物的局面,市场得以摆脱抑制其发展的行政因素,成为独立的资源配置的决定性因素。市场作为一种经济制度的崛起,又促使其与社会关系相脱离,影响资源配置的伦理道德退居其次,并反过来逐步受市场所支配。国有企业市场化的发展也为多种所有制经济的发展提供了前提。国有资本从竞争性领域的退出以及作为一个自负盈亏、自主经营的市场竞争主体的出现是私营企业得以成长的关键。市场机制对国有企业影响的深入,使得部分效益低下、产能落后、规模较小的企业被淘汰、兼并、改组,推动国有企业退出无关

---

① 吴敬琏:《当代中国经济改革:战略与实施》,上海远东出版社1999年版,第169—170页。

第二章　市场经济与传统家庭伦理理性化的深层动因

国计民生的诸多领域，加强了市场经济的竞争性，在相当程度上减少甚至克服了近代以来国有经济挤压民营经济、从而抑制现代市场经济发展的弊病。张维迎认为："中国的经验表明，'看不见的手'不仅在资源配置中强大有力，亦在创造制度中强大有力。一旦分权开始，市场竞争可能引发私有企业制度自我强化式的发展。接着，新建立的和被民营化的企业会加剧市场竞争。"① 民营经济的发展又反过来推动市场竞争的增加，并不断强化国有企业市场化。这种相互作用加强了市场经济资源配置的决定性地位，市场与社会进一步相脱离，并越来越成为支配一切的力量。

二　非公有制经济的快速发展

近代以来，市场经济在中国建立的最大困难是民营企业难以发展。晚清时期，清政府仍然秉持着"普天之下莫非王土、率土之滨莫非王臣"的封建专制思想，社会大众的财产被视为王朝所有，无论其财产，还是生命，可随意生杀掳掠，"私有财产神圣不可侵犯"之观念无从生发。民营企业家的财产缺少保障，使得地方官员或者官办企业可以随意地损害民营企业。大大抑制了其发展。民国时期动荡不定的环境、形同虚设的法律制度、严重的官僚资本等，使得这一问题并未改观。改革开放以来，从法律上确立民营企业的清晰产权，并通过法律限制国有企业或者地方政府侵害民营企业的合法利益，是发挥市场决定性作用的关键。同时，民营企业的发展也反过来增强市场的竞争性、推动国有企业朝一个独立的市场主体方向发展。"三资"企业的发展同样推动了产权制度的确立。因而，民营企业和"三资"企业的发展既是市场经济不断发展的结果，也是其前提。

"文化大革命"结束以后，许多知青回到城市，就业成为突出问题。在此背景下，允许个体从事一定的商业活动以解决就业问题成为必要。1979年2月，国务院批转国家工商行政管理总局的报告中指出："可以根据当地市场需要，在征得有关业务主管部门同意后，批

---

① 张维迎：《市场的逻辑》，上海人民出版社2010年版，第72页。

◇◆◇　　市场经济与传统家庭伦理的理性化

准一些有正式户口的闲散劳动力从事修理、服务和手工业的个体劳动，但不准雇工。"1981年6月，中共中央发布了《关于建国以来党的若干历史问题的决议》，明确指出："一定范围内的劳动者个体经济是公有制经济的必要补充。"① 1981年10月，中共中央、国务院在《关于广开门路，搞活经济，解决城镇就业问题的若干决定》中规定："对个体工商户，应当允许经营者请两个以内的帮手；有特殊技艺的可以带五个以内的学徒。"② 1984年2月，国务院颁布了《关于农村个体工商业的若干规定》；同年4月，又颁布了《关于城镇非农业个体经济若干政策性规定的补充规定》。这些政策法规明确界定了个体企业和私营企业，使个体经济合法化，改变了一直以来对个体经济的不合理认知，对发展生产、活跃市场、增加就业都起了重要作用。1984年10月，十二届三中全会提出："要注意为城市和乡镇集体经济和个体经济的发展扫除障碍，创造条件，并给予法律保护。特别是在以劳务为主和适宜分散经营的经济活动中，个体经济应该大力发展。"③ 随后，不仅许多限制个体经济发展的政策被取消，推动个体经济发展的法律法规也逐步形成，从而激发了个体经济的活力。个体经济的发展又对整个民营企业的发展起到了重要促进作用。尽管民营企业对发展生产、增加税收、扩大就业等起到了显著作用，但是由于个体经济和民营企业在经营方面的一些问题以及意识形态的争论，这时民营企业尚未完全合法化。进一步鼓励民营企业发展、丰富公有制经济形式成为必然。1987年10月，十三大报告明确指出："私营经济是存在雇佣劳动关系的经济成分。但在社会主义条件下，它必然同占优势的公有制经济相联系，并受公有制经济的巨大影响。实践证明，私营经济一定程度的发展，有利于促进生产，活跃市场，扩大就业，更好地满足人民多方面的生活需求，是公有制经济必要的和有益

---

① 《中国共产党中央委员会关于建国以来党的若干历史问题的决议》，人民出版社1981年版，第55页。
② 《中共中央、国务院关于广开门路，搞活经济，解决城镇就业的问题的若干决定》，《解放日报》1981年11月24日第2版。
③ 《中共中央关于经济体制改革的决定》，人民出版社1984年版，第33页。

第二章　市场经济与传统家庭伦理理性化的深层动因

的补充。必须尽快制订有关私营经济的政策和法律，保护它们的合法利益，加强对它们的引导、监督和管理。"① 将民营经济视为公有制经济的必要补充，为在思想上解除其发展的障碍，提供了至关重要的前提。为了落实这一部署，1988 年 4 月，七届人大一次会议通过的宪法修正案中规定："国家允许私营经济在法律规定的范围内存在和发展。国家保护私营经济的合法的权利和利益，对私营经济实行引导、监督和管理。"② 同年 6 月，又颁布了更为详细的《私营企业暂行条例》《私有企业所得税暂行条例》和《关于征收私营企业投资者个人调节税的规定》。这些法律法规尤其是宪法的制定和实施，不仅推动了思想大解放，增强了民营经济合法性，解除了一直以来束缚其发展的"紧箍咒"，还消除了民营企业家对政策不确定性的担忧，激发了其投资办企业的积极性。宪法对民营企业合法权利和利益的维护，更是提供了根本性保障。

邓小平南方讲话的精神进一步鼓舞了民营经济的发展。十四大报告提出建立社会主义市场经济，并指出："社会主义要赢得同资本主义相比较的优势，必须大胆吸收和借鉴世界各国包括资本主义发达国家的一切反映现代社会化生产和商品经济一般规律的先进经营方式和管理方法。国外的资金、资源、技术、人才以及作为有益补充的私营经济，都应当而且能够为社会主义所利用。"③ 这充分肯定了民营经济的重要性。1993 年 4 月，关于《促进个体经济、私营经济发展的若干规定》对私营企业注册登记程序、经营范围、法定权利和义务都有了明确规定。《决定》也提出："坚持以公有制为主体、多种经济成份共同发展的方针。在积极促进国有经济和集体经济发展的同时，鼓励个体、私营、外资经济发展，并依法加强管理。"④ 1997 年，十五大报告明确指出："非公有制经济是我国社会主义市场经济的重要

---

① 《中国共产党第十三次全国代表大会文件汇编》，人民出版社 1987 年版，第 32 页。
② 《中华人民共和国第七届全国人民代表大会第一次会议文件汇编》，人民出版社 1988 年版，第 119 页。
③ 《江泽民文选》第 1 卷，人民出版社 2006 年版，第 225 页。
④ 中央文献研究室编：《中共十三届四中全会以来历次全国代表大会中央全会重要文献选编》，中央文献出版社 2002 年版，第 286 页。

◇◆◇　　市场经济与传统家庭伦理的理性化

组成部分。对个体、私营等非公有制经济要继续鼓励、引导，使之健康发展。这对满足人们多样化的需要，增加就业，促进国民经济的发展有重要作用。"[1] 在这些积极因素的推动下，民营企业进入了快速发展的阶段。1992—2000年间，民营企业的户数"由139633户增长到1761769户，增长了11.61倍；从业人员由232万人增长到2406万人，增长了9.4倍；注册资金由221亿元增长到13307亿元，增长了59.2倍；产值由205亿元增长到10739亿元，增长了51.4倍；消费品零售额由91亿元增长到5813亿元，增长了62.9倍"[2]。吴敬琏认为："在只有一个单一所有者的'国家辛迪加'中，是不可能存在真正的市场交换，即不同所有者之间的产权交换的。要建立市场制度，就必须打破国有制一统天下的旧格局，使民营经济从无到有、自下而上地生长出来。它的成长壮大，也形成了促使国有企业进行脱胎换骨改造的竞争压力。这样，就为中国市场逐渐形成了多种所有制经济共同发展的新基础。"[3] 民营经济对市场经济的推动作用，是从两个方面展开的，一是民营企业在一般性市场中存在着激烈竞争，会强化市场的调节作用。因为，市场经济作为"看不见的手"，不仅"在资源配置中强大有力，亦在创造制度中强大有力。一旦分权开始，市场竞争可能引发私有企业制度自我强化式的发展。接着，新建立的和被民营化的企业会加剧市场竞争"[4]。二是民营企业在一般性竞争中，由于经营灵活、生产效率高、收益率高、技术创新能力强等优势，对部分国有企业产生了挤压。1995年，全国国有工业企业8.79万户，其中，大中型企业1.57万户，其余7.22万户，还有50多万户乡镇企业。尽管经过了一系列改革，但相对于民营经济来说，部分国有工业企业由清晰的产权所形成的激励和约束仍然不足，其灵活性和竞争性也有欠缺，这样就会带来生产效率低、生产效益差等问题。地方国

---

[1] 《江泽民文选》第2卷，人民出版社2006年版，第20页。
[2] 汪海波：《对发展非公有制经济的历史考察——纪念改革开放40周年》，《中国经济史研究》2018年第3期。
[3] 吴敬琏：《中国改革三部曲·当代中国经济改革》，中信出版社2017年版，第205页。
[4] 张维迎：《市场的逻辑》，上海人民出版社2010年版，第72页。

第二章 市场经济与传统家庭伦理理性化的深层动因

有工业企业尤其是乡镇企业,还存在着生产资金过少、经营分散、技术落后等问题。随着民营企业的发展所带来的竞争压力逐渐增加,竞争能力低下的国有工业企业逐渐被淘汰,增强了市场的合理性、公平性和健康性。

十一届三中全会作出了改革开放的重大决策。1981年11月,第五届全国人大四次会议提出:"实行对外开放,加强国际经济技术交流,是我们坚定不移的方针。"① 1982年,更是将这一政策写入宪法。为了进一步落实这些政策和宪法,还制定了一系列更为具体、系统的法律。1979年,颁布了《中华人民共和国中外合资经营企业法》,1984年发布了《关于中外合作经营企业进出口货物的监督和征免税的规定》,1986年颁布了《中华人民共和国外资企业法》。随后又颁布鼓励港澳台同胞投资的法律,如《国务院关于鼓励台湾同胞投资的规定》《国务院关于鼓励华侨和港澳台同胞投资的规定》。这些法律积极鼓励外资和港澳台同胞投资,并对企业的经营范围、所负义务、所享权利等都作了具体规定。1979年,深圳、珠海、汕头和厦门四个经济特区成立,1984年4月,又增设天津、上海、大连、秦皇岛等12个沿海开放城市。1985年至1990年,国务院又先后设立了长江三角洲、珠江三角洲、山东半岛等沿海经济开放区。在特区和开放城市内,积极发展来料加工贸易,积极利用外资和国外先进技术,有力地促进了对外开放。同时,放宽了外商投资领域,允许其投资外贸、金融、保险、航空等领域,并进一步简化审批权限、减免税收。这些措施取得了显著成就。1985年至1992年间,"三资"企业达到87574个,合同金额834.93亿美元,实际使用金额324.05亿美元。1992年以后,"三资"企业进一步发展,在市场准入、税收减免、投资开发区域等方面都不断深化。1997年,"三资"工业产值约达15700亿元,占全国工业总产值的比重已由1992年的5.6%上升到14%。"三资"企业的发展成为推动市场机制不断发展的重要因素。十四大报告

---

① 《中华人民共和国第五届全国人民代表大会第四次会议文件》,人民出版社1981年版,第32页。

◇◆◇　**市场经济与传统家庭伦理的理性化**

指出："我国经济要优化结构，提高效益，加快发展，参与国际竞争，就必须继续强化市场机制的作用。"① 因为参与国际市场的激烈竞争，"使中国的经营管理人员对国际市场有了更好的了解，同时也使他们对提高产品质量和降低生产成本产生了紧迫感。为了在竞争中生存，取得更大的自主权和改进经营管理成为十分必要的事情。参与进出口贸易，也促使中国国内价格向国际市场看齐，加快了国内价格改革的进程"②。"三资"企业不仅带来了技术、资金和设备，其生产的产品也多用于出口，因而是推动对外贸易、进而推动市场竞争的重要因素。同时，只有依据市场规则进行管理，通过价格杠杆和经济手段加以调节，才能确保"三资"企业的经营，进而吸引更多的"三资"企业到中国来投资，这就促使政府创制出更多政策、法律和制度，以确保市场竞争的公平性、合理性，这也从整体上促进了市场经济的发展。

如前所述，机器大工业与传统市场的结合才得以形成现代市场经济。这一结合的前提为商品的生产、流通、交换的整个过程是畅通的、易于发生的。而"商贾是唯一适于从事这项工作的人，只要他不因此而受到损失。他会以同样的态度在不同的状态下把商品卖给那些有需要的人；但是他会以不同的方法取得商品，也就是他并不是购买已经完工的成品，而是购买必要的劳动力及原料"③。资本家不仅购置机器、建设工厂、组织生产，还购买原材料、出售商品，他们将几个相关的市场因素结合在了一起，使整个市场交易得以持续发生和不断实现。马克思指出："在货币贮藏者那里表现为个人的狂热的事情，在资本家那里却表现为社会机制的作用，而资本家不过是这个社会机制的一个主动轮罢了。"④ 也即是说资本家对货币追逐所产生的经济理性成为资本主义发展的重要动力，经济理性还被资本家带入到社会

---

① 《江泽民文选》第1卷，人民出版社2006年版，第226页。
② 吴敬琏：《中国改革三部曲·当代中国经济改革》，中信出版社2017年版，第75页。
③ ［英］波兰尼：《巨变：当代政治与经济的起源》，黄树民译，社会科学文献出版社2013年版，第106页。
④ 《马克思恩格斯选集》第2卷，人民出版社2012年版，第267页。

第二章　市场经济与传统家庭伦理理性化的深层动因

领域,对整个社会制度产生了深远影响。他们不仅将一切生产要素都纳入交易中,还将与这些生产要素相联结的社会关系都一并纳入交易中。因为对资本家而言"所有与生产有关的要素他都要卖,也就是他们必须能让任何有能力购买的人买到需要的数量。除非能满足这个条件,否则对于投下资本的商人以及依赖这种持续生产以得到收入、就业和产品之社群这两方面而言,使用特殊的机器来生产是太过于冒险的"①。当社会关系被纳入交易、确切地讲被纳入市场中来的时候,社会的根本性转变就发生了,"社会上一部分成员在行为动机上的改变:为稻粱谋的动机被图利的动机取代了。所有的交易都变为金钱交易——而这又需要将一种交易的媒介品引进工业生活的每一个环节。所有的收入必须是得自卖出某些东西,而且不管一个人之收入的实际来源是什么,它必须被视为卖出某些东西的结果"②。这种存在于经济理性和社会关系之间的内在逻辑随着市场经济在中国的建立和发展同样生成了,企业家也同样是促成这一因果关系的关键因素。只是,这一逻辑关系中,市场对社会关系领域所产生的影响,由于社会主义制度的存在,使对立、剥削、分化、贫穷等消极因素被尽可能减少甚至消除。民营企业和"三资"企业的数量、注册资金、经营规模等的不断增长,其背后是工商业者和企业家的大量增加。在社会主义制度下,工商业者和企业家进行经济剥削的私有制基础不存在了,他们成为社会主义建设的重要力量。但是也要看到,工商业者和企业家同样具有以利益最大化为取向的经济理性。唯有在经济理性下推动着生产的扩大和利润的增加,他们花费在生产设备、原材料和劳动力等方面的昂贵成本方得以抵消、进而生产才得以持续。这意味着随着民营企业和"三资"企业的广泛发展,工商业者和企业家的经济理性会将整个社会关系都纳入市场机制中,推动整体社会的深刻变革。而社会关系又是在传统家庭伦理基础上所建构起来的,是后者的现实呈

---

① [英]波兰尼:《巨变:当代政治与经济的起源》,黄树民译,社会科学文献出版社2013年版,第107页。

② [英]波兰尼:《巨变:当代政治与经济的起源》,黄树民译,社会科学文献出版社2013年版,第107页。

◇◆◇ 市场经济与传统家庭伦理的理性化

现，因而，传统家庭伦理也随之被纳入市场机制中。综上可见，民营企业和"三资"企业的发展推动了市场经济从社会关系的附属中解放出来，并逐步成为后者的支配因素。

三 宏观调控的逐步完善

清朝政权深受儒家文化所确立的伦理观念影响，政治、经济、社会活动的开展都以不违背或不损害儒家的理想目标、伦理道德为前提。以行政权力直接干预经济活动使之符合基本的文化目标，就成为常态，加之前述对合法财产权利的忽略，就导致传统市场附属于社会关系。民国仍未改变此一状况。改革开放以来，通过减少行政手段的直接使用，完善法律、财产、金融等宏观调控手段，合理确定政府与市场的关系，市场经济得以逐步发展。正是相对于晚清、民国时期，政府手段调控经济活动的手段发生了显著的变化，使得市场经济作为一种决定性因素不断发挥其作用。隐藏在政府干预经济活动背后的一系列社会关系也让位于市场机制了，二者的分离变得越来越可能了。

在计划经济体制下，无论是生产资料，还是生活资料，其价格都是由政府统一制定。改革开放初期，经济改革的基本原则是坚持计划为主，市场调节为辅。随着改革的进行，经济形式逐步多元化，社会需求复杂性增加，企业的生产计划难以及时适应整个社会的需要，因而指令性计划和指导性计划并存。价格是调节的手段，党的十二大报告指出："无论是实行指令性计划还是指导性计划，都要力求符合客观实际，经常研究市场供需状况的变化，自觉利用价值规律，运用价格、税收、信贷等经济杠杆引导企业实现国家计划的要求，给企业以不同程度的机动权，这样才能使计划在执行中及时得到必要的补充和完善。"[1] 也即依据价值规律，实施指令性计划和指导性计划。在这一认识下，以行政方式对价格进行调整也顺理成章。随着改革的进行，部分小商品的价格放开了，同时，企业自主权的下放，使得计划

---

[1] 胡耀邦：《全面开创社会主义现代化建设的新局面——在中国共产党第十二次全国代表大会上的报告》，人民出版社1982年版，第24页。

第二章 市场经济与传统家庭伦理理性化的深层动因

外产品有了高于计划内产品的价格。乡镇企业发展之后,价格也越来越难以由行政方式加以调节了,导致黑市盛行,经济秩序混乱。为了解决这一问题,政府采取了"双轨制"。这一体制规定,计划内的商品由政府制定交易价格,计划外的商品按照市场价格进行交易,逐步由前者向后者过渡,最终建立由市场发挥作用的交易价格。双轨制使得部分人员利用手中权力,通过价格差,进行商品倒卖,导致了腐败的出现,引起了社会不满。虽然,1988年春,中共中央讨论通过了《关于价格工资改革的初步方案》,但是效果不理想。直至1992年,市场经济的确立,才使大部分价格开始由市场进行调节。"在保持价格总水平相对稳定的前提下,放开竞争性商品和服务的价格,调顺少数由政府定价的商品和服务的价格;尽快取消生产资料价格双轨制;加速生产要素价格市场化进程;建立和完善少数关系国计民生的重要商品的储备制度,平抑市场价格。"[①] 价格反映了价值规律,为企业家提供了买卖信息,使其能更准确地把握消费者所能承受的价格范围以及生产成本,以更好地获取利润。而利润又激励企业家去生产和创新。因而,价格自由化是市场经济得以建立的关键。党的十四大报告指出:"价格改革是市场发育和经济体制改革的关键,应当根据各方面的承受能力,加快改革步伐,积极理顺价格关系,建立起以市场形成价格为主的价格机制。"[②] 张维迎认为:"什么是市场经济?一个简单公式是:市场经济等于自由价格加企业家。自由价格为资源配置提供信号和激励。"[③] 政府放开大部分价格管制,使得价格能够根据市场需求引导资源配置,推动着市场经济向纵深发展。与此同时,市场本身的逐利性,使得部分经营者哄抬物价、扰乱市场秩序,政府通过法律、政策监督、价格监督以及通过储备制度平抑价格,都有利于维护价格稳定,进而维护市场秩序。这就避免了以行政手段直接干预市场。

由于是从计划经济转向市场经济,自发的市场力量相对不足,对

[①] 中央文献研究室编:《中共十三届四中全会以来历次全国代表大会中央全会重要文献选编》,中央文献出版社2002年版,第287页。
[②] 《江泽民文选》第1卷,人民出版社2006年版,第229页。
[③] 张维迎:《市场的逻辑》,上海人民出版社2010年版,第147页。

◆◆◆　市场经济与传统家庭伦理的理性化

市场的培育成为市场经济建设的重要促进因素。其中，金融市场、劳动力市场、房地产市场、技术市场和信息市场等是培育的重点。建立现代金融体系是市场经济得以形成和发展的重要的环节。金融体系的基本功能是为需要资金的市场主体提供资金，使资金富裕的市场主体通过出借资金而获益。金融体系由金融市场、金融中介、中央银行和监督制度构成。其中，金融市场的培育是改革初期的重要内容，其中包括货币市场、资本市场、信贷市场、证券市场、股票市场等等。1978年1月，中国人民银行开始独立设署。1979年，中国银行、中国农业银行、农村信用社、建设银行相继恢复或独立办公，分别从事外汇、农村金融、固定资产投资等业务。1984年，中国工商银行成立。随后，地方信托和金融租赁等也逐步开展。1986年，《中华人民共和国银行管理条例》出台，对中国人民银行、各专业银行和其他金融机构的职能、业务范围、经营目标等作了规定。这些金融机构的相继建立及其职能的完善，为市场经济的发展奠定了良好基础，但仍然有着明显的计划烙印，人民银行的独立性不足，其货币调节受制于各级政府的经济发展需要，其他金融机构也因独立性不足而出现违规开展业务问题。面对这些问题，1993年，中共十四届三中全会要求："资本市场要积极稳妥地发展债券、股票融资。建立发债机构和债券信用评级制度，促进债券市场健康发展。规范股票的发行和上市，并逐步扩大规模。货币市场要发展规范的银行同业拆借和票据贴现，中央银行开展国债买卖。坚决制止和纠正违法违章的集资、拆借等融资活动。"[1] 劳动市场的培育方式是引导农业人口向非农产业转移、建立健全人才双向流动机制、提升劳动力素质等等。房地产市场的培育是建立土地有偿出让制度、建立土地使用权价格形成机制、开征房地产税等等。技术信息市场的培育是"引入竞争机制，保护知识产权，实行技术成果有偿转让"[2]。金融市场的建立健全不仅为市场主体的

---

[1] 中央文献研究室编：《中共十三届四中全会以来历次全国代表大会中央全会重要文献选编》，中央文献出版社2002年版，第287页。

[2] 中央文献研究室编：《中共十三届四中全会以来历次全国代表大会中央全会重要文献选编》，中央文献出版社2002年版，第288页。

第二章　市场经济与传统家庭伦理理性化的深层动因

生产或销售提供了资金,也使得政府得以通过货币政策对市场主体进行调节,减少了过多用行政手段调节市场的弊端。劳动力市场的培育有助于企业提供必要劳动力,也有助于劳动力要素的市场化。技术信息市场的培育则有助于通过知识产权的界定,推动智慧成果向产品的转化。概而言之,市场的培育为市场经济的发展创造了良好的环境和支撑条件。

财政体制的改革是加强政府宏观调控的重要部分。改革开放前,财政体制的基本特点是统收统支,公共财政和企业财政之间界限模糊,不同部门和不同企业之间财政负担差异显著,这一状况显然难以与市场经济的发展相适应。在扩大企业自主权的整体改革背景下,财政体制的改革也提上日程。1980年,国务院实行了"划分收支、分级包干"的财税体制。所谓"划分收支"是指中央企业收入、关税收入归中央财政,工商税有中央和地方协调划分,其他归地方财政收入。在央企、国防、灾害等方面的经费由中央财政拨付,其他由地方支出。所谓"分级包干"是指以1979年收入预计数字为基准,地方财政收入大于支出的,按一定比例上缴中央,不足的从工商税中扣除,仍不足的由中央予以补助。这一体制在一定程度上适应了扩大地方自主权的整体需要,但是中央财政负担增加、地方保护主义抬头等问题也浮现。1988年,在国有企业大包干背景下,也开始实施"财政大包干"。依据不同地方的差异,形成了"收入递增包干""总额分成""总额分成加增长分成""上解额递增包干""定额上解""定额补助"。由于这一制度并未实质上改变"划分收支、分级包干"的财税体制,上述问题仍未得到缓解。为了解决这些问题,十四届三中全会进行了财政体制改革,其重点是:以"分税制"取代"包干制";推行"以增值税为主体的流转税制度,对少数商品征收消费税,对大部分非商品经营继续征收营业税"[1];建立政府公共预算和国有资产经营预算,控制财政赤字。1994年,进一步清理了"预算

---

[1] 中央文献研究室编:《中共十三届四中全会以来历次全国代表大会中央全会重要文献选编》,中央文献出版社2002年版,第291页。

◇◆◇ 市场经济与传统家庭伦理的理性化

外收入"，强化了财政性转移支付制度，形成一套分配、监管相对完善的支付体系。在随后的一系列改革中，财政体系进一步完善。财政政策是政府进行宏观调控的重要途径。通过特定的财政政策不仅可以促使一些具有竞争能力的行业和企业快速发展，使优者更优，还可以使对经济现代化具有重要影响的部分因素——如科技、交通、教育等——快速发展，从而为市场经济的发展奠定良好条件。同时，财政的调控也使得市场竞争中处于弱势的中西部地区避免与东部沿海地区差距无限制拉大，促使城乡差距保持在市场发展所允许的限度以内，确保弱势群体在竞争中有基本的生存生活条件。这些因素是确保市场经济持续发展、健康发展的基本前提。因而，可以说，现代财政制度的建立健全避免了用行政方式过多干预市场经济，促使其不断成为一种独立的基础性经济制度。

纵观近代以来市场与社会的关系，政府对经济活动的抑制是现代市场发展的重要阻碍因素。在"普天之下莫非王土、率土之滨莫非王臣"的专制观念影响下，社会大众的生命财产是皇权的恩赐，后者对前者具有生杀予夺之权力。这就导致封建王权不可能孕育出"私有财产神圣不可侵犯"的观念。此一观念不仅导致统治者将经济活动视为政治活动的附属物，以政治手段干预、控制、管理一切主要的经济活动，忽视价值规律的调节作用，带来了巧立名目增加税收、以各种名义挤压私营企业以及手工业者、工商业者和少数资本家的合法财产被侵占等问题。还导致了更深层的问题——产权界定和实施的困难。个体财产权利不受保护既导致社会缺乏技术创新的有效激励，也增加交易费用，进而降低整体经济效率。二者使得建立在小农基础上的商业、手工业难以向建立在机器大工业基础上的现代市场经济转变，此一时期的市场始终是与小农经济密切联系的传统市场，也是附属于社会关系的传统市场。民国时期，这一问题未发生实质性改变。可见，政府对商品经济发展一般规则遵循与否，对经济活动干预的恰当与否，是现代工业、进而是市场经济能否发展的关键。改革开放过程中，政府宏观调控完善的核心内容是以市场作为资源配置的基础性因素，增强金融、财税、法律等手段对市场的调节，减少行政手段的直

第二章 市场经济与传统家庭伦理理性化的深层动因

接干预。这就在政府层面上减弱直至消除了近代以来市场经济发展的重要阻碍，因为，政府将自身的权力纳入法律框架中，明确了权力的边界，相当程度上减少了部分权力执行者破坏市场规则、侵占市场主体财产权利和资本与权力结合等困扰中国经济现代化的痼疾，进而为市场发展成为一种独立的经济制度和调节机制提供了必要条件和前提。具体来看，价格自由化是完善政府宏观调控的重要内容，以价格信息引导资源配置，而不是以计划编制调控资源，使得市场主体尤其是企业家在经济活动中掌握了主动权，可以依据利润最大化来进行资源配置。诚如张维迎所言："在计划体制之下，价格由政府制定，在资源配置中几乎不起作用。生产与投资决策均由官员根据其主观的'社会目标'来制定，而不是由企业家为追求利润而制定。自改革开放以来，价格已逐步被放开，成为重新引导资源配置的主要信号。在大多数经济决策中，企业家已逐渐取代了官僚——尽管时至今日政府仍掌握巨大的控制权。"① 对市场的培育同样是以政府对自身权力的限制、对市场基础性作用的发挥为前提的。这一过程主要包括建立现代金融体系、以货币作为调节经济的杠杆、加速劳动力市场化、加强产权保护等等，其核心仍是行政权力在部分领域、部分环节的退出或弱化，市场基础性作用的增强。财政政策通过资金的倾斜不仅从宏观上引导资源的配置，还对"市场失灵"带来的问题加以弥补、调整或消除，强化了市场的决定性作用。

综上可见，政府宏观调控为市场经济决定性作用的发挥和持续发展奠定了前提，使得市场作为第一次调节力量覆盖了整体的社会经济，政府调节变成了第二位的力量。厉以宁认为："市场调节是第一次调节，市场调节对社会经济的覆盖是第一次覆盖，政府调节是第二次调节，政府调节对社会经济的覆盖是第二次覆盖。"② 市场成为第一次调节力量，并实现对社会经济的覆盖，既使市场第一次摆脱了近代以来抑制其发展的行政权力过度干预经济活动而产生的阻碍，也使

---

① 张维迎：《市场的逻辑》，上海人民出版社2010年版，第147—148页。
② 厉以宁：《非均衡的中国经济》，广东经济出版社1998年版，第82页。

◆◆◆ 市场经济与传统家庭伦理的理性化

市场在资源配置中第一次摆脱了对社会关系的依赖。

第三节 市场经济与市场社会的发展

使市场在资源配置中发挥决定性作用,"主要涉及经济体制改革,但必然会影响到政治、文化、社会、生态文明和党的建设等各个领域。要使各方面体制改革朝着建立完善的社会主义市场经济体制这一方向协同推进,同时也使各方面自身相关环节更好适应社会主义市场经济发展提出的新要求"[①]。国内统一市场的建立、产权制度的深入发展、劳动力市场的培育既是市场经济不断发展的前提,也是其不断发展的结果。市场经济对社会文化领域的影响正是通过这些方面的发展得以实现的。国内统一市场的形成使广大农村历史上第一次被纳入广阔的市场中,而农村是以传统家庭伦理为核心的传统社会关系保存较为完整的地方,意味着传统社会关系第一次从整体上被置于市场机制之上。产权制度的确立,使得包括房屋、土地、林地、宅地机等物产在内的财产被作为要素接受市场调节,而这些是传统社会关系赖以存在的根基。同时,劳动力的市场化意味着其背后的血缘、地缘、信仰等因素也随之市场化。因而,市场经济成为资源配置的决定性因素,社会关系亦越来越受市场机制所支配。

一 农村地区被纳入统一市场

市场准则向社会领域的渗透和扩张,一个重要节点是国内统一市场的形成。无论是晚清时期还是民国时期,按照市场原则进行交易的观念已经在沿海的港口或者租界形成,但是广大的内陆地区尤其是农村地区,仍然是建立在小农基础上的传统社会。广大农村地区的传统性增强了社会整体的传统性,这是市场附属于社会的一个重要前提。随着改革开放的深入,现代交通深入大多数农村地区,农民的生产生活主要通过市场来完成,互联网的发展使这一变化更加深入。近代以

---

① 《习近平谈治国理政》第 1 卷,外文出版社 2018 年版,第 95 页。

第二章　市场经济与传统家庭伦理理性化的深层动因

来市场机制向农村扩张的阻碍第一次被消除了。市场征服了广大农村地区，进而征服了数千年以来所沿袭的传统社会关系。

形成全国统一市场是竞争机制和价值规律得以发挥作用的前提，也是与世界市场对接、深化改革开放的基础，因而也是社会主义市场经济发展的重要保障因素。所谓统一市场是指"没有行政性限制、没有关税壁垒、商旅可以通行无阻的市场"①。但行政性和经济性分权导致了条块分割、地方保护主义盛行，交通的不便又加剧了这一问题。这在改革开放前已见端倪。三大改造以后，建立了高度集中的计划经济模式，一些弊端也随之出现。为了解决新出现的问题，1958年进行了经济管理体制改革，重点是增加各地经济管理权力。1958年4月，中共中央下发了《关于工业企业下放的几项规定》，要求下放企业管辖区。随后又陆续下放了物资分配权、基本项目审批权和投资管理权等等。在"大跃进"的背景下，体制下放带来了经济秩序的混乱。尽管1960年在"调整、巩固、充实、提高"的过程中，又将下放的权力收回，但从这一过程中可以看出，行政性和经济性分权会增加地方保护主义。改革初期，为了调动地方积极性，又开始下发权力，提高企业自主权。1980年至1988年之间，先后实施了"划分收支、分级包干"和"财政大包干"。这种在行政上和经济上分权的措施，导致地方为了不断增加自身的财政收入、维护本地企业的利益，一方面保护"那些产品质量低劣的落后企业免受外来企业的竞争，采取了地区封锁和割据的各种措施，严重破坏了市场的统一性和竞争性"②；另一方面使中央为了建立统一市场所采取的分税制难以得到有效实施。针对这些问题，十四大报告指出："加强市场制度和法规建设，坚决打破条条块块的分割、封锁和垄断，促进和保护公平竞争。"③《决定》也指出："宏观经济调控权，包括货币的发行、基准利率的确定、汇率的调节和重要税种税率的调整等，必须集中在中央。这是保证经济总量平衡、经济结构优化和全国市场统

---

① 吴敬琏、刘吉瑞：《论竞争性市场体制》，广东经济出版社1998年版，第157页。
② 吴敬琏、刘吉瑞：《论竞争性市场体制》，广东经济出版社1998年版，第152页。
③ 《江泽民文选》第1卷，人民出版社2006年版，第229页。

◇◆◇　市场经济与传统家庭伦理的理性化

一的需要。"① 二者皆旨在通过法律、政策、经济等途径或手段,实施宏观调控,打破地方分割,推动全国性统一市场的形成。十五大报告进一步提出:"改革流通体制,健全市场规则,加强市场管理,清除市场障碍,打破地区封锁、部门垄断,尽快建成统一开放、竞争有序的市场体系,进一步发挥市场对资源配置的基础性作用。"② 在这些政策的影响下,一个统一的市场逐步形成。

推动全国性市场形成的侧重点在于打破因地方保护主义而出现的条块分割,减少行政限制和关税壁垒。然而,由于近代以来民族资本主义的弱小、长期的战争以及新中国成立以后计划经济所带来的城乡分割的二元体制,城市和乡村之间经济发展差异显著。尽管改革最早从农村起步,但由于经济、行政以及农民自身等因素,十四大报告所提出的进行"农产品价格和农村流通体制的改革,继续强化市场在农村经济中的调节作用"③,在之后的很长一段时间内没有实质性突破。从农民自身来看,尽管新中国成立以后农村识字率大幅提升,但由于"小农经济的历史文化传统在农村中积淀深厚,农民的文化、科技素质不高,许多农民不懂和不适应市场经济,家庭分散经营且规模小,生产技术水平低,使得大多数农民很难依靠自身的力量顺利进入市场,从而构成了土地家庭承包与分散经营的农民难以进入市场这一严重制约农村市场化建设的深刻矛盾"④。从经济制度看,在以重工业为中心的计划经济模式下,农业积累服务于重工业和城市发展,导致农业投资相对不足。改革开放以后,尽管家庭联产承包责任制的实施提高了农业生产水平,但相对于工业企业的飞速发展,仍然是滞后的,这就导致农业竞争能力不强,整体难以适应激烈的市场竞争。在对外开放不断深入、与世界市场不断融合的环境中尤为如此。从行政体制看,市场经济体制的运行关键在于行政权力从对市场的直接干预

---

① 中央文献研究室编:《中共十三届四中全会以来历次全国代表大会中央全会重要文献选编》,中央文献出版社2002年版,第293页。
② 《江泽民文选》第2卷,人民出版社2006年版,第23页。
③ 《江泽民文选》第1卷,人民出版社2006年版,第231页。
④ 习近平:《农村市场化建设与中国加入WTO》,《清华大学学报》(哲学社会科学版)2001年第4期。

第二章 市场经济与传统家庭伦理理性化的深层动因

转变为更多地以价格、财政或法律等方式进行间接调控，这需要一系列体制机制、法律法规和工作方法的转变。在基层工作中，部分干部在计划经济下形成的工作方法和工作思维难以及时转变，限制了市场机制在农业领域的运行。因而，尽管市场经济确立以后，全国性市场逐步形成，但由于农业领域的这些问题，全国性市场缺乏纵深性。为了解决这些问题，十五大报告以市场化为基本方向，对农业发展提出了新的举措，"大力推进科教兴农，发展高产、优质、高效农业和节水农业。积极发展农业产业化经营，形成生产、加工、销售有机结合和相互促进的机制，推进农业向商品化、专业化、现代化转变。综合发展农林牧副渔各业，继续发展乡镇企业，形成合理的产业结构"[1]。这对农村市场和农业服务体系的发展以及农业技术的进步起到了有力的促进作用，也进一步完善了农产品市场体系，从而增强了农业综合生产能力和市场竞争能力。十九大报告提出了乡村振兴战略，积极"构建现代农业产业体系、生产体系、经营体系，完善农业支持保护制度，发展多种形式适度规模经营，培育新型农业经营主体，健全农业社会化服务体系，实现小农户和现代农业发展有机衔接"[2]。这不仅注重农业技术、农业市场体系的建设，还推动农业经营组织的建立健全，使农业生产与企业加工深入对接，大幅提升农业市场化程度。而农业市场化又推动了市场经济的纵深发展。

农村地区的市场化对于市场经济成为支配社会关系的基本力量有着重要推动作用。传统家庭伦理以及建构于其上的社会关系奠基于小农生产之上。在近代以来的变革中，农村是传统生产方式的主要存在区域，农民是传统伦理道德的主要"担纲者"。如前所述，无论是晚清还是民国，市场的发展都是在通商口岸的局部地区，这些地区农村生产的产品不再是流向本地的集市，作为生活必需品的一部分而满足自给自足的生产需要，而是开始进入世界市场，生产与销售都被纳入市场的调节之中。而内陆的广大农村地区，"由于地方的交通运输工

---

[1] 《江泽民文选》第2卷，人民出版社2006年版，第24页。
[2] 《党的十九大报告辅导读本》，人民出版社2017年版，第32页。

◆◆◆ 市场经济与传统家庭伦理的理性化

具很少有实际的改善，因此原有的市场区域并没有扩大，也未能从根本上用现代的商业渠道取代标准市场区，现代的商业渠道，是建立在较大区域范围内的综合性市场交易基础之上的"[1]。在这种以乡镇集市为主的传统市场中，"家庭需用不自产的物品通常在那里购买。基层市场为这个市场下属区域内的商品提供了交易场所，但更重要的是，它是农产品和手工业品向上流动进入市场体系中较高范围的起点，也是供农民消费的输入品向下流动的终点"[2]。人们在这一市场所建构的社区里，将自己多余的农产品卖出，换回必要的生活用品，大部分仍是过着自给自足的生产生活，人们的生活用品也多来源于附近的乡邻。人们到市场的目的并不是要获取物质财富，因而，人们在这里的关系仍然是传统的。与此同时，在这种区域性市场上，竞争不是主要原则，地方商贩还会为了有利可图联合起来排斥外来商品，这阻碍着市场在这里发挥调节作用。从这里可以看出，近代以来正是由于交通不便、市场容量小、农民自身的传统意识强等原因，广大内陆地区的农村被隔离于全国性市场和世界市场之外，导致现代工业及其所孕育的现代性价值观念始终难以渗入到农村。现代化交通打破了区域性市场得以持续的重要条件，使得区域性市场和全国性市场不断融合起来。随着全国性市场的深入发展，不断将农村纳入到统一性市场之中。农民生产的产品不再仅仅售卖给乡邻，其购买的产品也多半不再来自其乡邻，更重要的是参与市场交易已经不再是仅仅为了获取生活必需品。市场竞争、平等交换、货币追逐等也逐步成为市场交易的行为准则。因而，将农村纳入统一性市场，打破了几千年以来阻碍现代工业发展的因区域性交易所产生的障碍，进而深刻改变了农村的社会关系及其背后的伦理道德，而这一改变又是以市场的基本原则作为支配力量进行的。波兰尼认为："相对于对外贸易与地方性贸易，国内贸易在本质上是竞争性的；除了互补性的交易之外，国内贸易含有

---

① ［美］费正清等编：《剑桥中华民国史（1912—1929）》上卷，中国社会科学院历史研究所编译室译，中国社会科学出版社 2006 年版，第 35 页。
② ［美］施坚雅：《中国农村的市场和社会结构》，史建云、徐秀丽译，中国社会科学出版社 1998 年版，第 6 页。

第二章　市场经济与传统家庭伦理理性化的深层动因

大量的交易，在这些交易中不同来源之相似货物彼此竞争。因此，只有在对内贸易或国内贸易出现后，人们才接受竞争作为贸易的一项一般原则。"[1] 正是在统一性市场将农村也涵括进来的时候，平等交换、公平竞争才作为市场的支配性原则颠覆了旧有的奠基于伦理道德之上的传统市场观念。

二　固定资产接受市场的调节

近代以来促成市场附属于社会关系的一个重要因素是以伦理目标为取向的政治权力用行政手段对市场的干预和抑制，这其中的核心问题是产权关系模糊，合法财产得不到尊重和保护。改革开放以来，逐步确立了相对清晰的产权关系，保护合法私有财产被写入宪法。个体的物权、债权、股权、知识产权等财产权不再被行政权力随意征收或损害，但同时也成为了重要的市场要素。其中，以房屋、土地、宅基地等为主要内容的财产关系，不仅仅是一种经济权利，也是传统的家庭关系赖以维系的基础。当这些作为一种要素接受市场调节的时候，其背后所隐含的社会关系以及社会关系中的伦理道德亦随之接受市场调节。因而，产权制度的深化是市场机制向社会领域渗透的重要关节点。

产权"是所有制的核心和主要内容，包括物权、债权、股权和知识产权等各类财产权"[2]。有效的产权制度可以确保市场主体因发明、投资、创新等途径得来的利益，从而激发市场主体的积极性。西方近代的崛起就得益于其较早的通过一系列法律法规建立了一套相对清晰的产权制度。改革开放以后，改革较成功之处往往源于确立了相对清晰的产权，而失败则往往是缺乏清晰的产权所致。因而建立有效的产权制度是建立市场经济的关键。正如张维迎所言："为了完善市场，政府应该做什么？就是很好地界定产权、保护产权。只要政府真正做

---

[1] [英]波兰尼：《巨变：当代政治与经济的起源》，黄树民译，社会科学文献出版社2013年版，第134页。

[2] 《十一届三中全会以来历次党代会、中央全会报告 公报 决议 决定》，中国方正出版社2008年版，第823页。

◇◆◇ 市场经济与传统家庭伦理的理性化

到这一点,真正保护人们的自由,每个人都会运用自己的优势,在市场上进行交换,达成合作,整个社会很快会富裕起来。"①《决定》明确规定:"企业中的国有资产所有权属于国家,企业拥有包括国家在内的出资者投资形成的全部法人财产权,成为享有民事权利、承担民事责任的法人实体。"② 这在国有企业内部形成了一种相对明确的产权关系,为了维护和巩固这一关系,还制定了相关的法律,进行了公司管理制度改革,转变了政府职能,等等。十五大报告更是明确提出:"要按照'产权清晰、权责明确、政企分开、管理科学'的要求,对国有大中型企业实行规范的公司制改革,使企业成为适应市场的法人实体和竞争主体。"③ 公司制改革的核心即在于对产权的明确,国家以其出资额享有相应权益、承担相应责任,企业则自主经营、自负盈亏、照章纳税。尽管这些措施初步形成了产权制度结构,使得相关的激励和约束机制在一定程度上得以发挥效用,但是作为一个市场竞争主体而言,相对于民营企业或"三资"企业,国有企业产权关系仍然较为模糊。面对不断增强的市场竞争,许多企业的亏损,以及在兼并、重组、改制方面的困难,等等,都说明了这一点。诚如厉以宁所言:"为什么企业固定资产的交易市场至今难以形成呢?因为不少企业的产权没有界定,投资主体还是很模糊的。这样,企业就不能被买卖,不能破产,不能被兼并。只要这些问题没有解决,要素价格不可能合理。为了实现价格的放开和市场的完善,界定产权是首要的。"④ 股份制是更为清晰的凸显产权关系的经营形式。在此形式下,股东大会是最高权力机构,选举董事会管理企业,政府是投资者,作为主要控股者管理企业,而非直接进行行政干预,可以有包括职工在内的多个投资主体参股,这样就在国有企业内部建立了相对清晰的产权关系。正是基于此,十七大报告提出,"深化国有企业公司制股份

---

① 张维迎:《市场的逻辑》,上海人民出版社2010年版,第24页。
② 中央文献研究室编:《中共十三届四中全会以来历次全国代表大会中央全会重要文献选编》,中央文献出版社2002年版,第283页。
③ 《江泽民文选》第2卷,人民出版社2006年版,第21页。
④ 厉以宁:《中国经济改革与股份制》,北京大学出版社、香港文化教育出版社1992年版,第5页。

第二章　市场经济与传统家庭伦理理性化的深层动因

制改革,健全现代企业制度,优化国有经济布局和结构,增强国有经济活力、控制力、影响力","以现代产权制度为基础,发展混合所有制经济"①,等等。

随着市场经济的发展,尤其是国有企业产权关系的相对明确,推动了产权制度开始在更广泛的层面上建立。十五大报告指出:"依法保护合法收入,允许和鼓励一部分人通过诚实劳动和合法经营先富起来,允许和鼓励资本、技术等生产要素参与收益分配。"② 即是在通过法律制度确保合法收入得到保护。为了落实十五大关于建立现代产权制度的部署,2003年,中共中央发布了《关于完善社会主义市场经济制度若干问题的决定》,并指出,要"建立归属清晰、权责明确、保护严格、流转顺畅的现代产权制度,有利于维护公有财产权,巩固公有制经济的主体地位;有利于保护私有财产权,促进非公有制经济发展;有利于各类资本的流动和重组,推动混合所有制经济发展;有利于增强企业和公众创业创新的动力,形成良好的信用基础和市场秩序。这是完善基本经济制度的内在要求,是构建现代企业制度的重要基础。要依法保护各类产权,健全产权交易规则和监管制度,推动产权有序流转,保障所有市场主体的平等法律地位和发展权利"③。这里阐明了构建产权制度的内容、意义和途径,使得产权制度进一步体系化。随着相关法律法规、产权交易和监管体制的建立,个体的合法收入、知识产权、固定资产等都得到了有效保护,有力地激发了创业、创新积极性,增强了其市场竞争能力。2004年宪法修订中规定:"公民的合法的私有财产不受侵犯。国家依照法律规定保护公民的私有财产权和继承权。"④ 个体合法财产权利由此被赋予了神圣性,为其得到有效保护提供了更为坚实的基础。产权制度在农村的发展对社会关系的影响同样深远。尽管家庭联产承包责任制是国家

---

① 《十七大报告辅导读本》,人民出版社2007年版,第25页。
② 《江泽民文选》第2卷,人民出版社2006年版,第22页。
③ 《十一届三中全会以来历次党代会、中央全会报告 公报 决议 决定》,中国方正出版社2008年版,第823页。
④ 国务院法制办公室编:《中华人民共和国宪法典》,中国法制出版社2016年版,第6页。

◆◆◆ 市场经济与传统家庭伦理的理性化

拥有所有权，农民拥有经营权，但在实质上它使农业生产中的产权关系得以逐步清晰。十五大报告要求，"要尊重农民的生产经营自主权，保护农民的合法权益，切实减轻农民负担"①。十九大报告进一步指出，以"巩固和完善农村基本经营制度，深化农村土地制度改革，完善承包地'三权'分置制度"②等措施的实施，加大农村产权制度改革力度。财产权利不仅仅意味着对物、债、股和专利的占有，还反映了占有过程中所牵涉的社会关系。产权制度的实施，也不仅仅意味着对合法财产权利的保障，还意味着这些权利接受市场调节，并成为重要的市场要素。这就对整个社会产生了深远影响。

无论是在晚清时期还是民国时期，政治和经济体制构成了制约现代工业发展的重要因素。其中，核心的问题在于没有建立一套有效的产权体系。晚清官督商办企业的低效率、低效益和缺乏创新等突出问题的基本原因即在于将官方利益和私人利益相混合，没有理清政府和控制者、控制者和经营者以及控制者、经营者和投资者之间的产权关系，使得控制者、经营者中饱私囊，难以按照经济客观规律管理经营企业，同时由于产权关系模糊，为某些官员不当运用手中的权力带来了便利，也因此助长了官本位思想的滋生。在社会上，清政府始终未有明确的法律法规承认个体的私有财产不可侵犯，这一方面使得官方可以通过不同途径、以不同理由征用、侵吞、排挤私营企业，从而抑制私营企业的活力；另一方面也导致从法律上规定个人的私人财产神圣不可侵犯缺少必要的推动力量。民国时期，一方面许多官僚投机经营，形成官僚资本；另一方面部分大资本家进入政府内部，掌握了一定权力，这都会导致产权关系的模糊，产生不当竞争，抑制私营企业尤其是中小私营企业的发展。改革开放以来的产权关系的明确，可以使国有企业尽可能的实现自主经营、自负盈亏、照章纳税等等，在一定程度上杜绝晚清、民国时期因产权模糊所导致的贪污腐败、经营效率低、技术创新动力不足等问题。产权关系的明确还使得私营企业和

---

① 《江泽民文选》第2卷，人民出版社2006年版，第24页。
② 《党的十九大报告辅导读本》，人民出版社2017年版，第31页。

第二章 市场经济与传统家庭伦理理性化的深层动因

"三资"企业的基本权益得到法律的保障,促使这些企业获得与国有企业相对平等的竞争地位,从而使其得以不断发展。更为深远的影响是产权关系的确定进一步推动了从法律上明确个人合法财产不可侵犯。这有利于个体自由、民主、法治等意识的增长。与此同时,中国传统的家庭伦理及其建构于其上的社会关系的根基源于小农经济,这意味着整个社会关系奠基于农民与土地的关系即农民对土地的依赖之上。土地作为一种生产要素的市场化是整个社会主义市场经济不断深入发展的前提。诚如波兰尼所言:"在工业生产变为更复杂时,就必须能保证充分供应愈来愈多的工业生产要素。其中最重要的三者是劳动力、土地及货币。在一个商业社会里,它们的供应只能是以一种方式组织起来,即可以用购买的方式取得。因此它们必须能在市场上出售,换句话说,就是作为商品。市场机制扩展到工业生产的基本要素——劳动力、土地及货币——是一个商业社会中引进工厂制度所不可避免的后果。工业生产的要素必须能任意买卖。"[1] 而产权制度的确立,尤其是农村土地确权的开展,是土地市场化发展的前提和推力。农民对土地的依赖和拥有是旧的社会关系的基础,当土地变成可交易的商品时,旧的社会关系也随之瓦解了。社会关系被纳入到了市场机制中来,以利益最大化为取向的经济理性成为社会关系的支配准则,一种新的社会关系形成了。马克思指出:"在土地所有制处于支配地位的一切社会形式中,自然联系还占优势。在资本处于支配地位的社会形式中,社会、历史所创造的因素占优势。"[2] 这意味着由传统家庭伦理所建构起来的社会关系,正是"自然联系"的表现或反映,当土地所有制不再支配一切,旧的社会关系的存在基础便动摇了。由此,社会关系的基础由土地变成了"资本"。综上可见,土地、宅基地、家庭共有财产等产权关系的明确,一方面使阻碍现代工业发展的深层次社会经济因素被瓦解了,市场经济得以向纵深发展;另一方面旧有的奠立于对土地依赖关系之上的社会关系被置于市场经

---

[1] [英]波兰尼:《巨变:当代政治与经济的起源》,黄树民译,社会科学文献出版社2013年版,第155页。
[2] 《马克思恩格斯选集》第2卷,人民出版社2012年版,第707页。

◆◆◆　市场经济与传统家庭伦理的理性化

济之上，从而使市场支配了社会关系。

三　劳动力成为重要市场要素

劳动力市场的培育是市场经济发展的关键支撑，也是其重要体现。改革开放以来，劳动力市场深入发展，劳动作为一种生产要素越来越受市场调节。这一变化对社会关系产生了深刻影响，因为劳动力背后是依附于其上的血缘、邻里关系和宗教信仰。劳动力的市场化意味着后者亦随之接受市场调节。与此同时，劳动力市场的发展，加快了劳动力的流动，传统家庭伦理赖以存在的相对封闭、固定的条件随之消失。因而，劳动力的市场化为市场机制向社会领域的扩张提供了条件。

培育劳动力市场是市场经济建设的重要内容。十三大报告指出，社会主义的市场体系，不仅包括消费品和生产资料等商品市场，而且应当包括资金、劳务、技术、信息和房地产等生产要素市场；单一的商品市场不可能很好发挥市场机制的作用。劳动力是生产、销售、流通中必不可少的部分，因而，劳动力市场不仅是市场经济的一部分，也是推动其他因素不断发展的重要条件。市场经济的建设不仅催生出劳动力市场，还以劳动力市场的发展为其进一步发展的前提。正如十三大报告所指出的，改革中所采取的一些措施，例如发展生产资料市场、金融市场、技术市场和劳务市场，发行债券、股票，都是伴随社会化大生产和商品经济的发展必然出现的，并不是资本主义所特有的。在市场经济下，劳动力市场的发展既要服务于市场经济的建设，也要接受市场的调节。1984年10月，中共中央在《关于经济体制改革的决定》中指出："越是搞活经济，越要重视宏观调节，越要善于在及时掌握经济动态的基础上综合运用价格、税收、信贷等经济杠杆，以利于调节社会供应总量和需求总量、积累和消费等重大比例关系，调节财力、物力和人力的流向，调节产业结构和生产力的布局，调节市场供求，调节对外经济往来，等等。"[①] 这里，劳动力

[①] 《十一届三中全会以来历次党代会、中央全会报告　公报　决议　决定》，中国方正出版社2008年版，第223—224页。

第二章　市场经济与传统家庭伦理理性化的深层动因

和其他商品一样,通过价格、税收、信贷等经济杠杆加以调节,促使市场成为调节劳动力流动的决定性因素。十四大在强调继续促进劳动力市场发展的基础上,还将劳动力素质的培育作为重要内容,要求"优化教育结构,大力加强基础教育,积极发展职业教育、成人教育和高等教育,鼓励自学成才。各级政府要增加教育投入"[1]。同时还强调知识分子是工人阶级的一部分,是先进生产力的开拓者。这些对推动劳动力市场的发展起到了重要作用。为了进一步落实十四大的相关决议,1993年11月,中共中央颁布了《关于市场经济体制改革若干问题的重大决定》,强调"个人收入分配要坚持以按劳分配为主体、多种分配方式并存的制度,体现效率优先、兼顾公平的原则。劳动者的个人劳动报酬要引入竞争机制,打破平均主义,实行多劳多得,合理拉开差距。坚持鼓励一部分地区一部分人通过诚实劳动和合法经营先富起来的政策,提倡先富带动和帮助后富,逐步实现共同富裕"[2]。打破平均主义,在劳动报酬中引入竞争机制,在实质上促使劳动力市场在更深层次上接受市场机制的调节。

改革开放过程中,一方面由于国有企业改组、调整、破产等原因,出现了许多下岗职工,就业需求增加;另一方面随着民营经济的发展,出现了大量的用工需求。与此同时,农村家庭联产承包责任制的实施也使得农村劳动力出现剩余。在此背景下,培育劳动力市场需要在更广的范围、更深的层面展开。在《关于市场经济体制改革若干问题的重大决定》中,中共中央要求:"改革劳动制度,逐步形成劳动力市场。我国劳动力充裕是经济发展的优势,同时也存在着就业的压力,要把开发利用和合理配置人力资源作为发展劳动力市场的出发点。广开就业门路,更多地吸纳城镇劳动力就业。鼓励和引导农村剩余劳动力逐步向非农产业转移和地区间的有序流动。发展多种就业形式,运用经济手段调节就业结构,形成用人单位和劳动者双向选择、

---

[1] 《江泽民文选》第1卷,人民出版社2006年版,第233页。
[2] 中央文献研究室编:《中共十三届四中全会以来历次全国代表大会中央全会重要文献选编》,中央文献出版社2002年版,第293页。

◆◆◆　市场经济与传统家庭伦理的理性化

合理流动的就业机制。"① 在这一政策推动下，农村劳动力向城市转移，不发达地区劳动力向发达地区转移，国有企业下岗职工向民营企业转移，为劳动力更为广泛的接受市场调节提供了条件。十五大报告指出："实行鼓励兼并、规范破产、下岗分流、减员增效和再就业工程，形成企业优胜劣汰的竞争机制。"② 在下岗职工再就业工程实施过程中，民营企业成为吸纳劳动力的主要渠道，因此这种竞争机制的形成是劳动力进一步市场化的重要推动和保障因素。十六大报告要求，"发展产权、土地、劳动力和技术等市场。创造各类市场主体平等使用生产要素的环境"③，"确立劳动、资本、技术和管理等生产要素按贡献参与分配的原则，完善按劳分配为主体、多种分配方式并存的分配制度"④。由此，劳动力作为重要的生产要素，像产权、土地和技术等生产要素一样，在市场机制下进行自由"交易"。十九大报告进一步强调了生产要素的市场化："经济体制改革必须以完善产权制度和要素市场化配置为重点，实现产权有效激励、要素自由流动、价格反应灵活、竞争公平有序、企业优胜劣汰。"⑤ 劳动力市场化的程度愈益加深。

综上可见，劳动力市场自改革开放以来即被视为市场经济建设的重要部分，不断增加市场机制在劳动力市场中的决定性作用。当然，在社会主义制度下，为了防止劳动力作为生产要素在市场化过程中所出现的两极分化，改革进程中始终坚持以按劳分配为主体、多种分配方式共同发展，并注重社会保障体系的完善。在《关于市场经济体制改革若干问题的重大决定》中，中共中央要求，建立"包括社会保险、社会救济、社会福利、优抚安置和社会互助、个

---

① 中央文献研究室编：《中共十三届四中全会以来历次全国代表大会中央全会重要文献选编》，中央文献出版社2002年版，第288页。
② 《江泽民文选》第2卷，人民出版社2006年版，第22页。
③ 《江泽民文选》第3卷，人民出版社2006年版，第549页。
④ 《江泽民文选》第3卷，人民出版社2006年版，第550页。
⑤ 《党的十九大报告辅导读本》，人民出版社2017年版，第33页。

第二章 市场经济与传统家庭伦理理性化的深层动因

人储蓄积累保障"①在内的社会保障体系,并积极"提倡社会互助。发展商业性保险业,作为社会保险的补充"②。党的十九大报告又提出,全面建成"覆盖全民、城乡统筹、权责清晰、保障适度、可持续的多层次社会保障体系"③。这些为劳动力市场的持续健康发展提供了重要保障。

劳动力市场的培育是市场经济发展的关键,也深刻改变了社会关系。人的本质,是社会关系的总和。劳动力的市场化意味着不仅其本身的劳动价值作为商品被市场机制支配,其劳动力背后所蕴含的一系列社会关系也因此为市场所支配。波兰尼认为:"所谓'劳动力'这种商品,并不能任意加以堆积,或无线限制使用,或甚至不加使用,而不致影响到个人——后者乃是这种特殊商品的真正拥有人。在处理一个人的劳动力时,这个制度也同时处置了这个'人'之生理的、心理的及道德的本质。"④王绍光对此进一步解释道:"如果劳动力仅受市场控制,那将是一个毁灭性的计划。为什么呢？因为那意味着血族关系、邻里关系,同行、宗教这些非契约组织都将被摧毁。这也就是说,如果劳动力变成商品,血族关系、邻里关系,同行、宗教组织将毁灭于一旦,因为这些传统关系要求个人忠诚,限制个人自由。在原始社会中,个人不会挨饿,除非整个社会遭遇饥饿。从某种意义上说,原始社会比市场经济更有人性。市场经济要求把人变成商品,服从供求关系支配。"⑤这种"毁灭"只有在以自律性市场为基础的资本主义社会里才会发生。在社会主义制度下,市场受到国家的宏观调控,整个制度致力于共同富裕,市场对社会关系的这种冲击被减少到

---

① 中央文献研究室编:《中共十三届四中全会以来历次全国代表大会中央全会重要文献选编》,中央文献出版社 2002 年版,第 294 页。
② 中央文献研究室编:《中共十三届四中全会以来历次全国代表大会中央全会重要文献选编》,中央文献出版社 2002 年版,第 294 页。
③ 《党的十九大报告辅导读本》,人民出版社 2017 年版,第 46 页。
④ [英]波兰尼:《巨变:当代政治与经济的起源》,黄树民译,社会科学文献出版社 2013 年版,第 152—153 页。
⑤ 王绍光:《波兰尼〈大转型〉与中国的大转型》,生活·读书·新知三联书店 2012 年版,第 33 页。

◇◆◇　市场经济与传统家庭伦理的理性化

了最低程度。但劳动力的市场化同样意味着其背后的社会关系受市场所影响甚至被其支配，因为唯有如此市场才得以运转。因而，这意味着血缘关系、邻里关系、宗教信仰等关系或观念将被等价交换、追求财富等市场原则所支配，意味着以这些关系为主要内容的社会关系也受市场支配。诚如波兰尼所言："劳动力、土地及货币之实际的市场被组织起来了；它们在市场上被实际地买卖着；它们的供应及需求有真实的量；任何足以妨碍这种市场之形成的政策与措施事实上都会危及市场制度之自律性。因而，这类虚拟的商品提供了一个关于整个社会之重要的组织原则，它以各种方式影响社会上的所有制度，也就是说，根据这个组织原则，任何足以妨碍市场机制之实际运作的安排或行为都不容许存在。"[①] 与此同时，劳动力的市场化意味着要从制度、政策、环境等方面创造良好的条件促进其合理流动。而劳动力的流动又以从农村向城市、从农业向工商业和服务业的流动为主。中国传统的家庭伦理是建立在小农经济之上，即建立在自给自足、相对封闭、变革缓慢等基础上，劳动力的流动必将摧毁传统家庭伦理不断延续的必要条件，从而冲击建立在此基础上的旧的社会关系。

---

① ［英］波兰尼：《巨变：当代政治与经济的起源》，黄树民译，社会科学文献出版社2013年版，第152页。

第三章　市场经济与传统家庭伦理理性化的具体表现

传统社会呈现出"差序格局"。在这一格局中，以自我为中心，在自我与他者之间形成了不同的社会关系。而自我与他者的关系是个体对天地、生死、人生的看法的逻辑结果。因而自我的认知图式或者说自我的社会定位是传统家庭伦理得以形成的基础。在传统家庭结构中，核心层次由父母、夫妇及其子女所构成，因而，父子、夫妇之间的伦理规范构成了传统家庭伦理的核心。家族成员之间的伦理规范虽异于父母、夫妻二伦，却与之极为接近，并且不具有师生、朋友二伦的独立性，故将之视为家庭伦理的扩延。在自我意识中，个体围绕着终极价值，形成了关涉自我与他者、自我与宇宙、自我与国家和社会的世界图式，这一图式建立在尊卑之上，是塑造传统家庭伦理基本特征的思想根源。在家庭关系中，孝具有宗法等级性，并由礼加以规制，夫妇之间则为男尊女卑所支配。在家族关系中，崇拜共同的祖先、遵循长幼有序、风险互惠互助。传统家庭伦理理性化过程中，一方面伦理规范中的宗法等级弱化了，注入了独立、自由、平等等观念，另一方面维系家庭、家族共同体的情感联结松散了。

第一节　自我意识的觉醒

在传统文化中，价值理性和风俗习惯是伦理规范被遵循的动因。其中，价值理性尤其是终极价值追求，塑造了一套关于自我与他者、自我与宇宙、自我与国家和社会的世界图式。这一图式中个体只有不

◇◆◇　市场经济与传统家庭伦理的理性化

断在日常生活中体认天道，也即践履内含了天道且是仁的核心的家庭伦理，才能实现终极价值，才能实现自我。这便导致了内在自由的发展、"自我压缩"人格的形成以及平等观念的淡薄。风俗习惯又将之加以合理化、固定化。市场经济遵循公平竞争、等价交换、以利益为最大化取向，促进了经济理性的增长。后者削弱了或者瓦解了价值理性和风俗习惯所塑造的行为模式，使得独立、自由、平等等观念逐渐得以内化为人格特征的一部分。

一　自我独立观念增加

在"大传统"中，天人合一的终极价值以传统家庭伦理的履行为方法或途径，在"小传统"中，对来世或现世福报的追求也是以传统家庭伦理的践行为前提的。在家庭伦理中，自我的完成或者自我的认同是通过他者的参与完成的，也即在与他人的心心照映中才能实现自我。而他者往往囿于最亲近的父子、夫妻、兄弟、师生等关系中，这些关系又被赋予了阴柔、刚强、尊卑的等级性。如此，便造成"自我压缩"型人格。经济理性过渡膨胀会造成货币由手段成为目的甚至是终极目的，无需他者的参与即可实现，由此割裂了终极价值与传统家庭伦理的联结、进而割裂了自我与他者的联结，公平竞争、等价交换、契约自由等所促成的独立性、主体性得以内化为个体的人格。

这种必须在与他者的关联中完善自我的认知，促使自我首先聚焦于身边的人际关系，尤其是父子关系。因为，首先"同父亲的关系对于我的自我拯救是至关重要的，因为如果这一关系被忽视，那么，我便再也不能面对从整体意义上说我之所以为我这个现实。毕竟，天所赋予我的本性，只能通过作为种种关系之中心的我的存在去表现。为了进行修身，除了其他关系以外，我首先应当通过我与父亲的关系（这种关系具有富有成果的歧义性）去完成"[①]。父子关系"为修身提

---

① 《杜维明文集》第3卷，武汉出版社2002年版，第316页。

第三章　市场经济与传统家庭伦理理性化的具体表现

供了情境和媒介"①，这一关系成为自我实现所必需聚焦的重心所在。除了父子关系之外，师生关系、君臣关系、兄弟关系等也同样起到了"情境和媒介"的作用，随亲属远近，作用也有差异。那么，建构和维护一种什么样的关系才能促进自我实现呢？答案是要建立一种符合仁的关系。因为，仁是性与"天道"的融合，是人格的至善状态的表现。孔子曰："人而不仁，如礼何？人而不仁，如乐何？"这里的仁含括了两层意思，"一方面是对自己人格的建立及知识的追求，发出无限的责任。另一方面，是对他人毫无条件地感到有应尽的无限的责任"②。诸种关系所提供的"情境和媒介"成了"仁之方"③，因为，这些关系"能够借助象征符号的内容来丰富我们的内在资源，从而使孝、悌、友谊等成为精神发展的必要组成部分。正是在这样的意义上，儒家的自我需要他者的参与"④。自我与父、君、师等他者的关系的维护，并不止于有意义的社会关系的构建，自我对家庭、社会、国家的关注，也不仅仅止于其关系的扩延，二者都旨在自我人格的完善。因而，"那些依据家庭、社区、国家和世界来界定自我的各种同心圆"⑤，都属于"自我的领域"⑥，都是为自我实现而存在的。概而言之，在"大传统"中，自我的实现奠基于与他者的关系之上。

这种逻辑同样存在于"小传统"中。对生老病死尤其是对死亡的恐惧，源于人的本能，克服这一恐惧，寻求生命的延长甚至永恒是每一个珍视生命的人的渴望。因而，对生命终极价值的追寻，不独儒家知识分子有，社会大众同样如是，此一追寻不独构成影响知识分子思想和行为的深层动力，对社会大众而言同样如此。如钱穆所言："关于灵魂再世及轮回的说法，其背后实为透露了人类对自己生命要求永生及不朽之无可奈何的心理。此一要求，实为人类心理上一至深刻至普遍之要求。纵谓全部人生问题都由此要求出发，到此要求归宿，亦

---

① 《杜维明文集》第3卷，武汉出版社2002年版，第316页。
② 徐复观：《中国人性论史·先秦篇》，上海三联书店2001年版，第80页。
③ 《论语·大学·中庸》，中华书局2015年版，第72页。
④ 《杜维明文集》第3卷，武汉出版社2002年版，第317页。
⑤ 《杜维明文集》第3卷，武汉出版社2002年版，第245页。
⑥ 《杜维明文集》第3卷，武汉出版社2002年版，第245—246页。

· 125 ·

◆◆◆ 市场经济与传统家庭伦理的理性化

无不可。"[1] 正如需要从"超越"的层面才能理解儒家的家庭伦理一样，也只有从"超越"层面才能理解社会大众对传统家庭伦理的遵循。尽管社会大众的终极价值是来世和现世的福报，而不是天人合一，但儒家在日常生活中而不是在来世的天国里追寻终极价值的人文性，决定了社会大众此一追寻的世俗性，尽管更偏重于现世的福报，但并未弃绝对来世的憧憬。在传统社会的世界图式中，"可说只是一元的，只有这一个人世现实。因此没有真的出世观。道家神仙思想，严格说来，亦并非出世"[2]。不过，在社会大众关于天的信仰、祖先崇拜和灵魂死而不朽的古老观念中，已经模糊地蕴含着另一个世界的观念。而一到"佛教传入，魏晋南北朝隋唐一段，中国人开始懂得出世，开始采用二元论的哲学观点，这是佛教在中国思想史上的真影响"[3]。道教在佛教影响下，也形成了蕴含了二元论的神仙体系。可以说，正是道教和佛教所建构的神仙体系，使民间信仰中固有的模糊的"另一个世界"的观念体系化、理论化。只是儒家思想的人文性及其主体地位，决定了社会大众的终极价值同样是以现世福报的获得为主调，也决定了此一过程必须在日常生活中方得以完成。一如日常社会关系为儒家知识分子提供了一个自我实现的情景和媒介，它也同样为社会大众寻求来世或现世福报提供了必不可少的前提。在父子、兄弟、夫妇、君臣、师生等社会关系中，践行以孝道为核心的传统家庭伦理，是道教或佛教所宣扬的最大的善，因而是实现终极价值的最好方法或途径。正如钱穆所言："幸而人终有人心，儿女只要有人心，自能懂得孝道，此便是所谓仁。既有此仁，儿女自然知道对父母有孝心。儿女对父母之孝心，其实只是一个十足全尽的人与人间交互映发照射的一颗仁心而已。此心又可说是忠恕。孝弟忠恕便合成世界大道，便把人生之不朽与永生问题获得解决。"[4]

综上可见，无论是儒家精英，还是社会大众，其终极价值的实现

---

[1] 钱穆：《灵魂与心》，广西师范大学出版社2004年版，第5页。
[2] 钱穆：《灵魂与心》，广西师范大学出版社2004年版，第11页。
[3] 钱穆：《灵魂与心》，广西师范大学出版社2004年版，第11页。
[4] 钱穆：《灵魂与心》，广西师范大学出版社2004年版，第9页。

第三章　市场经济与传统家庭伦理理性化的具体表现

都与践行以孝道为核心的传统家庭伦理密切联系起来，后者成为前者得以实现的方法或途径。然而，在传统家庭伦理中，与他者的关系带有不同程度的等级性，父子、夫妇、兄弟莫不如是，由家庭伦理延伸出来的师生、君臣同样如此。尽管这些关系讲求互惠性，但强调子女、妇人、学生对父亲、丈夫、老师等的尊重、尊敬、恭顺，要远远多于强调后者对前者的仁慈、敬谅、宽恕。此一伦理秩序下所形成的人格往往是"自我压缩"的。"自我压缩"型人格不仅会在政治生活中造成多一事不如少一事的逆来顺受，对"违犯自己利益的事也多半采取吃一点亏也无所谓的态度。这种抹掉'自我'的倾向，如果程度加深的话，甚至可以达到完全不顾自己的权利——包括生命的权利——的地步"①，也会导致"个体正常的欲望也当作'人欲'或'私心'处理"②。这样一种自我与他者的认知发源于封建土地所有制以及奠基于此上的家父长制。封建土地所有制使"普天之下莫非王土、率土之滨莫非王臣"，王权作为更高的所有者或唯一的所有者，"凌驾于这许多实际的单个共同体之上。"③ 在此一关系中，每一个单个的人，"只有作为这个共同体的一个肢体，作为这个共同体的成员，才能把自己看成所有者或占有者"④。也就是说个体只有作为家共同体或村落共同体的一员，才能享有自身劳动的客观条件，其共同体身份是其存在的前提。如此，则"个人决不可能像单纯的自由工人那样表现为单个的点"⑤。个体不仅难以作为一个独立的个体而存在，也只有将自我看成是家共同体的必要的一部分，才能寻找到一个完整的自我。自我的完成与以孝道为核心的家庭伦理的密切关联正是奠基于此一生产关系之上。新中国成立以后，在农村建立了人民公社制度，在城市实施了企业国有化，个体对家庭的依赖变成了对公社和企业的依赖，形成了不同形式、不同程度的"单位人"。在社会主义市场经

---

① ［美］孙隆基：《中国文化的深层结构》，广西师范大学出版社2004年版，第243页。
② ［美］孙隆基：《中国文化的深层结构》，广西师范大学出版社2004年版，第245页。
③ 《马克思恩格斯选集》第2卷，人民出版社2012年版，第726页。
④ 《马克思恩格斯选集》第2卷，人民出版社2012年版，第726页。
⑤ 《马克思恩格斯选集》第2卷，人民出版社2012年版，第737页。

◇◆◇　市场经济与传统家庭伦理的理性化

济体系下，个体对家庭的依赖转变为对"劳动主体所组成的共同体"的依存。劳动力成为最基本的生产要素，也成为了个体赖以生存的客观前提。个体对家庭的依赖性被大大的弱化了，成为一个独立的、自我的个体的基础生成了。诚如马克思所言："只有到 18 世纪，在'市民社会'中，社会联系的各种形式，对个人说来，才表现为只是达到他私人目的的手段，才表现为外在的必然性。但是，产生这种孤立个人的观点的时代，正是具有迄今为止最发达的社会关系（从这种观点看来是一般关系）的时代。人是最名副其实的政治动物，不仅是一种合群的动物，而且是只有在社会中才能独立的动物。"① 如前所述，社会主义制度下，市场经济同样要遵循必不可少的等价交换、优胜劣汰、公平竞争和以利益最大化为取向等基本原则，这促使经济理性不断发展。在这一理性支配下形成了一个新的社会经济体系："它适应以成本和价格合理核算为基础的商品生产，以及以再投资为目的的财富的不断积累。"② 这既有别于新中国成立前的那种整体上表现为前工业社会的基本状况，也有别于新中国成立后以公社制、单位制为代表的社会状况。此一体系"融合了一种独特的文化和性格结构。在文化中，它的特征是自我实现，即将个人从传统束缚中和归属纽带（家庭和学院）中解脱出来，使得他能按自己的意愿'塑造'自己；在性格结构中，是自我控制和先劳动后享受的规范，是在追求明确目标的过程中有意义的行为规范"③。这不仅是因为对财富的追逐，使得大众作为消费者成为商品生产的关注对象，与这一经济目的相适应，倾向于"强调最具个性的东西，趋向于人的独立性和他们发展的自主性"④ 的现代文化逐渐发展起来。还因为个体对超越的诉求淹没于物质财富带来的更为直接和现实的感官的享乐之中，金钱由手段变成了

---

① 《马克思恩格斯选集》第 2 卷，人民出版社 2012 年版，第 684 页。
② [美] 丹尼尔·贝尔：《资本主义文化矛盾》，严蓓雯译，人民出版社 2010 年版，第 6 页（序言）。
③ [美] 丹尼尔·贝尔：《资本主义文化矛盾》，严蓓雯译，人民出版社 2010 年版，第 7 页（序言）。
④ [德] 西美尔：《金钱、性别、现代生活风格》，刘小枫选编，顾明仁译，华东师范大学出版社 2010 年版，第 6 页。

终极目的。个体的自我实现通过个体劳动力的商品化即可完成，而无须与家共同体成员密切联系。如此，个体从家庭中的独立便大为增强，其思想观念从旧有的价值理性和风俗习惯所内含的世界图式中的独立也随之增强。而正是市场经济的发展，不仅使得旧的生产方式改变，传统家庭伦理的经济基础被改变，还以经济理性消解了价值理性和风俗习惯。

二 自我自由理念增强

在内在超越的终极追求中，传统文化的逻辑进路是天地万物具有共同的本源，共同受制于至高的"天道"，人性中内含着"天道"，通过人性的自我省察可以不断地接近天人合一的境界。这意味着通过内在的自我道德的修炼即可不断窥探人性中的"天道"，并无限的趋近于此。这一内在超越的逻辑进路决定了传统文化背景下，个体的自由是以内在自由或者说内在的道德自由为主，而忽略了外在的法律、组织所保障下的自由。而后者的缺乏导致了消极避世、老于世故、缺乏公共意识等弊端，并未获得实质上的自由。在市场中，契约的签订或执行，是以对个体自由意志的假定和保障为前提的，而由此出发便需要通过相应的制度设施以确保个体自由的实现。旧的终极价值被消解以后，追求内在自由的动机衰弱了，新的自由理念便得以强化。

自由是永恒的话题。汉朝伊始，鉴于秦朝二世而亡，罢黜百家、独尊儒术、以孝治国，中国的王朝政权逐步形成了道统的权力模式。所谓道统，"仍凭社会人物之自由独立精神，不断继起，不断宣扬，而亦不断有人加之以反对"[①]。此一统治形式为个体自由的获得和发展提供了一定的政治和社会空间。在道统下，个体的自由是对自我道德追求和现实的自由，亦即对以传统家庭伦理为核心的儒家伦理追求的自由。如钱穆所言："故中国人求自由平等独立，主在求道明道上努力。而五伦之道，则亦人人平等，而可独立自由以求。在日常生活

---

① 钱穆：《晚学盲言》，广西师范大学出版社2004年版，第186页。

中之物质拥有上，则又力戒其不平等。"① 康德认为，只有"当我们的行动以道德法则为准则时，我们才是自由的"②，因为"每种形式的理性考虑或权衡，最终都必须遵守普遍原则，也就是遵守道德法则；这里有一系列可供替代的选择，从绝对拒绝这种道德自由和道德法制的等同，一直到对这种等同进行善意的改革"③。衡量个体自由或不自由的准绳是对体现了普遍法则的道德法则的遵循。如果遵循此一法则即为自由，如果"不去自问一下，他的行为是否能得到其他人的赞同，或者是否能符合一种'普遍的法则'，他的行动就会受到没有经过理性检验的动机驱使，也就是会受到'自然法则'的影响，在这个意义上，那他就是不自由的"④。人伦是"天道"在人间的投射，是至高的宇宙法则的体现，所以个体对"父子、夫妇、兄弟、君臣、师生"的伦理准则的遵循是个体实现其自由的保障。这一获得自由的形式和途径求之于内，通过对一种公认的传统家庭伦理的遵循实现自由之理想。这有别于西方国家求之于外的逻辑进路，从而无需像后者一样，靠着组织和法律的保障去获得个体自由。如钱穆所言："然师弟子之传，乃道统，非血统。乃人伦，非自然。而皆出自由，不加组织。孔子为百世师，非由一组织中选举得来。故中国人之所谓道统，乃与政治上之法统大不同。道统亦有规矩，而非由法律。不从外面限制，乃从内自向外，自遵守。故既自由，亦平等。"⑤ 简而言之，在中国文化环境下，并非不存在个体自由，个体对自由的追寻恰恰是通过被视为自由之压迫的具有宗法性的传统家庭伦理的遵循所获得的。

这种自由的观念源于传统的人性观。所谓人性观是指"乃由追求人之本性究系如何而成立的"⑥。《左传》昭公二十五年郑太子太叔引

---

① 钱穆：《晚学盲言》，广西师范大学出版社2004年版，第183页。
② 参见［德］霍耐特《自由的权利》，王旭译，社会科学文献出版社2013年版，第156页。
③ ［德］霍耐特：《自由的权利》，王旭译，社会科学文献出版社2013年版，第156—157页。
④ ［德］霍耐特：《自由的权利》，王旭译，社会科学文献出版社2013年版，第156页。
⑤ 钱穆：《晚学盲言》，广西师范大学出版社2004年版，第183页。
⑥ 徐复观：《中国人性论史·先秦篇》，上海三联书店2001年版，第52页。

第三章 市场经济与传统家庭伦理理性化的具体表现

子产的话答赵简子问礼的答复中,指出:"夫礼,天之经也,地之义也,民之行也。天地之经,而民实则之。则天之明,因地之性,生其六气,用其五行。气为五味,发为五色,章为五声。……哀乐不失,乃能协于天地之性。"① 此处即以"天道"与人性相联结。既然人性受之于天,"它就分享了那构成万物基础的实有。所以,要实现这个深藏的实有,并不是超越,而是通过人性来进行。从本体论角度来看,这是以人性具有通过日常生活实现天的终极意义的'良能'和'良知'这一信念为基础的"②。但要想在具体的日常经验实现人性的这个本体论真理,需要一个持续的修身过程。孔子以仁学的建构和实践为基础,将性与天道融合,促成了一个内在人格世界的建构,对人性论的发展作出了关键的理论贡献。《八佾》云,"人而不仁,如礼何"③,"为仁由己,而由人乎哉"④,"仁远乎哉?我欲仁,斯仁至矣"⑤,"当仁,不让于师"⑥,等等。这里,孔子希冀以自我人格的完善,产生改造客观世界的动力,以更好履行人作为天地万物最具灵性者的使命。对内在人格的强调尽管是将客观世界融于仁的内在世界中,但一切理性、价值、意味的追求,都必须回到客观世界,回到个体人格的塑造之上,也即回到"修身"上。如"其身正,不令而行;其身不正,虽令不从"⑦。"修身"不仅是"齐家治国平天下"的根本和前提,同时也成了目的。因为,人是天地万物中最具灵性者,有着自我实现的内在需要,也有着以自我实现推动他者去转化、去发展、去提升的使命,也只有在这一过程中自我才能不断丰富与完善。如此,则不仅使人与动物相区别,也使个体的生命力尽可能的扩延。这种扩延及其实现,进一步把"本是宗教徒的素质和要求归结为这种不

---

① 《左传》(下),郭丹、程小青、李彬源译注,中华书局2012年版,第1967页。
② 《杜维明文集》第3卷,武汉出版社2002年版,第260—261页。
③ 《论语·大学·中庸》,陈晓芳、徐儒宗译注,中华书局2015年版,第27页。
④ 《论语·大学·中庸》,陈晓芳、徐儒宗译注,中华书局2015年版,第138页。
⑤ 《论语·大学·中庸》,陈晓芳、徐儒宗译注,中华书局2015年版,第84页。
⑥ 《论语·大学·中庸》,陈晓芳、徐儒宗译注,中华书局2015年版,第194页。
⑦ 《论语·大学·中庸》,陈晓芳、徐儒宗译注,中华书局2015年版,第153页。

◇◆◇　市场经济与传统家庭伦理的理性化

须服从于神的'仁'的个体自觉"①。并且某种道德理想所激发的宗教徒式的伟大人格也由此得到了升华。因而，自我在这里得到了实现。子曰："吾十有五而志于学，三十而立，四十而不惑，五十而知天命，六十而耳顺，七十而从心所欲，不逾矩。"② 此即依道而实现自由。孟子对此作了进一步的阐发。《告子》上云："仁义礼智，非由外铄我也，我固有之也，弗思而矣。"③ 此处意指仁义礼智为心善之内容，心善所以性善，性善源于心善，因而为心所内有和固有。又云："富岁，子弟对赖；凶岁，子弟多暴。非天之将才尔殊也，其所以陷溺其心者然也……虽有不同，则地有肥硗、雨露之养、人事之不齐也。"④ 这即是说人心虽善，但受制于周围环境好坏，同时也受制于耳目之欲。蔽恶趋善则需要善存其心、善养其心。《离娄》下云，"君子所以异于人者，以其存心也。君子以仁存心，以礼存心。"⑤ 通过善养吾心，可以深刻体察自我之本性，进而可以无限扩充自我之人格。《尽心》曰："尽其心者，知其性也。知其性，则知天矣。存其心，养其性，所以事天。夭寿不贰，修身以俟之，所以立命也。"⑥ 善养吾心可以知性、知性可以知天、知天又可以事天、事天足以立命。如此，则实现了在其他文化里多由宗教途径所完成的与天的联结，与天的联结则促成了自我实现。此一观念的建构，使"每一个人的自身，即是一个宇宙，即是一个普遍，即是一个永恒。可以透过一个人的性，一个人的心，看出人类的命运，掌握人类的命运，解决人类的命运。每一个人即在他的性、心的自觉中，得到无待于外的、圆满自足的安顿，更用不上夸父追日似的在物质生活中，在精神陶醉中去求安顿"⑦。概而言之，每一个个体的自由、理想、意义都在内在的世界里去追寻，也从内在的世界里获得。外在的客观世界及其成就

---

① 李泽厚：《新版中国古代思想史》，天津社会科学出版社2009年版，第27页。
② 《论语·大学·中庸》，陈晓芳、徐儒宗译注，中华书局2015年版，第17页。
③ 《孟子·告子》上，万丽华、蓝旭译注，中华书局2006年版，第258页。
④ 《孟子·告子》上，万丽华、蓝旭译注，中华书局2006年版，第247页。
⑤ 《孟子·离娄》下，万丽华、蓝旭译注，中华书局2006年版，第185页。
⑥ 《孟子·尽心》上，万丽华、蓝旭译注，中华书局2006年版，第288页。
⑦ 徐复观：《中国人性论史·先秦篇》，上海三联书店2001年版，第159页。

第三章　市场经济与传统家庭伦理理性化的具体表现

也只能在内在的世界里获得,客观世界涵溶于内在世界中。相应而言,个体的自由也只能在内在世界里实现。

这种建立在内在世界基础上的自由观,更多集中在对伦理规范的自由追逐上。这种自由观既构成了中国社会稳定的重要支撑性因素,也引发了明显的弊端。不仅由明确的法律所确定的言论、结社、出版等自由明显发展不足,即使内在自由也很难得到相当程度上的实现。林语堂认为:"遇事忍耐,消极避世和超脱老滑。我认为这些都是文化与社会环境影响的结果,并不一定是中国人心理构造的必然组成部分。它们的存在是由于我们几千年来一直生活在一种特定的文化与社会中并时时受其影响。"① 其具体原因,则"多半是由于个人自由没有法律的保障和宪法的维护"②。这意味着对内在自由的偏重不仅并未在实质上获得自由,还造成了为鲁迅所深刻批判的恭顺的文化心理。由于伦理本身具有阶级性,基本内容都旨在维护封建统治者的利益,这种伦理规范下的自由并不是真正的自由。因而,传统家庭伦理下的自由既不充分,也不可靠。如穆勒所言:"唯有在宗教信仰方面,有些个体采取了原则性的较高立场,并且一贯地维持了下去。这在许多方面都具有教育意义,对于所谓道德感的不充分性或不可靠性来说,尤不失为一个最有力的例证。"③ 在市场经济下,市场机制要求个体作为劳动力的所有者或者商品的交换者可以自由地履行或者拒绝不同内容的契约。而契约的被执行,必先"假定个人的意志。个人对于这种契约虽则并没有自由解脱的权利,但是这种契约性的规律在形成的过程中,必须尊重各个人的自由意志,民主政治的形式就是综合个人意志和社会强制的结果"④。单凭内在自由并不足以确保这样一种自由的真实和可能,还需要提升寻找外在自由的能力,并为之创造必要的支撑性条件。这意味着为了确保契约得以进行,对内在自由的注重已不足以提供保障,不仅需要通过法律、组织、制度等外在的条

---

① 林语堂:《中国人》,郝志东、沈益洪译,学林出版社1994年版,第59页。
② 林语堂:《中国人》,郝志东、沈益洪译,学林出版社1994年版,第59页。
③ [英]约翰·穆勒:《论自由》,彭正梅、柏友进译,人民出版社2012年版,第7页。
④ 费孝通:《乡土中国·生育制度·乡土重建》,商务印书馆2011年版,第68页。

件加以保障,还需要架构在外在世界中尊重和保障个体自由的理念。市场经济推动了外在自由的发展,既孕育了其发展的客观的需要,生成其发展的强大动力,也为之提供了其所赖以实现的诸种条件,并孕育了一系列以外在自由为聚焦的观念。也正是由于此,对内在自由的追逐不但未被抑制,还进一步得到了保障。这一过程在本质上是经济理性对价值理性的逐步替代。替代的结果是个体的自由意识增强了,自由的范围也扩大了。

三 自我平等意识提升

传统家庭伦理具有显著的宗法等级色彩。父子、夫妇、兄弟之间以及由此延伸出来的君臣、师生之间,一刚一柔、一阴一阳、一尊一卑。这种观念的源头仍然在于由传统文化所建构的世界图式中,天地万物由气而成,分化阴阳以孕万物。阳为主、阴为辅,顺此一秩序则天地万物和谐,否则便生动乱。传统家庭伦理是这一观念在人间的投射,其尊卑合于天道,理当从之。当旧的终极价值瓦解以后,与其相联结的世界图式也随之衰落或瓦解。与此同时,市场经济下,个体无论作为生产者和劳动者,还是作为销售者和消费者,都被赋予了平等的权利,并由法律制度加以保障。自我平等在实际中被强化了,在观念上也克服了其长久以来的深层次思想障碍。

在传统文化中,个体在传统家庭伦理中的身份定位,被镶嵌于尊卑的、等级的关系之中。这一观念的源头在于其世界图式。在这一图式中,家庭伦理是天道在社会关系中的映射,而天道不仅是至高无上的相互联系的统一体,也有着主与辅、强与弱、刚与柔的对立,映射到社会关系中便形成了尊卑等级。在此影响下,个体对自我的理解也往往打上了等级差序的烙印。尊卑有异的观念最为直接和显著的源于阴阳五行的认识。阴阳最早的概念见于《国语》中对伯阳父言行的记载:"夫天地之气,不失其序。若过其序,民乱之也。阳伏而不能出,阴迫而不能蒸,于是有地震。"[①] 阴阳是两种不同属性的矛盾统

[①] 《国语·周语上》,陈桐生译注,中华书局2013年版,第28页。

第三章　市场经济与传统家庭伦理理性化的具体表现

一体,天地、乾坤、刚柔、动静、男女等都为阴阳对立之体现,"'阳'的特征是刚健,即运行不息,主动进取;'阴'的特征是柔顺,即趋于静止,随顺服从"①。《周易大传》进一步降之阐述为"一阴一阳之谓道,继之者善也,成之者性也"②。《系辞上》开始以阴阳解释八卦,并由八卦演绎万物。五行为五种天然势力,《洪范》曰:"一曰水,二曰火,三曰木,四曰金,五曰土"③,其中,"木能胜土,金能胜木,火能胜金,水能胜火,土能胜水"④。每种势力盛衰循环,变无止境,及至盛时,可以支配天道人事。因而,五行在思想家的哲学阐述和民间的信仰中侧重于将之视作"五种作用、功能、力量、序列和效果"⑤。二者在宇宙、社会、人生等方面的基本动因、功能和目的的内在一致性,促使战国以降的阴阳家将阴阳五行相结合。阴阳的相克相生、生生不息推动着五行的变化,又由此支配着人类社会、山川河流、日月星辰等等的此消彼长。这一宇宙图式在思维上更具有朴素的辩证性。阴阳五行以朴素的辩证思维为古代人们提供了基本的世界图式。它以天道不可违的必然性、相互对立又相互统一的辩证性强化了尊尊亲亲的宗法等级。其一,强调了天地对人伦的决定性。《序卦》曰:"有天地然后有万物,有万物然后有男女,有男女然后有夫妇,有夫妇然后有父子,有父子然后有君臣。"⑥ 人伦既取决于天地,必符合天道之要求。其二,强调尊卑的不可违性。《系辞下》曰:"天地设位,圣人成能。人谋鬼谋,百姓与能"⑦,这实质上将尊卑关系为天道所设定,以天道的权威性、神圣性强调个体在人伦中尊卑的不可逾越。《坤卦》云:"阴疑于阳必战"⑧,也即是说虽然阳为主导、阴为辅助,二者只有保持一定程度的和谐才能延续下去,如果

---

① 张岱年主编:《中华的智慧》,中华书局2017年版,第77页。
② 《周易·系辞上》,杨天才、张善文译注,中华书局2011年版,第571页。
③ 《尚书·洪范》,王世舜、王翠叶译注,中华书局2012年版,第146页。
④ 冯友兰:《中国哲学史》上册,重庆出版社2009年版,第135页。
⑤ 李泽厚:《新版中国古代思想史》,天津社会科学院出版社2009年版,第131页。
⑥ 《周易·序卦》,杨天才、张善文译注,中华书局2011年版,第675页。
⑦ 《周易·系辞下》,杨天才、张善文译注,中华书局2011年版,第641页。
⑧ 《周易·坤卦》,杨天才、张善文译注,中华书局2011年版,第43页。

◆◆ 市场经济与传统家庭伦理的理性化

强者无限度强、弱者无限度弱,就会产生激烈冲突。为了避免这种局面的出现,应该谦虚好守、乐天知命,进一步强调了尊卑的必然性。其三,强调宗法关系的合理性。阴阳五行作为至高的世界图式,下起自然规律,上秉天帝之意,以之释人伦,则尽显尊尊亲亲之合理。如《左传》昭公二十五年所言:"夫礼,天之经也,地之义也,民之行也。……则天之明,因地之性,生其六气,用其五行……为君臣上下以则地义。为夫妇外内,以经二物。为父子兄弟姑姊甥舅昏媾姻亚,以象天明。"①

阴阳五行所塑造的世界图式深深影响着中国人对自然现象、社会规律、自身位系的认知。自邹忌以后,"开始以五为数,把各种天文、地理、历算、气候、形体、生死、等级、管制、服饰……种种天上人间所接触到、观察到、经验到并扩而充之到不能接触、观察、经验到的对象,以及社会、政治、生活、个体生命的理想与现实,统统纳入一个整齐的图式中"②。这一图式既源于人们对经验的积累与观察,也由此进一步作为解释和理解自身生活经验的支配性因素。因而,既涵盖了古老的关于宇宙、天地、人生等神秘主义的古老观念,也有"对经验知识的某种科学的组织、概括和整理"③。由于阴阳五行学说与直观的自然规律、时空环境和生活经验密切联系着,"一定程度上反映了事物的客观状貌,并能在一定范围和一定程度上有效地应用于实际生活中,从而也就保存和延续下来,并不断得到细致化和丰富化"④。及至今天,人们对白天与黑夜、寒冷与酷暑、男性与女性等现象或事物的直观的二分思维,为阴阳五行所呈现的既对立又依存、既互补又转化的二分思维奠定了日常生活的经验基础,使之"成了行为中和思想中的不自觉的模式、习惯"⑤。不仅如此,还将善恶有报、贫富贵贱归结为命运。而儒家的天命即在强调贫富贵贱之关系为天命

---

① 《左传·昭公二十五年》,郭丹、程小青、李彬源译注,中华书局2012年版,第1967页。
② 李泽厚:《新版中国古代思想史》,天津社会科学院出版社2009年版,第128页。
③ 李泽厚:《新版中国古代思想史》,天津社会科学院出版社2009年版,第129页。
④ 李泽厚:《新版中国古代思想史》,天津社会科学院出版社2009年版,第133页。
⑤ 李泽厚:《新版中国古代思想史》,天津社会科学院出版社2009年版,第137页。

第三章 市场经济与传统家庭伦理理性化的具体表现

所定，三纲五常之伦理为宇宙之应然。《弘明集》对此也有论述："天道至公，所布者命，宁当许其虐命，而抑其冥应哉！"[1] 并进一步指出各种不幸之社会地位是天命所定："夫乾道变化，各正性命，至于鸡、彘、犬、羊之命，皆乾坤六子之所一也。"[2]《明报应论》也同样将现实中的福祸归结于命运："理无先期，数合使然也。"[3] 此外，还将善恶福报归结为神秘力量的支配。阴阳在中国固有观念中，是阴阳变换而生五行，阴阳五行的变换构成万物之支配规则。阴阳五行既被赋予了万物的本源性，又具有了强大的神秘的支配性力量。佛教以阴阳论证善恶福报，将之置于神秘力量的支配之下，从另一个层面强化了其必然性和不可违性。《正巫论》云："且阴阳数度，期运所当，百六之极，有时而臻。"[4] 即是说，阴阳变化不断，会带来厄运。《明佛论》云："自道而降，便入精神，常有于阴阳之表，非二仪所究，故曰'阴阳不测'耳。"[5] 以阴阳解释精神之变化，并赋予其神秘性。

可见，传统家庭伦理所蕴含的宗法等级性本质上是由其背后的价值理性所促成的。正是对天道等级的、差序的、刚柔的认识，促使个体将家庭伦理关系中的等级、尊卑、主辅合理化。在市场经济下，这种不平等的自我认知便逐渐被经济理性中的独立、自由、平等所替代。交易的完成或者生产的实现，都要求权利上的平等，因为只有权利平等交易才得以顺利进行。正是这样一种交易的需要所形成的动力有效促成了权利的相对平等。在市场经济作为一种决定性力量发挥作用的前提下，个体无论是作为交换者向生产者出售自身的劳动力，还是作为消费者在市场上获得自身所必需的商品，都是以权利平等的商品占有者出现在契约关系中的，非如此，契约无法形成，也不能被执行。市场经济越发展，对这种平等的要求和促进就会越明显。平等也逐渐向不同领域、不同地区渗透。在市场经济中，随着以等价交换、

---

[1] 《弘明集·明佛论》（上），中华书局2013年版，第137页。
[2] 《弘明集·明佛论》（上），中华书局2013年版，第137页。
[3] 《弘明集·明报应论》（上），中华书局2013年版，第348页。
[4] 《弘明集·正巫论》（上），中华书局2013年版，第83页。
[5] 《弘明集·明佛论》（上），中华书局2013年版，第98页。

◆◆◆ 市场经济与传统家庭伦理的理性化

公平竞争、优胜劣汰和利益最大化为取向的市场原则支配整个经济活动，并逐步向社会领域渗透，一方面大量的农民从农村进入城市、从农业进入工业和服务业、从相对封闭的环境走入相对开放的环境，原有的价值理性和风俗习惯赖以存在的生产生活方式改变了，由市场驱动所形成的新的生产生活方式形成了，后者需要建立与之相适应的社会文化体系。这意味着变革原有的价值理性和风俗习惯不仅成为必要，也成为可能。而这仅仅提供了重要的基础，把这一可能变为现实，需要新的理性和习俗的生成，其中最重要的是新的终极价值的出现。另一方面市场准则大大推动了经济理性的发展，而经济理性不仅蕴含着对权利平等的要求、支持和推动因素，也因对货币的追逐生成了新的终极价值，瓦解了尊卑等级秩序赖以形成的价值理性和风俗习惯。这意味着经济理性既瓦解了价值理性和风俗习惯及其所孕生的尊卑等级秩序，也建构了权利平等的观念意识，既有破，又有立。

第二节 家庭秩序的变革

父子、夫妇为家庭伦理的核心层次。在父子一伦中，孝为根本，孝为爱、为敬、为恭、为顺，呈现出宗法等级性。在夫妇一伦中，伦理观念以男尊女卑为要。这种宗法等级性源于对"天道"的认知。传统文化中，将人伦视为"天道"在人间的投射。"天道"分阴阳，人伦中分尊卑为"天道"之体现，不仅合理而且必要。古老的风俗习惯又将这一认知加以神圣或半神圣化。市场经济下，经济理性消解了价值理性和风俗习惯，孕育了平等、自由、独立的观念意识，一方面使得依托于价值理性和风俗习惯的父子、夫妇一伦中的伦理观念逐渐衰落，另一方面为之注入了新的观念和内容。

一 孝道的传统主义减弱

孝道是传统家庭伦理的核心。孝道作为一种古老的传统，很早就被以神圣的风俗习惯加以传习。在"大传统"中，孝道作为一种伦理规范成为实现天人合一的基础。在"小传统"中，孝道成

第三章 市场经济与传统家庭伦理理性化的具体表现

为积德行善的最主要内容。与此同时,孝道不仅仅是因血缘而形成的亲情,还被赋予了对父母的尊、敬、恭、顺等意蕴。在市场经济下,经济理性消解了价值理性和风俗习惯,进而消解了传统家庭伦理的内在动机。个体作为市场主体,其自由、平等、独立意识被带到家庭伦理中,既保留了孝道的亲情的成分,又弱化了其宗法等级性。

中国社会进入父系社会以后,由于身体、经验、年龄等因素,男性长者在生存竞争中凸显了出来,在家共同体内部逐步形成了家父长制支配结构。由于在强弱、知识和经验等方面的差别,这一结构更多的呈现出依附性的恭顺关系,如妇孺对男子,较小者对有体力者,小孩对大人,年轻人对长老。在此结构下所形成的反映此一支配结构的惯例,逐渐演变为一种固有的风俗习惯,成为维持和强化家父长支配结构的重要因素。如韦伯所言:"对传统的恭顺与对支配者的恭顺,乃构成家父长权威的两个根本要素。"① 此一风俗习惯的核心内容即为孝道,这已频见于商周时期的各种记载中。既可见之于反映上层阶级思想与行为的诸多书中,如《孝行览》曰:"商书曰'刑三百,罪莫重于不孝'。"② 又可见之于反映一般阶层生活的《诗经》的部分描述中。如《下武》云:"成王之孚,下土之式,永言孝思,孝思维则。"③《谷风·蓼莪》云:"蓼蓼者莪,匪莪伊蒿,哀哀父母,生我劬劳。蓼蓼者莪,匪莪伊蔚,哀哀父母,生我劳瘁。……父兮生我,母兮鞠我。拊我畜我,顾我复我。"④ 不仅如此,对孝道的教化也早已经开始。《左传》中已有舜"布五教"的记载,"舜臣尧,……举八元,使布五教于四方。父义、母慈、兄友、弟共、子孝,内平外成"⑤。《尚书》中亦将恭视为一种道德规范,如《太甲》云:"奉先

---

① [德]马克斯·韦伯:《支配社会学》,康乐、简惠美译,广西师范大学出版社2010年版,第91页。
② 《吕氏春秋·孝行览》,陆玖译注,中华书局2011年版,第409页。
③ 《诗经·大雅·下武》,王秀梅译注,中华书局2015年版,第616页。
④ 《诗经·小雅·蓼莪》,王秀梅译注,中华书局2015年版,第473—475页。
⑤ 《左传·文公十八年》,郭丹、程小青、李彬源译注,中华书局2012年版,第715页。

◆◆◆　市场经济与传统家庭伦理的理性化

思孝，接下思恭，视远惟明，听德惟聪。"①《微子之命》云："尔惟践修厥猷，旧有令闻。恪慎克孝，肃恭神人。"② 此外，不仅将忠视为一种重要的道德规范，还将之与孝道相联结。此可见之于《囧命》："昔在文、武，聪、明、齐、圣；小大之臣，咸怀忠良。"以及《尚书·蔡仲之命》云："尔尚盖前人之愆，惟忠惟孝；尔乃迈迹自身，克勤无怠，以垂宪乃后。"③ 在孔子对中国文化进行改造的过程中，孝道被视之为"仁之本"，被置于至上地位。如季康子问曰："使民敬、忠以劝，如之何？"子曰："临之以庄则敬，孝慈则忠，举善而教不能则劝。"④二程对此写道："尽得仁，斯尽得孝弟；尽得孝弟，便是仁。"⑤ 孝道的思想经由孟子、荀子强化以后，成为儒家思想的基础和核心。自汉以降，罢黜百家、独尊儒术，不仅通过制度、法律强化孝道在日常生活中的影响，还通过私塾、里长、基层官吏广泛传播孝道思想，使之成为支配中国的主要伦理道德。

在传统社会的家父长制"支配结构下，一切事物最终都得取决于'传统'——亦即，对'永存的昔日'之不可侵犯性的信仰力量"⑥。风俗习惯欲成为一种"不可侵犯"的、"神圣"的信仰，不仅藉靠因血缘而产生的感情，更需要凭借宗教的符号或叙事而加以神圣化。如涂尔干所言："我们通常就把它想象为一种道德力量，这力量虽然内在于我们，但却将我们内部的某种不属于我们的东西表现出来：这就是道德良心。而且，如果不借助宗教符号，人们就根本无法对道德良心有丝毫明确清晰的表现。"⑦ 随着道教和佛教的因果报应观念的广泛传播，上述以围绕着孝所建构起来的风俗习惯便成了由"神"所

---

① 《尚书·太甲》，王世舜、王翠叶译注，中华书局2012年版，第402页。
② 《尚书·微子之命》，王世舜、王翠叶译注，中华书局2012年版，第456页。
③ 《尚书·蔡仲之命》，王世舜、王翠叶译注，中华书局2012年版，第461页。
④ 《论语·为政》，张燕婴译注，中华书局2006年版，第21页。
⑤ 《二程遗书·遗书卷二十三》，上海古籍出版社2020年版，第358页。
⑥ ［德］马克斯·韦伯：《支配社会学》，康乐、简惠美译，广西师范大学出版社2010年版，第90页。
⑦ ［法］爱弥尔·涂尔干：《宗教生活的基本形式》，渠敬东、汲喆译，商务印书馆2011年版，第292—293页。

第三章　市场经济与传统家庭伦理理性化的具体表现

设定的神圣规则，因为，随着"神概念的发展，此种信仰乃为下述观念所取代：此即，神明已将古来传承的事物设定为规范，必须视为神圣并加以守护"①。遵循此一风俗习惯即为神所赏识的善，因此善而有好的果报——现世或来世的福报的获得。违背此一善即为神所贬斥的恶，因此恶而遭受现世或来世的灾厄，并殃及后世子孙。《康诰》中周公将不慈、不孝、不友、不恭、不服作为"元恶"。《康诰》云："元恶大憝，矧惟不孝不友。子弗祗服厥父事，大伤厥考心；于父不能字厥子，乃疾厥子。于弟弗念天显，乃弗克恭厥兄；兄亦不念鞠子哀，大不友于弟。惟吊兹，不于我政人得罪，天惟与我民彝大泯乱，曰：乃其速由文王作罚，刑兹无赦。"② 佛教在与儒家伦理融合过程中，强调践行儒家的家庭伦理是修炼佛教慈悲之心的重要内容和途径。《奉法要》云："妇人则兼去香花脂粉之饰，端心正意，务存柔顺。斋者，普为先亡见在，知识亲属，并及一切众生，皆当因此至诚，各相发心。心既感发，则终免罪苦。是以忠孝之士，务加勉励，良以兼拯之功，非徒在己故也。"③ 在斋戒之日，行慈悲喜舍四等心。柔顺、忠孝则是行此四等心的行为表现。这意味着在宗法关系内，践行孝道是修持佛教戒律的重要内容。由此，孝悌也成为善的重要内容。俗语"百善孝为先"即为佐证。《正巫论》云："若长恶不悛，迷而后遂往，则长夜受苦，轮转五道，而无解脱之由矣。今以其能掘众恶之栽，灭三毒之烬，修五戒之善，书十德之美，行之累劫，倦而不已，晓了本际，畅三世空，故能解生死之虚，外无为之场耳。"④ 此即是说，如果人作恶就会堕入黑暗之苦，无解脱之希望。如果能弘扬十种美德，多修善行，就能晓悟生死根本，超脱生死虚妄。同时还强调，如果做到了佛教的"善"，就会更超越于儒家的"善"，如"后身退已而不谦卑，时来非我而不辞辱。卑以自牧谓之谦，居众人

---

① ［德］马克斯·韦伯：《支配社会学》，康乐、简惠美译，广西师范大学出版社2010年版，第90页。
② 《尚书·康诰》，王世舜、王翠叶译注，中华书局2012年版，第189页。
③ 《弘明集·奉法要》（下），中华书局2013年版，第899页。
④ 《弘明集·正巫论》（上），中华书局2013年版，第77页。

◆◆◆　市场经济与传统家庭伦理的理性化

所恶谓之顺。谦顺不失其本，则日损之功易积，出要之路可游"①。这里实质上表明了佛教徒的谦恭顺从是求取佛法解脱之途径。道教学说不仅从正面强调孝道作为善的重要内容，还将不孝道视为重要的恶，并突出了不孝行为的宗教性惩戒，"不孝父母师长者，死入地狱，万劫不出。纵生入中，……受人凌刺，常居卑贱"②。《太平经》还将这一惩戒由个体扩向整个社会，其云："汝向不得父母传生，汝于何得有汝乎？而反断绝之，此乃天地共恶之，名为绝理大逆之人也。其应乃使天地隔绝，天不肯雨，地不肯化生。"③道教作为有着广泛的民众基础的宗教，对孝道的论证和强调，尤其是对偏离孝道之行为的惩戒，以宗教特有的神秘力量威慑着道教徒以及受其影响的社会大众。这实质上进一步强化了孝作为一种伦理道德的权威性、至上性。综上所述，孝道作为一种古老的传统，在漫长的演变中，形成了一套维护孝道的风俗习惯，使孝道成为一种不证自明的、必须加以遵循的伦理规范。道教和佛教以因果报应观念，将孝道视为一种最重要的善，进而与终极价值的实现密切联系起来，赋予其最强烈的内在动机。

子女与父母之间的亲情，无论是在古代还是现在，也无论是在中国文化环境下还是其他文化环境下，都因为血缘关系而被赋予了至上的地位。但在中国传统文化中，孝道作为一种伦理规范，不仅仅是一种亲情的表达，自孔子以降，在儒家诸贤对中国文化的改造过程中，为了维护没落氏族统治的需要，孝道被赋予了超越于血缘关系之上的规范性，以移孝作忠，实现家国同构。因而，孝道在亲的基础上，还被强调"顺""敬""忠"。其一，强调"敬"。子游问孝，子曰："今之孝者，是谓能养。至于犬马，皆能有养，不敬，何以别乎？"④孔子将散存于氏族家父长制等级关系中的从属性的"敬"凸显出来，强化它所内含的道德的强制性和约束性。由此，"敬"不仅增强了建

---

① 《弘明集·答何镇南》（上），中华书局2013年版，第344页。
② 《道教要籍选刊》（第1册），上海古籍出版社1989年版，第226页
③ 《太平经·一男二女法四十二》，中华书局2013年版，第145页。
④ 《论语·为政》，张燕婴译注，中华书局2006年版，第15页。

第三章 市场经济与传统家庭伦理理性化的具体表现

构宗法等级制度的力量,还使其与着重强调父母与子女亲情关系的其他文化传统产生了重大差异。其二,强调孝与"忠"相结合。季康子问曰:"使民敬、忠以劝,如之何?"子曰:"临之以庄则敬,孝慈则忠,举善而教不能则劝。"① 因而,这不仅在实质上将氏族社会家父长制所自然需求并普遍存在的忠与孝相结合,孝忠并举、以"孝"显"忠",也指明了以孝慈教化于百姓,使其对教化者"内尽于心""外不欺于物"。这一结合,为之后"移孝作忠""以孝治天下"奠定了思想基础。其三,强调顺。《为政》有言:"孟懿子问孝,子曰:'无违'"②,孟子也指出:"不得乎亲,不可以为人;不顺乎亲,不可以为子。"③ 无论敬,还是忠,都已经内含了顺的一面。将顺和敬、忠并列,进一步凸显了孔子以孝道强化家父长制等级关系的努力。孟子在孔子孝道思想基础上,着重强调了"谨庠序之教,申之以孝悌之义"④。教百姓以人伦,使"人人亲其亲,长其长,而天下平"⑤。荀子不仅通过礼的突出使孝道所建构起来的"贵贱有等,长幼有差,贫富轻重"⑥ 的宗法等级规范化、制度化,还强调"尊先祖而隆君师"⑦,"臣之于君也,下之于上也,若子之事父、弟之事兄"⑧。这样一种宗法观念经过历代的倡导、灌输和教育,被不断强化。虽然新中国成立以后,在法律和政策上确立了子女和父母之间权利上的平等,一方面由于绝大多数家庭的生产生活仍被相对固定在不同的村落或社区中,前者对后者的依赖并未发生实质的变化;另一方面由于教育的落后,由传统所沿袭下来的观念仍根深蒂固,这种平等缺乏来自社会自身的支撑力量,因而也在实际生活中难以实现。市场经济的发展,以货币追逐为内容的终极目的消解了以天人合一或来世和现世福报为

---

① 《论语·为政》,张燕婴译注,中华书局2006年版,第21页。
② 《论语·为政》,张燕婴译注,中华书局2006年版,第14页。
③ 《孟子·离娄上》,蓝旭译注,中华书局2006年版,第168页。
④ 《孟子·梁惠王上》,蓝旭译注,中华书局2006年版,第5页。
⑤ 《孟子·离娄上》,蓝旭译注,中华书局2006年版,第156页。
⑥ 《荀子·富国》,方勇、李波译注,中华书局2015年版,第141页。
⑦ 《荀子·礼论》,方勇、李波译注,中华书局2015年版,第303页。
⑧ 《荀子·议兵》,方勇、李波译注,中华书局2015年版,第229页。

◆◆◆　市场经济与传统家庭伦理的理性化

内容的终极价值,这一方面使得确保风俗习惯被遵循的内在动机消失了,进而导致确保孝道作为一种伦理规范被遵循的内在动机衰落或者消失了;另一方面,赋予孝道以宗法等级的价值理性也衰落了。与此同时,个体成为自身劳动力的所有者,在市场中以平等的地位和权利参与自身劳动力的交换,无需再依赖家共同体。由此,"一切人,或至少是一个国家的一切公民,或一个社会的一切成员,都应当有平等的政治地位和社会地位"①的平等要求,在家庭伦理中凸显了出来。孝道的内涵中所被赋予的富有宗法等级色彩的部分被市场所孕育的平等、独立、民主逐渐置换了,孝道的亲情性再次被彰显。子女比以往的任何时候都有了更多的自由去选择自身的生活、工作和偏好,父母对子女的训导更多的是作为一个长辈的规劝,由孝道所带来的家庭伦理的等级性大大被弱化了,尽管尚未完全失去。新文化运动所猛烈批判然而并未撼动其基础的"封建礼教",被市场经济所内在要求的平等性悄无声息的蚀耗着,便市场更为广泛和深刻的冲击了"孔家店"。

二　"礼"的神圣性下降

以礼释仁是儒家的礼的初衷,旨在维护具有宗法等级色彩的传统家庭伦理。其被沿袭和遵循的背后,是被价值理性和风俗习惯赋予了其特定的神圣或半神圣性。市场经济的发展,一方面以经济理性消解价值理性和风俗习惯,冲击了礼的影响力;另一方面以人口的流动瓦解了诸多礼赖以存在的环境——相对封闭、固定以及对土地的依赖,使得礼或者消亡或者不断吸纳自由、平等、独立等观念成为新的风俗习惯的一部分。

春秋战国初期,部分氏族贵族凭借着土地私有和商业经营,商人力量崛起,促使其政治上谋求更多权力。战乱随之四起,"民散久矣""民恶其上"的"礼崩乐坏"局面出现。这种局面使将君臣父子

---

① 《马克思恩格斯选集》第 3 卷,人民出版社 2012 年版,第 480 页。

第三章　市场经济与传统家庭伦理理性化的具体表现

的既定秩序和将人格尊严视为重要思想的没落氏族贵族的权威性进一步下降，由此也使得在现世中寻求重建和强化亲亲尊尊的宗法等级成为必要。在此因素推动下，以孔子为代表的没落氏族贵族，将"以祭神（祖先）为核心的原始礼仪，加以改造制作，予以系统化、扩展化，成为一整套习惯统治法规（'仪制'）"①。这些礼仪本质在于以"礼"释"仁"，以礼维护和巩固宗法性的伦理规范，但价值理性和风俗习惯只有通过礼的表达才能更好地被理解、记忆、传播和遵循，此一重要功能，使其本身逐渐形成了一种神圣的、不可违背的"风俗习惯"。如涂尔干所言："事实上，如果仪式不具有一定程度的神圣性，它就不可能存在。"② 芬格莱特也认为："脱离了它所植根于其中的传统习俗，语言便是不可能被理解的；脱离了界定它并且构成其组成部分的语言，传统习俗也同样不可理解。"③ 礼与价值理性和风俗习惯的这种密切结合，使礼的遵循成为维护社会秩序的重要保障因素。至秦汉时期出现了《礼记》《孝经》，不仅通过事亲、祭祀、丧葬等具体礼的规定，使孝道由抽象的人伦变为生活日常的具体规范，还将不同阶层的礼差异化、固定化，进一步强化以孝道为基础的宗法等级，与此同时，移孝作忠的意义、依据、途径在理论上实现了系统化。《礼记》规定了饮食、就寝、疾病等方面的具体礼仪，如"乐其心，不违其志"；规定了丧葬中的礼节、器物、衣着等礼仪；规定了主宾位置、冠带衣服、语词应答等礼节。与此同时，以"天道"的必然性和不可违逆性引出礼的神圣性。如《礼器》云："是故先王之制礼也，因其财物而致其义焉尔。故作大事必顺天时，为朝夕必放于日月，为高必因丘陵，为下必因川泽。"④ 这即是说礼制是依据日月山川等呈现了宇宙基本秩序的自然事物而定，渗透了古人对宇宙秩序

---

① 李泽厚：《中国古代思想史论》，天津社会科学院出版社2003年版，第4页。
② ［法］爱弥尔·涂尔干：《宗教生活的基本形式》，渠敬东、汲喆译，商务印书馆2011年版，第46页。
③ ［美］赫伯特·芬格莱特：《孔子·即凡而圣》，彭国翔、张华译，江苏人民出版社2002年版，第14页。
④ 《礼记·礼器》，胡平生、张萌译注，中华书局2017年版，第464页。

的基本理解。此一现象可见之于诸多的礼制规定中。《礼运》更是以"天道"阐释礼的神圣性和必然性,其云:"玄酒在室,醴醆在户,粢醍在堂,澄酒在下,陈其牺牲,备其鼎俎,列其琴瑟,管磬钟鼓","以正君子,以笃父子,以睦兄弟,以齐上下,夫妇所有,是谓承天之祜"。[1]《孝经》则列出了天子、诸侯、卿大夫、士、庶人分别应遵守的孝道之礼。在理论上阐明了孝的人性基础、立论依据、重要意义,如"夫孝,天之经也,地之义也,民之行也"[2],"先王有至德要道,以顺天下,民用和睦,上下无怨"[3]。礼作为一种规范,之所以能对人的行为产生规约性作用,不仅是"它的鲜明的人文性格、它的语言和神奇魅力的特征,还在于它的道德和宗教的特征"[4]。这种宗教特征一方面在于礼仪的演绎过程中,"祭神如神在",自我通过礼仪产生的神圣感。礼仪的操作使个体"转化成为一个辉煌灿烂和神圣的礼器"[5],他"对于神圣性的参与和分享,就像祭祀的礼器具有神圣性一样,是真实和清晰可见的,因为这种参与礼仪行为本身就是神圣的"[6]。在对先祖或去世父母的祭祀中,礼仪的操作是一种孝的情谊的表达,操作者通过礼仪实现影响先祖或去世父母福佑子孙后代的宗教性期盼。在对现实父母的孝的礼仪的操作中,个体"古者岁四祭。四祭者,因四时之所生,孰而祭其先祖父母也。故春曰祠,夏曰礿,秋曰尝,冬曰蒸,此言不失其时以奉祭先祖也。过时不祭,则失为人子之道也……孝子孝妇不使时过,已处之以爱敬,行之以恭让,亦殆免于罪矣"[7]。

---

[1] 《礼记·礼运》,胡平生、张萌译注,中华书局2017年版,第423页。
[2] 《孝经·三才章》,卢付林注译,崇文书局2007年版,第65页。
[3] 《孝经·开宗明义章》,卢付林注译,崇文书局2007年版,第52页。
[4] [美]赫伯特·芬格莱特:《孔子·即凡而圣》,彭国翔、张华译,江苏人民出版社2002年版,第14页。
[5] [美]赫伯特·芬格莱特:《孔子·即凡而圣》,彭国翔、张华译,江苏人民出版社2002年版,第77页。
[6] [美]赫伯特·芬格莱特:《孔子·即凡而圣》,彭国翔、张华译,江苏人民出版社2002年版,第77—78页。
[7] 《春秋繁露·四祭第六十八》,张世亮、钟肇鹏、周桂钿译注,中华书局2012年版,第548页。

第三章　市场经济与传统家庭伦理理性化的具体表现

在佛教和道教吸收儒家思想强化自身理论效力的过程中，将礼纳入佛教和道教的宗教图式中，使得礼在儒家传统体系中的神圣性基础上又增加了佛教和道教的神秘性。礼的神圣性进一步增强。在佛教和道教的图式中，建构了一套以现世或彼世的福报为终极关怀，以天或神的神秘力量为前提，以惩恶扬善为准则的宏大的叙事体系。此一体系赋予上述礼仪以神圣性。遵循礼仪便被赋予了内含善与恶、罪与罚伦理规约的神圣责任。此一责任中，"蕴含着独特的个人信守——我对这种行为负责；它是我的责任——这继而又把（道德）责任的观念和罪过、应得的惩罚及悔过的观念联系起来。正是那个必须承担责任的人、在他的承担或担当里包含了罪过与受罚、痛悔与自新，或价值、尊严、奖赏等等这样一些与道德责任相关联的内容"[1]。佛教和道教不仅将礼视为符合"天道"，还将之视为神的意志的体现。《答何镇南》以阴阳解释礼的神圣性："原夫形之化也，阴阳陶铸，受左右之体。昏明代运，有死生之说。人情咸悦生而惧死，好进而恶退，是故先王即顺民性，扶其自然，令吉凶殊制，左右异位。"[2] 这即是说，"天道"是有等差的，先王依据这一规律，制定了表示不同地位的礼制，意味着礼制的等级性是"天道"使然。《难顾道士〈夷夏论〉》将礼视为神安顿社会秩序的凭借："礼术既坏，雅于又崩，风俗寝顿，君臣无章，正教陵迟，人伦失序。于是圣道弥纶，天运远被，玄化东流，以慈系世，仁众生民，黩所先西，欣所新闻，革面从和，精义复兴。"[3] 此外，道教学说不仅遵循礼的行为作为善的重要内容，还将违背礼视为重要的恶，并突出了悖乱无礼行为的宗教性惩戒。道教学说的发展者寇谦之还积极"利用政治力量统一道教，宣扬新科，以儒家礼法充实道教之内容，以佛戒律为其形式，把宗教戒律宣布为法律的信条，故其《云中诵新科之诫》实可成为道教国家之

---

[1] ［美］赫伯特·芬格莱特：《孔子·即凡而圣》，彭国翔、张华译，江苏人民出版社2002年版，第25页。
[2] 《弘明集·答何镇南》（上），中华书局2013年版，第344页。
[3] 《弘明集·难顾道士〈夷夏论〉》（上），中华书局2013年版，第455页。

◆◆◆　市场经济与传统家庭伦理的理性化

法典也"①。故而,《道藏》力字帖多种经戒,旨在"使封建主义的礼法宗教化,成为宗教信条"②。

由前述可知,礼的神圣性是古老的风俗习惯和价值理性的不证自明的权威和价值理性共同生发出来的。尽管支配性的家庭伦理及其相应的礼仪规范的基本特征,经过孔子"敬鬼神、而远之"的改造以后,呈现出明显的人文性。但是佛教的传入和道教的发展为其注入了宗教的力量。近代以来随着理性的增长,尤其是新中国成立以后,无神论思想的广泛传播,宗教的色彩大大淡化了。但是,一方面民间的宗教信仰仍然相对普遍地散置于社会的角角落落,另一方面无私奉献、执着追求的宗教性还存在着,二者仍然是一套维护孝道的礼仪规范的强化力量,与此同时,礼还被许多源远流长的风俗习惯所强化。如涂尔干所言:"如果我们想要描述仪式本身的特性,就必须首先描述仪式对象的特性。而且,也只有在信仰中,仪式对象的上述性质才能彰显出来。"③ 礼的神圣性所赖以产生的风俗习惯和价值理性在市场经济所孕生的经济理性下逐渐被瓦解了,礼的效用也由此大大被淡化了。在市场经济下,经济理性的发展,尤其是以货币追逐为终极目的的生成,驱使人们注重物质利益,个人私欲增强甚至膨胀,使得赋予礼的神圣性的价值理性和风俗习惯衰落了,礼由"天道"所扩展而来的不可违逆性、由风俗习惯所带来的不证自明的权威性、由宗教图式所建构起来的善恶惩戒观念,即礼的神圣性衰退了,由其神圣性对传统家庭伦理规范的规导作用也随之衰落或者消失了。这一因果关系可从韦伯对世界的祛魅化的历史考察中得以验证:"只要是'目的——工具'合理性的,即行动只为追求功利目的所驱使,势必会漠视人情感、精神价值的实质,把功利目标视为唯一的,导致行为方式的'常规化',使社会生活丧失多元价值的创造性。"④

---

① 汤一介:《早期道教史》,中国人民大学出版社2015年版,第187页。
② 汤一介:《早期道教史》,中国人民大学出版社2015年版,第193页。
③ [法]爱弥儿·涂尔干:《宗教生活的基本形式》,渠敬东、汲喆译,商务印书馆2011年版,第45页。
④ 苏国勋:《理性化及其限制——韦伯思想引论》,上海人民出版社1988年版,第90页。

第三章　市场经济与传统家庭伦理理性化的具体表现

三　男尊女卑思想改变

男尊女卑观念是传统家庭伦理的重要特征。这一观念仍然是由天道观念演变而来。天道分阴阳以孕育万物，男为阳、女为阴，故男尊女卑。价值理性和风俗习惯赋予此一伦理观念以"合理性"，使之不断沿袭。市场经济所催生的经济理性消解了这一价值源头。女性的独立、自由、平等意识增强，男女平等进一步加强。

男女之间的伦理关系是传统家庭伦理的重要内容，如钱穆所言："夫妇为人伦之始。"① 此一关系呈现出明显的男尊女卑。男尊女卑的观念源于古人对阴阳的认识。如前所述，阴阳相互变化、相互影响，是万物产生与变化的根本性推动力量，《系辞上》曰："《易》有太极，是生两仪。两仪生四象。四象生八卦。"② 其中，阳为刚、为动，亦为主导；阴为柔、为静，亦为辅助。古人将人伦视为"天道"在人间社会的投射，故常以"天道"引出人伦。《人副天数》云："行有伦理，副天地也。"③《为人者天》云："天亦人之曾祖父也。此人之所以乃上类天也。人之形体，化天数而成；人之血气，化天志而仁；人之德行，化天理而义；人之好恶，化天之暖清。"④ 因而，男女的尊卑便为"天道"分阴阳的映射。《周易大传》写道："刚柔相摩，八卦相荡，鼓之以雷霆，润之以风雨；日月运行，一寒一暑。乾道成男，坤道成女。"⑤《滕文公上》云："圣人有忧之，使契为司徒，教以人伦：父子有亲，君臣有义，夫妇有别，长幼有序，朋友有信。"⑥ 乾为阳，坤为阴，因而，男为阳，女为阴，男为刚，女为柔，男为外，女为内。董仲舒杂糅各家之说，将之系统化，并以之深化儒

---

① 钱穆：《晚学盲言》，广西师范大学出版社2004年版，第217页。
② 《周易·系辞上》，杨天才、张善文译注，中华书局2011年版，第595页。
③ 《春秋繁露·人副天数》，张世亮、钟肇鹏、周贵钿译注，中华书局2012年版，第477页。
④ 《春秋繁露·为人者天》，张世亮、钟肇鹏、周贵钿译注，中华书局2012年版，第398页。
⑤ 《周易·系辞上》，杨天才、张善文译注，中华书局2011年版，第561页。
⑥ 《孟子·滕文公上》，万丽华、蓝旭译注，中华书局2006年版，第111页。

◆◆ 市场经济与传统家庭伦理的理性化

家的宗法体系，不仅使人伦关系有了天道所赋予的神圣性，也使包括男女关系在内的尊尊亲亲有了"天之经、地之义"的合理性。阴阳观念中，二者相生相杀，不可分离。《系辞下》云："乾坤其《易》之门耶？乾，阳物也，坤，阴物也。阴阳合得而刚柔有体。"① 这意味着男尊女卑是符合"天道"的，故而在日常生活中只有遵循此一伦理规范，家庭秩序、社会秩序方得和谐。同时也意味着男不可"过尊"，女不可"过卑"，而是在一定限度内的尊卑，才始得和谐。《象》云："家人，女正乎乎内，男正位乎外；男女正天地之大义。家人有严君焉，父母之谓也。父父，子子，兄兄，弟弟，夫夫，妇妇，而家道正；正家而天下定矣。"② 此即指遵循男正于外、女正于内，家道方得正。

在民间文化中，道教和佛教的学说体现出对男尊女卑的社会关系的维护。原本强调众生平等的佛教在与儒家伦理结合的过程中，在部分学说里强调了男尊女卑关系。道教作为中国土生土长的宗教，更为明显地表现出对男尊女卑关系的维护。这一倾向在宗教力量的影响下，强化了传统家庭伦理中的男尊女卑思想。《正巫论》云："若长恶不悛，迷而后遂往，则长夜受苦，轮转五道，而无解脱之由矣。今以其能掘众恶之栽，灭三毒之烬，修五戒之善，书十德之美，行之累劫，倦而不已，晓了本际，畅三世空，故能解生死之虚，外无为之场耳。"③ 不邪淫为五戒之一，不邪淫、不两舌、不恶口为十善之部分内容。不邪淫虽然兼指男女，但在男尊女卑的情况下，更容易在爱情、婚姻方面形成对女性思想和行为的束缚。不两舌、不恶口更容易表现为对女性在日常生活中的道德要求。《奉法要》则对女性在言行方面提出了更为细致的要求："妇人则兼去香花脂粉之饰，端心正意，务存柔顺。斋者，普为先亡见在，知识亲属，并及一切众生，皆当因此至诚，各相发心。心既感发，则终免罪苦。是以忠孝之士，务加勉

---

① 《周易·系辞下》，杨天才、张善文译注，中华书局2011年版，第626页。
② 《周易·家人》，杨天才、张善文译注，中华书局2011年版，第331页。
③ 《弘明集·正巫论》（上），中华书局2013年版，第77页。

第三章 市场经济与传统家庭伦理理性化的具体表现

励,良以兼拯之功,非徒在已故也。"[1] 这些宗教学说都通过强化某一言行或思想而强化男尊女卑的伦路规范。道教更是从多个方面强化男尊女卑的关系。《太平经》多次出现,"当纯法天,故令一男者当得儿女,以象阴阳:阳数奇,阴数偶也,乃太和之气到也"[2],"女之就夫家,乃当相与并力,同心治生,乃共传天地统,到死尚复骨肉同"[3]。此即以阴阳引出男女有别之正当性,单独强调女性在夫家的诸种言行,在实质上仍然是对女性的一种歧视。《精神训》云:"以天为父,以地为母;阴阳为纲,四时为纪;天静以清,地定以宁,万物失之者死,法之者生。"[4] 天为刚、地为柔,天为主、地为辅,以天喻父,以地喻母,同样是男尊女卑思想的一种表现。《览冥训》云:"夫瞽师、庶女,位贱尚枲,权轻飞羽,然而专精厉意,委务积神,上通九天,激厉至精。由此观之,上天之诛也,虽在圹虚幽间,辽远隐匿,重袭石室,界障险阻,其无所逃之亦明矣。"[5] 此意为庶女地位卑贱,如果作出有违自身卑贱身份的行为,即受到上神之惩罚。依然以神意强化男尊女卑关系。道教将"男女秽慢""胎产失败"视为不孝,如同佛教之"不淫",更多体现为束缚女性的道德要求,"胎产失败"只有女性使然。

妇女的解放是社会解放的标尺。中国近代以来对女性的解放从未停止。新文化运动中,对男尊女卑的观念及支撑此一观念的"封建礼教"进行了猛烈批评,然而这一观念奠基于旧的经济基础所造成的女性对男性的依赖上,尽管资产阶级革命动摇了这一关系,在一定程度上促进了女性的解放。但是,一方面新文化运动中对男女尊卑思想的批判只停留于"封建礼教"本身的批判,忽略了其背后的价值理性和风俗习惯的改造,治标不治本;另一方面民国时期仍处于前工业化的客观现实,又决定了批判难以广泛的、深入的触动这一思想的根

---

[1] 《弘明集·奉法要》(下),中华书局2013年版,第899页。
[2] 《太平经·一男二女法四十二》,中华书局2013年版,第147页。
[3] 《太平经·分别贫富法第四十一》,中华书局2013年版,第137页。
[4] 《淮南子·精神训》,中华书局2012年版,第337页。
[5] 《淮南子·览冥训》,中华书局2012年版,第303页。

· 151 ·

◇◆◇　市场经济与传统家庭伦理的理性化

基。新中国成立以来，颁布了婚姻法，提升女性教育水平，提倡男女平等等，大大促进了二者权利平等的发展。但对女性的歧视仍然不同形式、不同程度地存在于方方面面。只有当社会自身所孕育的力量崛起并瓦解这一不平等关系的时候，才更为直接、更为有效、更为广泛，也最终能够得以逐步实现。市场经济的建立和发展，正是在社会内部孕育了"革命"的力量。市场经济的发展，使得女性走出家庭、进入工厂，走出封闭的空间、进入社会公共活动中，在不同程度上摆脱了对家庭、进而对男性的依赖。女性和男性一样，都是自身劳动力的所有者，都可以自由交换自身的劳动力，都在契约关系中享有平等的权利。经济上的独立又促进了其在生活、工作、学习等方面的自由和独立。更为重要的是，在这一过程中，市场经济所助推的经济理性渗透进同样作为劳动者、作为消费者、作为交易者的女性的思想世界，对货币的追逐也成为其终极目的。围绕着旧的终极价值所建构起来的世界崩塌了，阴阳不再成为尊卑的源泉、"天道"不再成为人伦的投射，那些通过惩善扬恶、因果报应塑造男尊女卑观念的道教的或者佛教的神仙体系也逐渐失去了其神圣性。总而言之，束缚女性的价值理性和风俗习惯失去了其约束效力，由之所建构起来的旧的价值体系的瓦解使女性的解放成为现实。

第三节　家族共同体的瓦解

在宗法社会内，家族共同体是家庭的扩延，家庭的伦理也与家族共同体的伦理观念具有很多的一致性。祖先崇拜是唤起家族共同体情感、延续共同体记忆的重要因素。祖先崇拜源于对天能施予伦理性惩罚的信仰和对灵魂不灭的古老观念。市场经济所孕育的经济理性消解了这些信仰和观念。在家族共同体内，长幼有序、互帮互助是最重要的伦理观念，以利益为最大化取向的经济理性同样削弱了这一伦理义务。

第三章 市场经济与传统家庭伦理理性化的具体表现

一 祖先崇拜褪色

祖先崇拜是中国传统家庭伦理中的重要内容。祖先崇拜源于两个方面：一是对古老的人格化的天的信仰，先祖克配天帝，以福佑子孙；一是对人死而魂不灭的信仰，认为人死之后，其魂尚在，仍可以影响子孙后代。祖先崇拜是维护家族共同体延续的重要因素。社会主义市场经济下，经济理性瓦解了其背后的价值理性和风俗习惯，祖先崇拜的功能亦随之衰落或消失。

祖先崇拜是传统社会的重要特征，也是传统家庭伦理的重要构成部分。在夏启时已有祖先崇拜，如《甘誓》："赏于祖。"[1]《五子之歌》亦有"覆宗绝祀"[2]。《吕刑》云："民兴胥渐，泯泯棻棻，罔中于信，以覆诅盟。虐威庶戮，方告无辜于上。上帝监民，罔有馨香德，刑发闻惟腥。皇帝哀矜庶戮之不幸，报虐以威，遏绝苗民，无世在下。乃命重黎绝地天通，罔有降格。群后之逮在下，明明斐常，鳏寡无盖。"[3] 此即是说，"苗民"社会，滥施酷刑，杀戮无故，上帝断绝天地联系，令人王整顿人间秩序。《楚语下》对此有更为明确的解释："颛顼受之，乃命南正司天以属神，命火正黎司地以属民，使复旧常，无相侵渎，是谓绝地天通。"[4] 这意味着普通人不能直接与天帝沟通以祈求福佑。先公先王居于天帝之所，宾于天帝左右，可影响天帝。故通过先公先王可影响天帝以降福佑。以此之故，祖先便有了福佑子孙后代的神圣力量。这种存在于王家先公先王的观念同样存在于民间社会中。《祭义》载：宰我曰："吾闻鬼神之名，不知其所谓。子曰：'气也者，神之盛也。魄也者，鬼之盛也。合鬼与神，教之至也。''众生必死，死必归土，此之谓鬼。骨肉毙于下，阴为野土。其气发扬于上，为昭明君蒿萋怆，此百物之精也，神之著也。'"[5] 这

---

[1] 《尚书·甘誓》，王世舜、王翠叶，中华书局2012年版，第93页。
[2] 《尚书·五子之歌》，王世舜、王翠叶，中华书局2012年版，第371页。
[3] 《尚书·吕刑》，王世舜、王翠叶，中华书局2012年版，第319—320页。
[4] 《国语·楚语下》，陈桐生译注，中华书局2013年版，第623页。
[5] 《礼记·祭义》，胡平生、张萌译注，中华书局2017年版，第906—907页。

◇◆◇　市场经济与传统家庭伦理的理性化

意味着先祖以灵魂形式而存在,依然可以对现世子孙后代的生活和命运产生直接或间接的影响。因而,祭祀先祖,以"求得对人世生活的福佑"①。对父母的孝也因其灵魂尚存,在其故去之后,仍需以祭祀的形式,将现世之孝延伸到"彼世"。在古代,"祭享先祖是'享孝',追祭亡父母是'追孝'"②。此可见之于,"夙夜用享孝皇祖文考","用追孝于剌仲"。③

由上述可见,对魂魄的看法强化了祖先崇拜的观念。魄为形体,死后入土,而魂为精气,具有生前的意识,能与其他生人相感通。此一观念贯通于中国数千年之文化。虽有王充、范镇等人起而反之,并未动摇此一观念,在民间信仰中尤为显著。祖先"克配天帝"的观念与灵魂不灭的观念遥相呼应,成为祖先崇拜观念的重要支撑因素。《系辞上》有云:"精气为物,游魂为变。"④《楚辞》中《招魂》云:"魂兮归来,去君之恒干,何为四方些。长人千仞,惟魂是索些。彼皆习之,魂往必释些。"⑤ 此即说魄独立于肉身之外,可以四处游走。《大招》亦云:"魂魄归来,无远遥只。魂乎归来,无东无西,无南北只。"⑥《左传》鲁昭公二十五年云:"宋公宴叔孙昭子,饮酒乐,语相泣也。乐祁佐,退而告人曰:'今兹君与叔孙,其皆死乎。吾闻之,哀乐而乐哀,皆丧心也。心之精爽,是谓魂魄。魂魄去之,何以能久?'"⑦ 此即言形体先于魂魄而存,形体去而魂魄不能久。《礼运》曰:"及其死也,升屋而号,告曰:'皋其复',然后饭腥而苴孰,故天望而地藏也。体魄则降,知气在上。"⑧ 又云:"宰我曰:吾闻鬼神之名,不知其所谓。子曰:气也者,神之盛也。魄也者,鬼之盛也。

---

① 陈来:《古代宗教与伦理:儒家思想的根源》,北京大学出版社 2017 年版,第 131 页。
② 陈来:《古代宗教与伦理:儒家思想的根源》,北京大学出版社 2017 年版,第 354 页。
③ 康学伟:《先秦孝道研究》,文津出版社 1992 年版,第 68 页。
④ 《周易·系辞上》,杨天才、张善文译注,中华书局 2011 年版,第 569 页。
⑤ 《楚辞·招魂》,林家骊译注,中华书局 2009 年版,第 207 页。
⑥ 《楚辞·大招》,林家骊译注,中华书局 2009 年版,第 225 页。
⑦ 《左传·昭公二十五年》,郭丹、李彬源译注,中华书局 2012 年版,第 1964 页。
⑧ 《礼记·礼运》,胡平生、张萌译注,中华书局 2017 年版,第 423 页。

第三章 市场经济与传统家庭伦理理性化的具体表现

含鬼与神，教之至也。众生必死，死必归土。骨肉毙于下，阴为野土。其气发扬于上，为昭明，焄蒿凄怆，此百物之精也。神之著也。因物之精，制为之极，明命鬼、神，以为黔首则。"① 此处，魄为人之形骸，生之前为魄，死后为鬼。而神为生前之魂，死后能与生人相感通。《郊特性》篇谓："魂气归于天，形魄归于地。"② 此谓人之既死，魂魄解散，体魄入土，而魂气则游飏空中无所不属。《檀弓》亦曰："骨肉归复于土，命也！若魂气则无不之也。"③ 所言之意同于上。佛教传入中国以后，其生死轮回观念使得上述观念进一步理论化和体系化。佛教认为人处于生生死死的无限轮回中，轮回有三恶道，包括地狱、畜生、饿鬼，三善道，包括阿修罗、人、天，人在六道之中不断轮回。道教吸纳佛教的生死轮回思想，建构了自身的生死观。道教认为人凡故去，皆坠入三涂。前世积德行善者，可升入天界。这种"死而不朽"的生死观都在不同程度上强化了旧有的魂魄观念，进而强化了祖先崇拜。

可以看出，祖先崇拜与对古老的天的信仰密切地联系在一起。尽管氏族社会就有对逝者、进而对祖先祭拜的习俗。但是相信天能对人间的行为施予伦理性的惩罚，使先祖"克配天帝"，进而保佑后代子孙的信仰的生成，使得祖先崇拜被纳入了更加重要和宏大的意义体系中，因而也被进一步强化了。如前所述，市场经济下，以货币为内容的终极目的代替了以天人合一或者来世与现世福报为内容的终极价值，进而经济理性消解了价值理性和风俗习惯。由此，对古老的天的信仰衰落了，对天施予伦理性惩罚的畏惧消失了，"克配天帝"的必要性随之下降了。关于灵魂的观念也同样是远古的巫术崇拜的一部分，但是道教的兴起和佛教的传入，使得这一观念被纳入系统化的、体系化的宗教图式中，并由此与终极价值联结了起来。灵魂不灭的观念被相对周严的宗教体系和生动的宗教故事大大强化了。正是灵魂不灭的观念对支撑祖先崇拜起到了重要作用。而以货币追逐为内容的终

---

① 《礼记·祭义》，胡平生、张萌译注，中华书局2017年版，第907页。
② 《礼记·郊特性》，胡平生、张萌译注，中华书局2017年版，第504页。
③ 《礼记·檀弓》，胡平生、张萌译注，中华书局2017年版，第225页。

◆◆◆ 市场经济与传统家庭伦理的理性化

极目的对天人合一或者来世与现世福报为内容的终极价值的替代，导致旧的终极价值衰落，而围绕着旧的终极价值所建构起来的包括对天的人格化的信仰、对神仙体系的崇拜、对巫术禁忌的畏惧等价值体系和风俗习惯随之失去了其对观念或意识的建构作用，灵魂不灭的观念所赖以存在的价值体系进而瓦解了。祖先崇拜奠立于对天的古老信仰和对灵魂不灭的观念基础之上，再深层次而言是奠基在价值理性和风俗习惯之上，当这些基础被经济理性所消解以后，祖先崇拜意识趋于淡化了。对祖先崇拜的这种内在的观念改变，还进一步消解了其在日常生活中的功能。祖先崇拜有着重要的社会功能，它是维系血缘关系而衍生出来的家庭制度的重要因素。在传统社会中，以先祖的不同而形成不同的家族或宗族，在族中，有庄严的仪式对先祖进行祭拜。这种仪式操演是增加族员作为一个共同体意识的重要因素。在南方大部分宗族中，建立专门的祠堂、进行公祭，并设义田、义庄、义塾以相互扶助，这种习俗至今仍然不同程度地存在着。因而，祖先崇拜是维系基层社会团结的重要纽带。钱穆认为："中国人莫不各敬其祖先，坟墓祠堂之公祭，义庄义塾公建，为一宗一族之经济教育谋共同之维系，为一宗一族之情感意象谋永久之团结。"[1] 梁漱溟亦认为："崇拜祖先，以家族体系组成的社会，所谓宗法社会者是。"[2] 经济理性的膨胀削弱了这种纽带作用，冲击了祖先崇拜的日常生活功能。

二 长幼有序衰落

长幼有序是传统家庭伦理中的重要内容。长幼有序同样源于分阴阳、定尊卑的"天道"观念。这一伦理观念的沿袭更是由小农社会生活环境的固定、封闭、有限所促成。对于维护家族共同体、进而维护整个生活秩序有着特定的积极的一面。市场经济的发展，所促成的经济理性的膨胀以及建立在小农经济基础之上的生产生活方式的转变，使得长幼有序赖以存在的价值体系和经济基础都衰落或

---

[1] 钱穆：《灵魂与心》，广西师范大学出版社2004年版，第30—31页。
[2] 《梁漱溟全集》第3卷，山东人民出版社1990年版，第53页。

第三章　市场经济与传统家庭伦理理性化的具体表现

者消失了，其所内含的宗法等级性开始向独立性、平等性、民主性转变。

中国传统家庭伦理以孝道为核心，注重对家父长的恭、敬、顺。家父长在家共同体中拥有最高的权力，支配着共同体内资源的分配。家父长的这一权力建立在因年龄而来的阅历、经验、智慧等方面的优势基础之上。如滕尼斯所言："年龄的威严主要被用来衡量法官的工作和公正的性质；因为从年轻人的激动、暴躁和形形色色的激情，引发出暴力行动、复仇和争执。白发老人作为冷静的旁观者超然其上。"[①] 费孝通将此权力称为教化的权力，他认为：在乡土社会中，"在它的权力结构中，虽则有着不民主的横暴权力，也有着民主的同意权力，但是在这两者之外还有教化权力，后者既非民主又异于不民主的专制，是有另一工的。所有用民主和不民主的尺度来衡量中国社会，都是也都不是，都有些像，但都不确当。一定要给它一个名词的话，我一时想不出比长老统治更好的说法了"[②]。此一权力是长幼有序伦理规范的实定化。在以"天道"喻人伦的儒家思想中，天道分刚与柔、主与辅、上与下，人伦亦如是，故长幼有序非独父母与子女如此，兄弟之间同样如此。如钱穆所言，五伦中父子兄弟，同属天伦，"兄弟异体同气，皆属父母之遗传。故既知孝父母，则自知兄友弟恭。中国古书每兼言孝友。如诗张仲孝友，后如晋书有孝友传。善事父母为孝，善于兄弟曰友，兄弟一伦，宜可包在父母一伦中"[③]。此可见之于《孟子》："父子有亲，君臣有义，夫妇有别，长幼有叙，朋友有信"[④]，如前所述，中国的传统伦理是家国同构，社会伦理和政治伦理皆有家庭伦理扩延而来，在具有血缘关系的同一家族之内更是如此。因而，长幼有序对父与子、兄与弟具有规范作用，同样适用于整个家族之内以及整个社会。孔子曰："入则孝，出则悌。"[⑤] 此即

[①] ［德］滕尼斯：《共同体与社会——纯粹社会学的基本概念》，林荣远译，商务印书馆1999年版，第69页。

[②] 费孝通：《乡土中国・生育制度・乡土重建》，商务印书馆2011年版，第71页。

[③] 钱穆：《晚学盲言》，广西师范大学出版社2004年版，第212—213页。

[④] 《孟子・滕文公上》，万丽华、蓝旭译注，中华书局2006年版，第111页。

[⑤] 《论语・学而》，张燕婴译注，中华书局2006年版，第4页。

说在家为孝，出则注重长幼之分。钱穆据此认为："兄弟限在家中，长幼则扩及社会。故兄弟一伦必扩为长幼一伦。先生为兄，后生为弟。古人每以父兄、子弟并言。曲礼年长以倍，则父事之。十年以长，则兄事之。今亦可称父老兄长为先生辈，子弟为后生辈。人生即由先生后生两世界积叠更迭而成。"① 概而言之，在家庭以及扩大的家庭——家族——之内，普遍存在着奠基于长幼有序的伦理规范，是型塑家庭关系和社会结构的重要因素。

长幼有序的伦理规范形成及其得以延续的原因，既有自然的，亦有社会的。首先是源于人类社会自身发展的生物规律。社会的发展总是有先出生与后出生，如此叠加，生生不息。人天生是社会动物，需要习得社会所延续下来的文化传统才能形成自身的价值观念和行为规范，所谓文化传统是"指一个团体为了位育处境所制下的一套生活方式"②。文化传统中也含括了处理社会关系、解决生活问题、获得情感快乐等的方法或经验，先出生者势必比后出生者更早地习得了文化传统，后出生者需要向先出生者学习之。正是这样一种客观需要使得长幼有序获得了现实支撑。如费孝通所言："文化像是一张生活谱，我们可以按着问题去查照。所以在这种社会里没有我们现在所谓成年的界限。凡是比自己年长的，他必定先发生过我现在才发生的问题，他也就可以是我的'师'了。三人行，必有可以教我怎样去应付问题的人。而每一个年长的人都握有强制年幼的人的教化权力：'出则悌'，逢着年长的人都得恭敬、顺服于这种权力。"③ 其次，长幼有序伦理的形成与发展，奠立于长者在现实中承担更多的责任基础上。长者比幼者更有经验、更有力气、更有技巧，因而承担了更多责任或者劳动。这种因自然因素所导致的分工上的不平等也促成了幼者对长者的依赖。这从滕尼斯对多个社会共同体的关系尤其是家共同体关系的研究中可见一斑，他认为："与从这种关系中得到较大的享受相适应的是，为这种关系付出更沉重方式的劳动，这就是要求用更大的或更

---

① 钱穆：《晚学盲言》，广西师范大学出版社2004年版，第213页。
② 费孝通：《乡土中国·生育制度·乡土重建》，商务印书馆2011年版，第339页。
③ 费孝通：《乡土中国·生育制度·乡土重建》，商务印书馆2011年版，第70页。

第三章　市场经济与传统家庭伦理理性化的具体表现

稀罕的力量的劳动方式。因此，较少的享受是与较轻的劳动相适应的。"[1] 长幼有序的伦理规范既缘起于此一不对等关系，也维护此一关系。最后，中国传统家庭伦理是为了维护封建宗法特权，具有显著的等级性，强调敬、忠、顺。长幼有序是家庭伦理的重要内容，其目的同样是维护宗法特权。汉朝设置三老、五更，使之"掌教化。凡有孝子顺孙，贞女义妇，让财救患，及学士为民法式者，皆扁表其门，以兴善行"[2]，由此处可见一斑。伦理的教化必然是强化此一带有等级色彩的秩序性。因而，"教之孝，教之弟，教之徐行后长者，教之有事服其劳，教之有酒食先生馔，教之恭，教之顺"[3]。对长幼有序的教化形成了一种"后生文化"，即在后生心目中，"常有较其先生一辈之存在，此谓前辈长辈，已则为晚辈后辈，所以成其为后生。故后生不自独立，必依倚追随于先生一辈而加之以继续"[4]。

由上可见，长幼有序不仅是阴阳观念对人伦秩序的影响，还跟文化传统所促成的教化有关。这种内在的逻辑关系暗含着两个前提。其一，文化传统是相对稳定的。只有文化传统的相对稳定，长者所具有的文化方面的累积才对幼者具有吸引力和必要性，因文化教化所产生的强制性也因之才得以产生。如果文化传统不稳定，"传统的办法并不足以应付当前的问题时，教化权力必然跟着缩小，缩进亲子关系，师生关系，而且更限于很短的一个时间。在社会变迁的过程中，人并不能靠经验作指导。能依赖的是超出于个别情境的原则，而能形成原则、应用原则的却不一定是长者"[5]。而文化传统的稳定又依赖于社会的稳定。文化传统是一套传统的生活方式，正是社会本身的稳定，才使得载有过去经验的生活方式能够应对同样延续了过去生活内容的社会问题。而在社会的急速变迁中，"从乡土社会进入现代社会的过程中，我们在乡土社会中所养成的生活方式处处产生了流弊。陌生人

---

[1] [德] 滕尼斯:《共同体与社会——纯粹社会学的基本概念》，林荣远译，商务印书馆1999年版，第63页。
[2] 《后汉书·百官志》，中华书局2007年版，第1034页。
[3] 钱穆著:《晚学盲言》，广西师范大学出版社2004年版，第214页。
[4] 钱穆著:《晚学盲言》，广西师范大学出版社2004年版，第214页。
[5] 费孝通著:《乡土中国·生育制度·乡土重建》，商务印书馆2011年版，第71页。

◆◇◆　市场经济与传统家庭伦理的理性化

所组成的现代社会是无法用乡土社会的习俗来应付的"[1]。与此同时，文化传统的稳定还有赖于血缘关系本身的稳定。在血缘关系内，长者和幼者由于社会的差等，形成了一定的权利与义务，这是与之相适应的文化传统得以持续的社会基础。如果社会发生大的变迁，旧的血缘关系就势必出现松动或者衰弱。如费孝通所言："血缘社会是稳定的，缺乏变动；变动得大的社会，也就不易成为血缘社会。"[2] 文化传统本身的稳定性也受到影响。而血缘社会的稳定性取决于土地所有制和具有亲缘关系的人生活的相对固定。正是土地所有制使得个体对土地进而对家共同体产生依赖，也正是这些依赖关系的存在使得个体在某一区域内的生活相对固定。在市场经济下，诸多个体开始从相对固定、封闭、静止的生活环境，走到相对流动、开放和动态的社会环境中来，对工厂、机器、同辈团体等的依赖代替了对土地、家庭、家族等的依赖。长者的旧有的经验未必对个体适应新的社会环境所必须习得的生活方式有效，工作中的关系模式、伦理规范以及新的媒体都对这种经验的获得产生了作用。长者不再成为文化传统的不可替代的教导者，其教化权威逐渐丧失了，与这种强制性密切关联的长幼有序失去了强烈的社会支撑。这只是提供了长幼有序作为传统家庭伦理变迁的一种可能或者条件。以货币为内容的终极目的对以天人合一或来世与现世福报为内容的终极目的的替代，使得市场经济所孕育的经济理性从整体上、深层上消解了价值理性和风俗习惯。这一方面意味着促使伦理规范对个人产生约束的最深层的动机不存在了，个体得以从旧观念的钳制中脱离出来；另一方面意味着在经济理性的驱使下一种独立、自由、平等的观念被注入个体的价值体系中，不仅仅旧的束缚不存在了，新的观念也形成了，如此由社会环境发生和文化传统变迁所催生出来的长幼有序变革的必要性和可能性方得以成为现实。

---

[1] 费孝通：《乡土中国·生育制度·乡土重建》，商务印书馆2011年版，第11页。
[2] 费孝通：《乡土中国·生育制度·乡土重建》，商务印书馆2011年版，第72页。

第三章　市场经济与传统家庭伦理理性化的具体表现

三　家族互惠消解

互惠性是传统家庭伦理的一个显著特点。互惠观念在家庭中主要表现为父慈子孝、夫妇和睦，在家族共同体中则主要体现在家族内的互帮互助上。由于家族共同体包含于村落共同体中，前者的互惠观念扩延到后者中。因而，互惠观念对维持家族共同体和村落共同体都具有重要性。互惠观念的生成一方面由"大传统"中的仁的思想和"小传统"中的积德行善所强化，另一方面由乡规民约所构成的风俗习惯所支持，同时也是"熟人社会"所致。市场经济下，货币追逐成为终极目的，以利益最大化取向的经济理性消解了共同体的互惠义务尤其是强者对弱者扶持的义务，"陌生人社会"的到来加剧了此一影响。

互惠是许多传统文化所具有的特点，在传统文化中尤为明显。虽然在"父子、夫妇、兄弟、君臣、师生"五伦中，具有显著的宗法等级色彩，但是在每一对关系中，不仅强调子对父、妇对夫、弟对兄、臣对君、生对师的义务，也强调后者对前者的责任。对于子孝，父要慈祥，对于妇顺，夫要担当，对于弟恭，兄要如父，对于臣忠，君要仁义，对于生敬，师要教导。其中，以父母与子女关系中的互惠性最为显著。孔子曰："父父子子"，"父为子隐，子为父隐，直在其中矣"。[①] 此即为在父子关系中，二者皆有对于对方之责任与义务。《大学》曰："为人子，止于孝；为人父，止于慈。"[②] 进一步说明了这种具有互惠性的伦理关系。传统家庭伦理中，以孝道为核心，由之引出忠、悌、敬，夫为妇纲亦与父为子纲一样，由阳为主、阴为辅引申而来。将父与子之间的互惠关系视为人与人之间的至上规则，同样容易将这一规则贯彻到其他关系中。如钱穆所言，五伦中"又就每一伦指出一共同相处之主要标准，以教人对于对方之各能善尽其道。而在此目标下，每一伦之双方，又分别各有其应尽之道。如父子一伦，贵在能有亲，而父母一方曰慈，子女一方曰孝，在此双方之尽慈尽孝

[①] 《论语·子路》，张燕婴译注，中华书局2006年版，第195页。
[②] 《大学·第四章》，陈晓芳、徐儒宗译注，中华书局2015年版，第257页。

◆◆ 市场经济与传统家庭伦理的理性化

中而相互合成此一亲。其他四伦皆然"①。这意味着互惠性不仅广泛存在于具有血缘、姻缘的父子、夫妇、兄弟之间，也普遍存在于从家庭扩大而来的家族之间。在家族共同体内，某一个体或家庭出现了生活上的困难，比如生病、求学、饥荒等等，共同体具有帮扶的伦理义务。费孝通对乡土社会的研究表明，"同族的亲属理论上有互通有无，相互救济的责任，如果有能力，有好意，不必入賽就可以直接给钱帮忙"②。弗里德曼对中国东南宗族组织的研究也表明，"在过去是同一家户的成员之间具有与我们在西镇看到的相同情形，有时在分家之后，仍然有足够的宗教和世俗的合作"③。世俗的合作集中体现在互帮互助上。如前所述，传统社会是家国同构，家族、社会、国家的伦理亦由家庭伦理延伸而来。故互惠准则超出家庭范围之外，在社会中亦有着广泛影响。钱穆认为："人之处群，必先无逃乎此五伦之外。人对此五伦，各有其应尽之道。推而远之，扩而大之，此处五伦之道，亦即是处大群之道。而此诸分别，实亦非分别，应知其背后有一大根本，实和合为一道。"④滕尼斯也认为："较大的共同的力量也是较大的进行帮助的力量。如果说为此从根本上讲有一种意志的存在，那么它由于感受到的力量（因为这种力量本身就是意志）就大得多，坚决得多：因此尤其在这种血缘的有机的关系之内，存在着一种强者对弱者的本能和天真的温柔，一种帮助人和保护人的兴致，这种兴致与占有的欢乐和享受自己的权力的内心里混然结为一体了。"⑤这意味着这样一种互惠准则在中外的传统社会里都较为常见，只是在中国被赋予更为具体的内容和更为强烈的伦理义务感。

但互惠虽为人伦之大道，不是无限适用的，更多的存在于因亲缘、地缘和业缘等所形成的共同体中。钱穆认为："五伦在人道中，

---

① 钱穆：《晚学盲言》，广西师范大学出版社2004年版，第206页。
② 费孝通：《乡土中国·生育制度·乡土重建》，商务印书馆2011年版，第76页。
③ ［英］弗里德曼：《中国东南的宗族组织》，刘晓春译，上海人民出版社2000年版，第37页。
④ 钱穆：《晚学盲言》，广西师范大学出版社2004年版，第206页。
⑤ ［德］滕尼斯：《共同体与社会——纯粹社会学的基本概念》，林荣远译，商务印书馆1999年版，第64页。

第三章　市场经济与传统家庭伦理理性化的具体表现

但亦不能谓五伦即已尽了人道。人之处群有其道，其在群中必有最相亲接，最相合作之人，相互成双成对，各为耦伍以处群。而如何处此耦伍尽其道，其关系为更大。"① 这意味着互惠关系最显著的存在于与个体有更直接接触的群体当中。滕尼斯对此有更系统的阐述。他认为："在主人和仆人之间某种共同体的关系也是可能的，可然率是存在的，特别是它如果——正如在一般情况下和像最亲密的亲戚的纽带本身那样——受到亲近的、持久的和封闭的家庭的共同生活所支持和所促进。"② 尽管这里描述的是上下级关系之间的恩惠和敬畏，但我们从中可以看出家共同体中的互惠关系受到共同体生活的支持和促进。这样一种支持和促进是通过默认一致的共同体意志来实现的。所谓默认一致是指"相互之间的——共同的、有约束力的思想信念作为一个共同体自己的意志，就是这里应该被理解为默认一致的概念。它就是把人作为一个整体的成员团结在一起的特殊的社会力量和同情"③。普遍存在于中国传统社会的乡规民约是默认一致的具体体现，它赋予家族共同体以及乡村共同体之间的互惠关系以必要的权威性。默认一致是"建立在相互间密切的认识之上的，只要这种认识是受到一个人直接参与另一个人的生活即同甘共苦的倾向所制约，并反过来又促进这种倾向。因此，结构和经验的相似性越大，或者本性、性格、思想越是具有相同的性质或相互协调，默认一致的可然率就越高"④。依理可知，由亲缘关系而生、由乡规民约所支撑的互惠关系存在的前提是"结构和经验的相似性"较大，亦即生发于一个熟人社会中。在传统家庭伦理中，互惠关系还被蒙上了一层神秘主义的面纱。如前所述，中国传统家庭伦理是以"天道"喻人伦，在中国人的世界图式中，人道由阴阳化孕而来，阳为主、为刚、为上，阴为

---

① 钱穆：《晚学盲言》，广西师范大学出版社2004年版，第205页。
② [德] 滕尼斯：《共同体与社会——纯粹社会学的基本概念》，林荣远译，商务印书馆1999年版，第65页。
③ [德] 滕尼斯：《共同体与社会——纯粹社会学的基本概念》，林荣远译，商务印书馆1999年版，第71—72页。
④ [德] 滕尼斯：《共同体与社会——纯粹社会学的基本概念》，林荣远译，商务印书馆1999年版，第72页。

◇◆◇　市场经济与传统家庭伦理的理性化

辅、为柔、为下，故人伦中分为主与辅、刚与柔、上与下。但此一世界图式是有机的、统一的、动态的，而且此一图式以和谐为总体诉求。不仅强调阳的主导地位以及阴对阳的依附，同时也对阳的主导性作了限制并对阴的辅助性地位作了积极的支持。故称万物由阴阳相生相克而生，独阳不行，独阴不行。《坤卦》指出，"阴疑于阳必战"①，这实质上指出了，"阴阳两方面，阳是主导的方面，应当始终比阴强大，才能保持对立面的和谐统一，现在阴达到极盛，就会与阳发生激烈冲突"②。对世界的如此认知，在人伦中即体现为对强势一方的权力的限制和对弱势一方的义务的限定。在家族共同体的互惠关系中，即强调强者对弱势的辅助和弱者对强者威望的认可以及必要时履行自身的义务，如耕作、丧葬、冲突中的帮助。佛教的传入，将对弱者的施舍视为积德行善的重要内容，进一步强化了这样一种互惠关系。

"结构和经验的相似性"以及残余的神秘主义都由社会生活的相对封闭性所支持。对土地的依赖像在其他处发生的影响一样，决定着互惠关系的存续。互惠关系建立在血缘、地缘、亲缘关系基础之上，依靠感情维系着彼此间的权利与义务，所以，"在亲密的血缘社会中商业是不能存在的。这并不是说这种社会不会发生交易，而是说他们的交易是以人情来维持的，是相互馈赠的方式"③。当市场经济成为支配社会关系的力量的时候，经济理性消解了价值理性和风俗习惯，由后者所生发出来并由之所维持的互惠性观念淡化了，人与人之间基于感情的互惠更多地被冷漠的、理性的经济利益的追逐取代了。许多个体不再依赖土地，又为互惠关系的瓦解奠定了基础。费孝通认为："契约的完成是权利义务的清算，须要精密的计算，确当的单位，可靠的媒介。在这里是冷静的考虑，不是感情，于是理性支配着人们的活动——这一切是现代社会的特性，也正是乡土社会所缺的。"④ 市场经济的深入发展摧毁了血缘社会赖以存在的诸种经济的和社会的条

---

① 《周易·坤卦》，杨天才、张善文译注，中华书局2011年版，第43页。
② 张岱年：《中华智慧》，中华书局2017年版，第82页。
③ 费孝通：《乡土中国·生育制度·乡土重建》，商务印书馆2011年版，第77页。
④ 费孝通：《乡土中国·生育制度·乡土重建》，商务印书馆2011年版，第78页。

第三章 市场经济与传统家庭伦理理性化的具体表现

件,将熟人社会变成了陌生人社会。在市场中,"形形色色、五花八门的买者和卖者总是处于相互的关系之中,每个人都渴望和企图用尽可能少的自己的财富,去获得尽可能多的他人的财富"①。与这种建立在物质基础上的等价交换相适应,也会形成一套类似于之前的乡规民约的惯例,表面上似乎"是人人为大家,大家又似乎是把人人看着是自己的人。在实际上,人人都想着自己,而且都在努力实现他的重要性和他的好处,正好同所有其他的人相对立"②。互惠尤其是强者对弱者的帮扶,意味着亲情、名望、地位的获得是以牺牲经济利益为代价的,而经济理性的增加带来的是对自身物质财富的关注,这也同时意味着牺牲经济利益以帮扶他者尤其是帮扶他者的动机越来越弱了。我们从同样处在儒家文化影响下的东南亚塞达卡村的解体中,更加清晰地看到这一变化的过程。在该乡村共同体的早先的阶级结构中,"恰恰是在相互依赖和相互利用的共生关系中,富裕农民和大地主跟贫穷村民联结在了一起。尽管土地由于借贷及逾期不还等原因还在急速地集中,但是,只要土地还算充足,劳动力在农忙时也还算紧张,剥削就会受到限制。这种共生关系不仅表现在村庄的仪式生活当中(例如,富人要向穷人提供扎卡特、筵席和预付工资),还表现在了村中的政治生活中"③。随着市场经济对乡村的渗透,经济理性支配了旧有的社会经济关系。新中国成立后,地主阶级已经被消灭,塞达卡的农场主或地主与租赁者的这种关系不会发生在中国,但市场经济推动经济理性增加、进而瓦解村落共同体中互惠观念的因果关系,仍然是考察社会主义市场经济对传统家庭伦理互惠关系影响的重要参照。

---

① [德] 滕尼斯:《共同体与社会——纯粹社会学的基本概念》,林荣远译,商务印书馆1999年版,第110页。
② [德] 滕尼斯:《共同体与社会——纯粹社会学的基本概念》,林荣远译,商务印书馆1999年版,第111页。
③ [美] 斯科特:《弱者的武器》,郑广怀、张敏、何江穗译,译林出版社2011年版,第220—221页。

第四章 市场经济与传统家庭伦理理性化的主要影响

古人有言:"天生民而立之君。"此即谓"民属社会,君属政治,则政治由社会而产生,亦即以社会为依归"①。简而言之政治奠立于家庭伦理、进而奠立于基本的社会制度之上。尽管君主专制瓦解,但是传统家庭伦理对社会秩序和政治秩序的影响仍然广泛存在。这就决定了传统家庭伦理的理性化不仅仅对家庭、家族共同体、社区产生重要影响,也对社会秩序和政治制度产生重要影响。传统经济活动附属于社会活动,传统家庭伦理对社会和政治的影响又决定了其对经济活动产生重要影响。其所形成的熟人社会与陌生人社会是现代经济制度尤其是市场经济发展的重要影响因素。与此同时,传统家庭伦理不仅是实现终极价值的方法或途径,同时也是终极价值本身的一部分。这就决定了在其影响下,家庭是自我意义和情感的寄托,与自我的建构密切联系起来。因而,传统家庭伦理的理性化又必然触及个体深层次的思想意识问题。概而言之,中国的传统家庭伦理对经济行为、政治制度和社会秩序以及个体的自我建构都有着深远的影响,谈论传统家庭伦理不能止于伦理道德本身,而应将之与整体的经济、政治、社会、文化等因素密切结合起来,系统地加以探讨。这些影响既有有利一面,也有不利一面,需辩证看待,以去其糟粕、取其精华。

---

① 钱穆:《晚学盲言》,广西师范大学出版社2004年版,第176页。

第四章　市场经济与传统家庭伦理理性化的主要影响

第一节　经济方面：经济崛起和经济制约共存

市场经济的发展是以广泛的社会信任的建立为前提的。传统家庭伦理影响下，在熟人社会内有牢固的信任，在陌生人社会则缺少必要的信任。这限制了市场交易的扩展。货币的广泛使用和被追逐，催生出对陌生社会中的某物的信任，进而形成了一种超越于地缘、血缘或其他关系之上的信任观念，为市场经济的发展奠定了基础。传统家庭伦理中的诚信、忠诚、和谐等思想有助于解决市场经济下的搭便车问题。其互惠观念有助于抑制贫富分化、避免社会动荡。在传统家庭伦理理性化过程中，这些道德观念被弱化了，不利于市场经济调节作用的有效发挥，也不利于其持续性发展。

一　有助于市场经济的深入发展

在传统家庭伦理影响下，一方面关注身份、地位、名誉胜过利得，另一方面整个社会被分成了熟人社会和陌生人社会。对利得的忽略导致了可计算的理性精神的缺失，限制了市场经济发展的社会前提。在熟人社会内有着以血缘、地缘或者其他因素所建立起来的牢固的社会信任。陌生人社会则充满了不信任和排斥。而社会信任是市场交易得以扩展、现代经济活动得以展开的前提。传统家庭伦理的理性化过程中，经济理性增加了，并消解了传统家庭伦理基础上所建立起来的信任关系，使社会信任扩展到陌生人社会之中，进而为市场经济的深入发展奠定了前提。

传统家庭伦理不仅是制约民主法治的重要因素，也是制约近代以来中国现代工业发展的重要因素。这种制约的根源在于以传统家庭伦理为核心的传统文化缺乏一种可计算的理性精神，而西方资本主义的发展正是得益于这一精神。韦伯认为："由中古城市发达的市民阶级所发展出来的、风格独特的各种制度，要不是完全不存在于中国，就是典型地展示出一种不同的面貌。资本主义'经营'的法律形式与社会学基础，在中国的经济里是没有的。在中国，经济上未曾出现理

◇◆◇　　市场经济与传统家庭伦理的理性化

性的切事化的特色，而可与意大利城市的商业法——企业非个人化之无可置疑的起点——相比拟。"① 理性的切事化精神具体体现在"日常经营的冷静、严密的合法性与有节制的理性动力；理性地计算技术上的最佳策略，与实际上的可靠性及方便的办法，而非传统主义式地享受相传下来的技术，或如古来艺匠一样经营作品特色的优美"②。为西方所独有的这种理性精神根源于基督教的内在结构中。灵魂的救赎是基督教信徒"生涯与事业的核心。他们的伦理目标及讲道的事迹影响全能锁定在这点上，亦即不外乎是纯粹宗教动机的结果"③。而个体只有在"安心成为神的工具时，才有获救的确信。因此，可以想象得到的最大的精神报偿，便在于以一种理性的、道德的生活方法论过活。只有当生活行为由坚定的原则所约束，并由一个统一的中心所控制时，才被认为是一种为神所喜的生活方式"④。正是宗教动机所引发的理性的思维模式成为西方资本主义工业发展的重要推动力。而在中国传统文化中，践履以孝道为核心的家庭伦理是实现天人合一、内圣外王的途径，也即是实现生命终极价值的途径。这一内在联系要求人们过一种符合儒家礼仪的生活，通过修炼道德不断接近或达致潜藏于人性中的至高的善。这一境界的实现则要不断"存天理、灭人欲"。而财富对于"一种有道德（亦即有尊严）的生活，对于将自己献身于自我完成的能力而言，是个最为重要的手段。因此，当被问及如何使人长进时，回答是'富之'，因为只有在富裕之后，才有办法过着'符合身份的'生活"⑤。这就很容易导致注重身份胜过关注利得，又进而导致可计算的理性手段和生活方法的被忽略。这种思想同

---

① ［德］马克斯·韦伯：《中国的宗教：儒教与道教》，康乐、简惠美译，广西师范大学出版社 2010 年版，第 133 页。
② ［德］马克斯·韦伯：《中国的宗教：儒教与道教》，康乐、简惠美译，广西师范大学出版社 2010 年版，第 324 页。
③ ［德］马克斯·韦伯：《新教伦理与资本主义精神》，康乐、简惠美译，广西师范大学出版社 2010 年版，第 67 页。
④ ［德］马克斯·韦伯：《中国的宗教：儒教与道教》，康乐、简惠美译，广西师范大学出版社 2010 年版，第 317 页。
⑤ ［德］马克斯·韦伯：《中国的宗教：儒教与道教》，康乐、简惠美译，广西师范大学出版社 2010 年版，第 323 页。

第四章 市场经济与传统家庭伦理理性化的主要影响

样存在于社会大众身上,以节约为例,其"对于中国的小市民阶级而言,就是储蓄。本质上这可比拟于农民将财富储藏于袜子里的方式。财富是用来维持丧葬礼仪、令名美誉,以及享受所有之物本身,正如禁欲主义尚未打破讲求财富享受的地区一般"①。也即对身份、荣誉、面子的关注胜过了对利得的关注。这些因素虽然有利于社会本身的稳定与持续,但是却在深层次上阻碍着中国近代工业的发展。虽然近代以来,尤其是晚清至民国时期,中国资本主义本身的发展已经推动了理性思维的发展。但在许多人的观念中,对身份、荣誉、地位的关注仍然胜过了对纯粹利得的关注,不利于现代工业发展的思想仍然普遍存在。

如前所述,中国的社会是以伦理为本位,由个体与他者构成的关系一轮一轮的扩展而去,形成了费孝通所谓的"差序格局"。在这一格局中,依据亲疏远近形成了熟人圈子或陌生人圈子。在前者中存在很强的信任关系,在后者中则充满了不信任。这种区分被地域、文化、民族等的差异进一步强化。契约或者交易的进行是以对对方的信任为前提的,因而,信任是市场经济的发展的前提。在中国的家庭、家族以及社区共同体内,社会关系受到伦理规范的约束,人与人之间的经济关系附着于对伦理义务之下,即使在城市经济共同体内部,也是受亲缘、同乡、师生等私人性的关系所支配。这深深地制约着有助于现代市场经济发展的可计算的"目的理性"的发展。韦伯认为:"伦理的宗教——尤其是基督教新的伦理的、禁欲的各教派——之伟大成就,即在于打断氏族的纽带。这些宗教建立起优越的信仰共同体,与伦理性的生活样式的共同体,而对立于血缘共同体,甚至,在很大的程度上与家庭相对立。从经济的角度上来看,这意味着将商业信用的基础建立在个人(于其切实的职业工作上所证明)的伦理资质上。"② 这意味着以传统家庭伦理及其扩大所建构起来的关系是建

---

① [德] 马克斯·韦伯:《中国的宗教:儒教与道教》,康乐、简惠美译,广西师范大学出版社2010年版,第322页。

② [德] 马克斯·韦伯:《中国的宗教:儒教与道教》,康乐、简惠美译,广西师范大学出版社2010年版,第313页。

◇◆◇　**市场经济与传统家庭伦理的理性化**

立现代市场的阻碍，只有打破这一纽带才能在更广大范围建立商业信用，才能突破地域、习俗、私人关系等对市场扩大的限制。传统家庭伦理还制约着一种"切事化""超越个人""抽象"的"目的理性"的发展。因为，"氏族凝聚性在中国之持续不绝，以及政治与经济组织形式之全然固着于个人关系上的性格。它们全都（相对而言，以一种相当引人侧目的方式）缺乏理性的实事求是，缺乏抽象的、超越个人的、目的团体的性格：从缺乏真正的'共同体'，尤其是在城市里，一直到缺乏全然客观地以目的为取向的、那种经济的结合体关系与经营等种种类型"[①]。这种可计算的"目的理性"的缺乏不仅导致了难以在手工业团体上生发出有助于市场经济发展的"利得观念"和经营理念，还造成中国"缺乏像西方那样为合股经营的自由工商组织所规制的一套稳固的、被公开承认的、形式的、并且可以信赖的法律基础。正是这样的法律基础，助长了西方中世纪手工业里的小资本主义的发展"[②]。法律的理性化使得私有财产得到合理的保障，是促成现代产权制度形成的重要条件，而产权制度又是市场经济得以不断发展的重要支撑。

传统家庭伦理理性化的本质在于，经济理性不断发展，以货币为内容的终极目的代替了以天人合一或来世与现世福报为内容的终极价值，价值理性和风俗习惯被消解，传统家庭伦理的内在动机消失了。后者的衰落使得传统社会中阻碍市场经济发展的一系列因素也随之弱化或者消失。市场经济同样必不可少的等价交换、公平竞争、优胜劣汰和以利益最大化为取向等基本原则，推动着更多的个体以可计算的、最大化的经济理性寻求尽可能多的物质财富，尤其是货币，对身份、荣誉、地位的关注越来越退居其后，如果它们和经济利益相冲突的话。韦伯所言的"切事化的""个人的""目的团体性格"的"目的理性"，在市场经济驱动下，越来越成为支配行为、进而支配经济

---

① ［德］马克斯·韦伯：《中国的宗教：儒教与道教》，康乐、简惠美译，广西师范大学出版社 2010 年版，第 318—319 页。

② ［德］马克斯·韦伯：《中国的宗教：儒教与道教》，康乐、简惠美译，广西师范大学出版社 2010 年版，第 49 页。

第四章 市场经济与传统家庭伦理理性化的主要影响

社会关系的深层因素。市场以自身的力量扫除着传统家庭伦理中阻碍其发展的因素,不断地为自身奠定进一步发展的基础。在市场经济中,货币作为一般等价物有力地推动着超越于熟人社会之上的、在陌生人之间建立广泛的信任关系。因为,"任何一个使用货币符号的人都依赖这样一种假设:那些他或她从未谋面的人也承认这些货币的价值。但是这里信任的,是货币本身,而不仅仅是(甚至主要地不是)信任那些用货币作具体交易的人"[1]。这意味着货币使不同团体、不同地域甚至不同国家之间的交易成为可能,从而使社会关系得以"从彼此互动的地域性关联中,从通过对不确定的时间的无限穿越而被重构的关联中'脱离出来'"[2]。正是由于这种脱域的实现,社会信任不再囿于熟人社会,地域、习俗、私人关系等限制市场经济发展的因素被逐步祛除了。冯友兰认为:"经过产业革命底社会里,一个有专门技艺底人,不能在他家内谋生。他必须离了他的家谋生,因此他的行动,即不能以家为本位,亦不必以家为本位。"[3]而这一转变的完成依赖于社会信任在陌生人社会的普遍建立。社会主义市场经济的发展,是以现代货币体系的建立健全为基础的,同时,也促进了现代意义上的信用体系的发展。信任绝不仅仅是以货币符号提供陌生人之间的信赖,还是"'信念'的一种形式,在其中对可能出现的结果持有信心表现为对某事物的信奉,而不只是认知意义上的理解"[4]。其中,"对某事物的信奉"暗含着对整个交易规则的信任以及交易者彼此双方的信任,这又降低了由于信息不对称所存在的交易成本,提升交易效率,促进市场经济的发展。综上可见,传统家庭伦理的理性化使得社会信任打破了熟人社会和陌生人社会的区隔,推动了市场交易的广

---

[1] [英]安东尼·吉登斯:《现代性的后果》,田禾译,译林出版社2000年版,第23页。
[2] [英]安东尼·吉登斯:《现代性的后果》,田禾译,译林出版社2000年版,第18页。
[3] 刘梦溪主编:《中国现代学术经典·冯友兰卷》,河北教育出版社1996年版,第249页。
[4] [英]安东尼·吉登斯:《现代性的后果》,田禾译,译林出版社2000年版,第24页。

◆◆◆　市场经济与传统家庭伦理的理性化

泛发展，降低了交易成本，从整体上奠定了市场经济发展的经济、社会、文化条件。

二　市场调节的整体效用被弱化

市场经济作为一种调节手段，存在着局限性，最典型的是搭便车问题。不仅在生态、安全、基础设施等方面存在着调节不足的问题，在个体作为职员的工作中，仍然存在着法律和制度难以调节的地方。因而，"习俗与道德"有助于弥补市场调节的不足。传统家庭伦理中所蕴含的诚实、守信、忠诚、和谐等观念有助于克服这些问题。在其理性化过程中，这些观念对经济行为的调节作用弱了，从而不利于市场调节作用的整体发挥。

在人类漫长的历史过程中，风俗习惯和价值理性背后的伦理道德观念不仅成为规范和引导社会行为的力量，也是分配资源、维持传统市场交易的重要保障因素。厉以宁将按习惯力量或道德力量进行的调节，与市场调节、政府调节并提，称之为第三种调节。其中，"习惯来自传统，来自群体的认同，而群体认同的基础是道德信念、道德原则，道德支持了习惯的存在与延续"[1]。市场经济是调节资源配置最为有效的手段，但其也存在着局限性，比较典型的是搭便车问题。在市场经济中，存在着个体享用政治、经济、社会等公共事物带来的安全、生态、便利等公共环境或秩序，个体不仅无须付出，还难以意识到自身不良行为对公共秩序或环境的危害。如涂尔干所言："市场的规模越大，就越迫切需要某些调控手段来抑制这种不稳定性。如上所述，这是因为整体优越于部分，社会越超出个体之外，个体从其自身中就越难以感受到他必须加以考虑的社会需求和社会利益。"[2] 在此一背景下，通过"习惯与道德"的调节来抑制或减少搭便车问题，对保障市场经济的有效运转具有重要作用。市场经济已经成为资源配

---

[1] 厉以宁：《超越市场与超越政府：论道德力量在经济中的作用》，经济科学出版社2010年版，第4页。

[2] ［法］涂尔干：《职业伦理与公民道德》，渠敬东译，商务印书馆2015年版，第18页。

第四章 市场经济与传统家庭伦理理性化的主要影响

置的决定性因素,因而市场调节和政府的宏观调控是主要手段,"习惯与道德"调节的范围和程度也随之大大减小。但是"习惯与道德"调节在"社会经济生活中的作用只是缩小了范围,降低了在调节方面的重要程度,但从未消失过。在市场力量与政府力量都调节不到的领域内,习惯力量、道德力量的调节作用依然起着重要作用"[1]。这种调节方式对于抑制市场机制难以规制的搭便车问题格外重要。在生产过程中,以计件劳动或者其他方法所进行的监督考核,在搭便车问题普遍存在的情况下,仍然避免不了偷懒、得过且过、偷工减料等影响整体效率的行为的发生。只有通过"习惯与道德"对劳动者内在行为准则或思想意识的约束,才能尽可能避免这一问题,在生产过程中的诸多考核监督才有效。因而,"习惯与道德"这一调节方式作为"在市场调节力量与政府力量达不到的领域内唯一起调节作用的调节方式"[2],对市场经济的有效运作具有重要意义。

"习惯与道德"调节不仅有助于市场效率的提升,还有助于法律调节作用的有效发挥。在市场经济中,法律是市场调节的基础性手段,但由于市场交易本身的复杂性,这一手段存在自身的局限。只有确保市场主体竞争、交易的公平与公开,交易才会持续进行。交易秩序的健康、良好是市场机制得以产生效果的前提。但是在交易过程中,坑蒙拐骗、商业欺诈、缺斤短两、牟取暴利等有违于道德的行为仍时有发生。法律作为一种恢复性的、惩罚性的约束准则,虽然对减少这种行为的发生起到了关键作用,但是面对交易发生的动态性、频繁性、庞杂性等,约束的全面性、及时性仍然存在不足。在这一情况下,加强"习惯与道德"调节,交易者"越能增强自律性,越能自觉地遵守商业道德,越能用法律来规范自己的交易活动,那么市场调节就越能充分发挥基础性调节作用,而法律的维护公平竞争和维护交

---

[1] 厉以宁:《超越市场与超越政府:论道德力量在经济中的作用》,经济科学出版社2010年版,第5页。
[2] 厉以宁:《超越市场与超越政府:论道德力量在经济中的作用》,经济科学出版社2010年版,第5页。

◆◆ 市场经济与传统家庭伦理的理性化

易秩序的作用也就越能体现出来"①。同时，在市场经济中，企业与个人都是市场的主体。在企业内部，存在着管理者和一般职工、上级和下级以及投资者和管理者等多层关系。在每一层关系背后都存在着表现为权利的利益，这些关系又往往由于信息的不对称造成了在维护自身利益方面的强势一方和弱势一方。法律作为一种救济原则是消极的，只有权利侵害程度达到法律适用标准的时候才能进行干预或救济。而现实中，许多侵权行为处于这一标准之下。这个时候由"习惯与道德"加以调节就有助于弱势一方权利的维护，进而有助于整个市场秩序的稳定。如涂尔干所言："经济生活必须得到规定，必须提出它自己的道德标准，只有这样，扰乱经济生活的冲突才能得到遏制，个体才不至于生活在道德真空之中。在道德的真空里，甚至连生命的血液都从个体道德中被抽掉了。"② 此外，市场经济中，还存在着一些非交易活动，而法律只是部分程度地界定了这些活动的边界，使"这些活动不得越过法律规定的界限，而在界限以内，要依靠习惯与道德力量的调节"③。

"习惯与道德"之所以具有调节效力，源于它们蕴含着由"家庭和学校教育反复灌输的那些价值观念，它们引导人们约束自己的行为，不采取像白搭车人那样的行为"④。传统家庭伦理中蕴含着有助于克服搭便车问题的道德规范，如诚实、忠诚、和为贵等等。虽然它们常存在于熟人社会，但是随着脱域的出现，市场的扩展，这种道德规范有可能被转换到市场交易中。信即是诚实不欺，"乃是人际关系的基本准则，也是企业经营的基本准则。古代商人经常以'货真价实、童叟无欺'为经营的企业，这在今日仍是必须提倡的。市场经济

---

① 厉以宁：《超越市场与超越政府：论道德力量在经济中的作用》，经济科学出版社 2010 年版，第 117 页。
② [法] 涂尔干：《职业伦理与公民道德》，渠敬东译，商务印书馆 2015 年版，第 14 页。
③ 厉以宁：《超越市场与超越政府：论道德力量在经济中的作用》，经济科学出版社 2010 年版，第 118 页。
④ [美] 道格拉斯·C. 诺思：《经济史上的结构和变革》，厉以平译，商务印书馆 1992 年版，第 54—55 页。

第四章　市场经济与传统家庭伦理理性化的主要影响

必须遵守信的道德"①。所谓人和即人与人在遇到纠纷或冲突时以协商解决为要。有子曰："礼之用，和为贵。"② 孟子曰："天时不如地利，地利不如人和。"③ 在交易或者生产过程中，保持和合就能"和气生财"。社会伦理由传统家庭伦理延伸而来，经济伦理亦如是。在传统家庭伦理理性化中，经济理性成为基本准则，货币成为终极目的，许多市场主体按有关成本与收益的简单的、享乐主义的和个人的计算来行事。这样一种以自我利益最大化为准则的行为取向，不仅会使得"懒惰"的、"工作上懒汉式"的和"得过且过混日子"的思想和行为逐渐增加，还使得市场交易中的商业欺诈行为、损害弱势者权利的行为、非法牟取暴利的行为不时出现。在社会经济生活中，如果"没有道德纪律，就不可能有社会功能，否则，便只剩下了个体的欲求了，既然这种欲求本身就是无限的、无法满足的，倘若它们得不到控制，也肯定不能控制自身"④。如果充满了私人欲求的市场主体得不到道德约束，法律的调节就会大打折扣，市场调节和政府调节的效用也会降低，市场交易秩序就会陷入一片混乱，市场机制本身最终也难以持续运转。

三　市场经济的持续发展受影响

在传统家庭伦理下，普遍存在着互惠关系。这一观念中更强调强者对弱者、富者对贫者的扶助或救济。这样一种互惠行为的广泛存在，是少数弱者或者贫困群体得以生存的重要因素，也因而是社会两极分化并导致社会动荡的潜在因素。在市场经济下追求公平竞争、优胜劣汰，在一定程度上带来了贫富分化。以追求利益最大化为取向的经济理性消解了互助互利的古老传统，会导致贫富分化的发展超出所允许的范围和程度，增加社会不稳定，并在最终程度上引发对市场经

---

① 《张岱年全集》第 7 卷，河北人民出版社 1996 年版，第 559 页。
② 《论语·学而第一》，张燕婴译注，中华书局 2006 年版，第 8 页。
③ 《孟子·公孙丑下》，万丽华、蓝旭译注，中华书局 2006 年版，第 67 页。
④ ［法］涂尔干：《职业伦理与公民道德》，渠敬东译，商务印书馆 2015 年版，第 11 页。

◇◆◇　市场经济与传统家庭伦理的理性化

济的反对，从而对其持续性发展不利。

马克思、恩格斯所处的年代是自由市场经济上升的时期，资本的逐利性驱使着资本家无休止地剥夺劳动者的剩余价值，带来大量的贫困群体。马克思指出："现代的工人却相反，他们并不是随着工业的进步而上升，而是越来越降到本阶级的生存条件以下。工人变成赤贫者，贫困比人口和财富增长得还要快。"① 正是贫困人口的大量增加，使得这一时期以自由市场为基础的资本主义制度出现了前所未有的矛盾，资产阶级"再不能做社会的统治阶级了，再不能把自己阶级的生存条件当做支配一切的规律强加于社会了。资产阶级不能统治下去了，因为它甚至不能保证自己的奴隶维持奴隶的生活，因为它不得不让自己的奴隶落到不能养活它反而要它来养活的地步。社会再不能在它统治下生存下去了，就是说，它的生存不再同社会相容了"②。一系列工人运动由此而兴起，如1834年法国里昂工人起义、1842年的英国宪章运动、1844年6月波西米亚印花工人起义等等。工人运动的普遍发生，是由自由市场所激发出来的矛盾——贫富分化——不断积聚的结果。对于社会主义市场经济而言，建立了以公有制为主体、多种所有制经济共同发展的基本经济制度，使私有制带来的上述弊端减少到了最低限度，并最终将加以消除。但是也应看到，市场机制在社会主义制度下仍然具有优胜劣汰作用，仍然会导致贫富分化。因为，在市场经济中，"收入和财富的不平等乃市场经济固有的特征，消除它，就无疑于完全消除市场经济"③。与此同时，市场经济固有的竞争，也"构成面对面的碰撞，所有力量都试图侵入对方的领地，或者将其打翻在地，斩草除根。当然，在与弱者的对抗中，强者会独占上风，使弱者屈尊于他的意志。然而，这种屈尊不过是一种事实的条件而已，并没有得到任何道德的承认"④。改革开放以来，基尼系

---

① 《马克思恩格斯选集》第1卷，人民出版社2012年版，第412页。
② 《马克思恩格斯选集》第1卷，人民出版社2012年版，第412页。
③ [奥]路德维希·冯·米塞斯：《人的行动：关于经济学的论文》，余晖译，上海人民出版社2013年版，第859页。
④ [法]涂尔干：《职业伦理与公民道德》，渠敬东译，商务印书馆2015年版，第12页。

第四章　市场经济与传统家庭伦理理性化的主要影响

数一直处于较高水平正是此一问题的具体体现。贫富分化，使在劳动力市场上处于弱势一方的群体长期处于贫困或接近贫困的状态，问题的持续会加剧社会矛盾。这一潜在的社会问题如果遇到其他因素的诱导或刺激迸发出来，政治和社会秩序的不安定最终也会使市场经济本身难以持续。

如前所述，互惠性是传统家庭伦理的重要特征。由此一伦理观念所延伸出来的家族、村落、社区的伦理观念中蕴含了一种道德情景，它由"一套有关富人和穷人关系的预期和偏好组成。一般说来，这些预期体现为资助、援助、关照以及能否获得帮助等习惯用语。它们适用于雇用、租佃、施舍、筵席举办以及日常的社会行为。它们意味着人们将对那些满足这些预期的人充满敬意、忠诚以及社会认可。直白地说，这涉及某种'名誉政治'，在此，遵守某种行为规范会使一个人获得好的名声"[1]。这一伦理观念在日常生活中集中体现在乡规民约、社区公约中。在市场经济下，经济理性支配了社会关系，对货币的追逐不仅被视为正当的，也被视为必要的。古老的乡规民约、社区公约趋于瓦解。对于强势群体而言，获得更多的以货币为代表的财富比通过牺牲物质利益获得敬意、忠诚或社会认可更符合经济理性，也更契合自身的需要，而对此关注多了，对弱势群体的义务就逐渐淡漠了。但在弱势群体的观念里，仍然是按照对其自身有利的古老道德情景来看待"富人"和"穷人"之间的关系，他们仍然希望被庇护、被援助和被同情。他们难以将市场经济下的经济理性与强势群体的上述转变联系起来，因而也难以理解这一转变的某种程度上的合理性、必然性。而是会确信，在这里起作用的是更遥远的以及非个人化的原因，然而，在这里，这些原因"被强调道德堕落、自私以及违犯社会礼节的视角所替代"[2]。从这里可以看出，对于弱势群体而言，希望自己获得庇护、援助、同情，对于强势群体而言，希望通过自己对弱

---

[1] [美] 斯科特：《弱者的武器》，郑广怀、张敏、何江穗译，译林出版社 2011 年版，第 226 页。
[2] [美] 斯科特：《弱者的武器》，郑广怀、张敏、何江穗译，译林出版社 2011 年版，第 222 页。

◆◆ 市场经济与传统家庭伦理的理性化

势群体的帮助而获得其敬意、忠诚或者社会认可。这意味着在弱势群体眼里，只有为其提供庇护、援助或者同情穷人的"富人"才是值得敬意、忠诚或者认可的。同时，对这一群体而言，通过施舍部分的财富获得弱势群体的敬意、忠诚或者社会认可是比舍弃这些精神性利益而获得财富更符合自身的整体利益。在传统家庭伦理基础上所建立的乡规民约、社区公约是支持这一倾向的。违背这些公约即被认为是不道德的、不合理的、不仁义的。乡规民约、社区公约往往被视为社会风气、社会环境的体现，而后者又往往被视为政治制度的体现或者政治政策的结果。这就使得当乡规民约、社区公约被视为不道德、不合理、不仁义的时候，社会风气和社会环境、进而政治制度和政策也被赋予了非道德、非合理、非仁义性。因而，如果经济理性过渡膨胀，强势群体过渡关注于个体的私利而忽略对弱势群体的帮助、救济、同情，后者的失落感便会增加，这又会进一步点燃对社会、进而对政治的抱怨和不满。

正是在上述道德情境基础上所建构起来的乡规民约、社区公约，维持着家族、村落、社区等共同体的平衡。这一平衡虽然是脆弱的，但是是至关重要的。它确保弱势群体不至于在遇到变故时无法生存。虽然党的十八大以来，精准扶贫深入推进，贫困人口大量减少，但绝对贫困人口减少了，相对贫困人口在农村还广泛存在着。在家族或者乡村共同体中，强势群体对弱势群体的帮扶对乡村的稳定同样具有重要意义，一种遇到生活困难时的暂时的接济，政府更是难以替代强势群体的作用。传统家庭伦理的互惠体现在，"在经济上皆彼此顾恤，互相负责；有不然者，群指目以为不义。此外，如许多祭田、义庄、义学等，为宗族间共有财产；如许多社仓、义仓、学田等，为乡党间共有财产；大都是作为救济孤寡贫乏，和补助教育之用。这本是从伦理上负责观念上，产生出来的一种措置和设备，却与团体生活颇相近似了"[①]。在理性化过程中，这种互惠性的伦理义务被淡漠了。尽管有政府的帮扶，但是仍处于相对贫困的事实，使得包括贫困人口在内

---

① 《梁漱溟全集》第 2 卷，山东人民出版社 1990 年版，第 83 页。

的弱势群体将强势群体的帮扶行为的减少或者消失,视为后者的不道德,进而将造成这一现象的制度也视为不公正、不道德。当这种潜在的矛盾不加限制地发展下去并由其他社会问题所诱导的时候,就会危害整个社会的稳定,并最终危及市场经济的持续性。在"田园诗般"的传统社会关系中,尽管有封建的、宗法的成分在,但是也蕴含着强势群体对弱势群体的体恤和救济的义务,当这种义务消解之后,剩下的更多的是金钱利害关系,前者对后者的怜悯、帮扶的动机日益减弱。在市场经济中,当包括农村在内的更大范围的强势群体对弱势群体的帮助、救济、怜悯的义务为赤裸裸的财富追逐所代替的时候,社会的潜在矛盾就会增强,社会和政治的不稳定性风险亦随之增加,并最终危及市场经济的持续健康发展。

第二节 政治方面:政治发展和政治挑战同在

传统家庭伦理通过移孝作忠、家国同构,奠定了封建政权的社会文化基础。这种影响具有双重性,一方面在这一伦理影响下所形成的恭顺心理是阻碍民主法治的重要因素,另一方面是促进政治稳定、进而使得中华民族得以延续至今的最为重要的因素。经济理性的增加瓦解了伦理得以延续的风俗习惯和价值理性,社会主义民主法治发展的深层次不利因素被减弱了,但是有助于政治稳定、政治认同的支撑性因素也随之减弱了。

一 民主法治观念增强

两千多年的漫长封建统治,君权神授是其合法性源泉。对古老的天能施予人间以福祸的信仰,促成了君主的卡里斯玛属性,是造成社会大众恭顺心理的重要因素,后起的道教和佛教在宗教的体系内将这一观念加以强化。虽然近代以来,废除了君主专制,1949年以后,又建立了人民民主的社会主义制度,但由于上述观念所促成的认知图式尚未彻底转变,社会大众仍然会将现代的某些卓越人物纳入旧的认知图式中加以认知。这阻碍了社会主义民主法治的发展。市场经济孕

◆◆ 市场经济与传统家庭伦理的理性化

育的经济理性瓦解了这一认知图式,增强了独立、自主、平等等观念意识,进而促进了民主法治的发展。

传统家庭伦理以孝道为核心,而于孝道又强调恭、顺、忠等观念,由此建构起影响深远的宗法等级,使得"等级、身份、和权威无论在大家族、小家庭还是地方社区往往都执行得非常严格"①。在这一伦理下,又将家庭伦理延伸为社会伦理和政治伦理,移孝作忠,家国同构,君父并重,每一种伦理都有相应的礼加之以规导,而礼本身带有等级色彩。延续两千多年的王权专制正是"在肯定等级和身份的价值的基础上建立起来的。它从不避讳国家权力对群体或个体的生活进行任意的、心血来潮、常常是野蛮的干涉"②。传统家庭伦理为此一制度提供最关键的支撑和保障。新文化运动以"打倒孔家店"作为埋葬君主专制、建立民主共和制度的最根本、最重要、最彻底之因素,实在是扼君主专制之要。从吴虞和鲁迅的批判中可见一斑。吴虞指出,儒家"莫不以孝为起点"的伦理教化,促使"孝乎为孝,是亦为政",从而使得"家族制度与专制政治,遂胶固而不可分析",亦由此把"中国弄成一个'制造顺民的大工厂'"。③ 这里明确地将孝道作为专制政治之恶的根源加以批判,凸显了其重要性。鲁迅写道:"我翻开历史一查,这历史没有年代,歪歪斜斜的每页都写着'仁义道德'几个字。我横竖睡不着,仔细看了半夜,才从这缝里看出来,满本都写着两个字'吃人'"④,正是传统家庭伦理中以孝道为核心的"仁义道德",宣扬恭顺、权威、等级等宗法观念,使个体丧失了独立性、自主性、丰富性,使其难以获得健全的人格。社会主义制度以党的领导、依法治国和人民当家作主相结合,积极发展党内民主、协商民主、人民民主等,使得社会大众享有了更为广泛、真实、全面的权利,恭顺、等级、权威等意识更多的已被民主、自由、平等等观念

---

① [美]本杰明·史华慈:《思想的跨度与张力:中国思想史论集》,中州古籍出版社2009年版,第86页。
② [美]本杰明·史华慈:《思想的跨度与张力:中国思想史论集》,中州古籍出版社2009年版,第125页。
③ 转引自《中国现代思想史资料简编》第1卷,浙江人民出版社1982年版,第369页。
④ 《鲁迅全集》第2卷,人民文学出版社1981年版,第256页。

第四章 市场经济与传统家庭伦理理性化的主要影响

所代替。但是客观上要看到传统家庭伦理仍然以不同程度、不同形式在影响着人们的思想和行为，因为，它已经由思想理论转化为一种文化——心理结构，它"在长久的中国社会中，已无孔不入地渗透广大人们的观念、行为、习俗、信仰、思维方式、情感状态……之中，自觉或不自觉地成为人们处理各种事物、关系和生活的指导原则和基本方针，亦即构成了这个民族的某种共同的心理状态和性格特征"[1]。这是传统社会中世界图式、终极价值、以小农经济为基础的生产生活方式所致，只有从社会内部孕育出强有力的消解这些因素的力量，这一问题方得以最大程度上的解决。

君主专制延续两千多年的因素除了传统家庭伦理的直接作用外，还有其背后的由古老的世界图式所促成的"君权神授"观念的规导作用。殷商时期，人格化的至上神的概念和功能已经清晰。殷人认为，帝主宰自然，可以降风雨、掌管人间福祸，也可赐人王以福祸。在商人的观念里，王朝的开创者为上帝直接所生。《商颂·玄鸟》："天命玄鸟，降而生商，宅殷土茫茫。"[2]《大雅·生民》："厥初生民，时维姜嫄。生民如何？克禋克祀，以弗无子。履帝武敏歆，攸介攸止。载震载夙，载生载育，时维后稷。"[3] 由于绝地通天，人王不能直接与上帝沟通，先公先王"克配天帝"，因而只有通过祭祀先公先王方可祈福于上帝。君王作为先公先王的后继者，自然成了祭拜的"最高祭祀"。君王献牺牲、与先公先王沟通的仪式性过程，具有了萨满的性质。萨满与神沟通的忘我状态"是和体质性的癫痫症联结在一起的，拥有这种症状和验证这种症状，及是卡里斯玛资格的证明"[4]。因而，对祭祀的独占赋予了君王至高的卡里斯玛属性。随着王权统治基础和范围的扩大，君王不仅需要与其具有亲缘关系的群体的支持，也需要更多的非亲缘群体的支持和忠诚。这推动着君王祭祀

---

[1] 李泽厚：《中国古代思想史论》，天津社会科学院出版社2003年版，第28页。
[2] 《诗经·商颂·玄鸟》，王秀梅译注，中华书局2015年版，第817页。
[3] 《诗经·大雅·生民》，王秀梅译注，中华书局2015年版，第623—624页。
[4] [德] 马克斯·韦伯：《支配社会学》，康乐、简惠美译，广西师范大学出版社2010年版，第254页。

◇◆◇　**市场经济与传统家庭伦理的理性化**

的对象由先公先王扩展至上帝,进而又独占了对上帝、后来演变为对天的祭祀,其卡里斯玛属性进一步增强。卡里斯玛属性影响社会大众的"心神变化",将由最高位置承担者所发出的要求,借着宗教性的不可违逆性而将之加以"内化"和"体验",其所带来的是"被支配者"的无条件的顺从。如韦伯所言,卡里斯玛和传统"两者的力量也都奠基于对恭顺关系、恭顺义务的归依上,而此种关系义务总是带有某种宗教的神圣性"①。这促使在中国传统文化中形成了一种深层的结构,社会大众倾向于对较高政治角色承担者的权威的顺从。这一结构仍然或大或小地影响着社会大众的思想和行为、进而影响着社会主义民主政治的发展。

　　传统家庭伦理理性化过程中,个体自由、平等、独立等观念的发展促进了社会主义民主政治的发展。梁漱溟认为,民主之发展,需要"我承认我,同时亦承认旁人",如此则有尊重旁人之意见、要求,生发出"讲理"之精神,进而注重"彼此平等",如此始有对个人自由之尊重。② 欲寻得承认他者、平等、讲理、尊重个人之权利,则需"划清群己权界人己权界"③。而此一目标的实现则又需要个体自我权利意识的增加。市场经济的有效运转以契约社会的形成为前提,只有个人能够根据自己的意愿自由地订立契约,交易才能实现和持续。而契约又蕴含着对权利和义务进行界定、划分和保障的必要。因而,社会主义市场经济的发展过程中,契约社会的形成不仅促进了个体自我权利和自由意识的增强,还使其以理性的、可计算的方式衡量自身与他者、与生产机构在内的关系,如此则"群己权界人己权界"逐渐清晰,从而为社会主义民主政治的发展奠定了重要前提。与此同时,在传统家庭伦理理性化过程中,天人合一、寻求现世或彼世机运的终极价值被对货币的追求所代替,对天的古老信仰衰落了,存在于民间

---

　　① [德]马克斯·韦伯:《支配社会学》,康乐、简惠美译,广西师范大学出版社2010年版,第273页。
　　② 刘梦溪主编:《中国现代学术经典·梁漱溟卷》,河北教育出版社1996年版,第463—464页。
　　③ 刘梦溪主编:《中国现代学术经典·梁漱溟卷》,河北教育出版社1996年版,第465页。

第四章　市场经济与传统家庭伦理理性化的主要影响

信仰中的道教和佛教的神仙体系的权威性也衰退了，经济理性的思维方式越来越支配整个社会，由天的信仰所促成的对权威的顺从也随之下降了。旧的思想的约束减弱了，为新的独立、自由、平等等观念的形成与发展提供了条件。这一过程虽然不是直接的传统家庭伦理的变迁所致，但是与之有密切的关系。在"大传统"中，儒家伦理的建构是本着"述而不作"的原则所进行的，将氏族社会的家父长权威及围绕此一权威所形成的一系列风俗习惯、人伦秩序、道德准则等加以抽象化、理论化、系统化，并赋予其至上性。这就是使得儒家的伦理有着在地缘、血缘基础上形成的感情、习惯、心理等因素的现实支撑。它是社会实体文化的建构和抽象。以"天道"喻人伦，既赋予人伦以超越性，通过终极价值的建构使对传统家庭伦理的遵循变成内在的需要，同时，家父长制下的亲情也使得对权威、等级、宗法的认知有着现实支撑，也即是说人间已有的并被亲情所支持的权威、等级、宗法使得"天道"的至上性、权威性、神圣性有了强烈的现实基础，进而才得以规导人的思想和行为。在"小传统"中，道教更是将传统生产生活方式和家父长制的社会现实及其伦理规约作为自己理论建构的基础和内容。佛教传入中国以后，在世俗化的过程中，同样如是。这意味着由古老的天的信仰所生发出来的对权威的顺从，虽然表现为传统家庭伦理背后的价值体系，但是前者必须通过后者才能产生对思想和行为的规导作用。因而，对古老天的信仰的衰落与传统家庭伦理的理性化密切相关。

二　核心意识不断弱化

在传统文化中，奠基于对价值理性基础之上的君主的卡里斯玛属性和移孝作忠，以及对宇宙空间秩序的看法，促成了一个以中央为服从指向的"深层文化结构"。在这一结构中，无论谁成为最高政治角色扮演者，都会被赋予"卡里斯玛属性"，从而获得特定的权威。这种结构所形成的向心力，是政治稳定的重要因素。市场经济所孕育的经济理性摧毁了"深层文化结构"赖以形成的古老的世界图式，进而瓦解了这一结构本身，其塑造的向心力也逐渐减弱。

◇◆◇　市场经济与传统家庭伦理的理性化

　　由前述可知，君王作为先公先王的后继者，独占了"最高祭祀"。祭祀的独占赋予了君王至高的卡里斯玛属性。此一属性与王位这一权力结构的结合，使"王位作为'政治'与'宗教'秩序二者的顶点，既为封建制度也为后代的官僚制提供了一种令人敬畏的象征性的基础"①。这种卡里斯玛的"日常的持久性拥有"孕育了中国传统文化的一个深层结构，"在社会的最顶点，有一个'神圣的位置'，那些控制这个位置的人，具有超越性力量，足以改变社会。从这个角度来说，位置本身比是谁占据这个位置更为重要"②。某一人物与此一客观结构的结合，便赋予其卡里斯玛性的支配力量。这一结构是封建统治者获取合法性的重要源泉，也是漫长封建历史得以绵延的深层次支撑因素。因而，可以说正是这一结构促成了中国政治的相对稳定。新中国成立以来，中国共产党建立了人民代表大会制度，由全国人民代表在充分代表人民意愿的基础上选举党的领导人，并及时将人民群众的意愿上升为党的政策。中国共产党坚持党的领导、依法治国和人民当家作主相结合。因而，中国共产党领导下的社会主义制度与"君权神授"下的王朝制度发生了根本的变化。但相对于社会层面而言，传统文化的深层结构尚存，其对政治和社会的影响也仍然存在。传统文化的深层结构，是缘于古老的具有灵性的天的认知而起，而这一认知仍被由不同形式的民间信仰所型塑的社会大众的世界图式所重新唤起或者强化。麦克金·麦里奥特在对印度的村落调查时发现，村民们"把一些梵语印度教的教义元素和宗教仪式改造成了他们地方性迷信膜拜的一部分"③。这意味着社会大众在接受外界的信息时，是将之纳入自己的带有神秘主义色彩的世界图式来加以认知的。与

---

　　①　[美]史华兹：《古代中国的思想世界》，程钢译，江苏人民出版社2008年版，第57页。
　　②　[美]本杰明·史华慈：《思想的跨度与张力：中国思想史论集》，中州古籍出版社2009年版，第132页。
　　③　[美]罗伯特·芮德菲尔德：《农民社会与文化：人类学对文明的一种诠释》，王莹译，中国社会科学出版社2013年版，第125页。

第四章 市场经济与传统家庭伦理理性化的主要影响

此同时,"所有的群众诉求都必然会具有'卡理斯玛的'特色"①。这样一种世界图式和特定的文化心理诉求的结合,使得传统文化的深层结构尽管受到现代政治、经济、文化、社会等因素的影响已经发生了显著变化,但仍然是将社会大众的政治情感导向对中央权力认同的重要推力,也依然是在社会层面塑造一种指向中央权威的核心意识的深层次推动因素。

传统文化的深层结构内含于传统家庭伦理中,并通过后者对行为和思想产生规导作用。这一深层结构推动着传统家庭伦理将社会大众的思想和行为导向对中央权威的政治认同,在中国社会内部塑造了一种向心力,从而使得两千多年来,中国内部虽几经变迁,但是仍然保持了大体的稳定。"父子、夫妇、兄弟、君臣、师生"五伦中,"父子、夫妇、兄弟"皆为家庭伦理,"君臣""师生"之伦理亦由孝悌延伸而来。移孝作忠,进而实现家国同构,是促成这一稳定的重要因素。季康子问曰:"使民敬、忠以劝,如之何?"子曰:"临之以庄则敬,孝慈则忠,举善而教不能则劝。"②孟子在孔子孝道思想基础上,着重强调了"谨庠序之教,申之以孝悌之义"③。教百姓以人伦,使"人人亲其亲、长其长,而天下平"④。荀子不仅通过礼的突出使孝道所建构起来的"贵贱有等,长幼有差,贫富轻重"⑤的宗法等级规范化、制度化,还强调"臣之于君也,下之于上也,若子之事父,弟之事兄"⑥。由孔子至孟子、荀子,以孝道为基础的"君君、臣臣、父父、子子"宗法等级思想,在实质上将氏族社会家父长制所自然需求并普遍存在的忠与孝相结合,孝忠并举、以"孝"显"忠"。由父、夫、兄的孝、恭、顺自然而然引起对君的忠,进而促成了以君为核心的文化向心力。这是确保封建政权相对稳定的重要因素。钱穆认为:

---

① [德] 马克斯·韦伯:《支配社会学》,康乐、简惠美译,广西师范大学出版社 2010 年版,第 287 页。
② 《论语·为政》,张燕婴译注,中华书局 2006 年版,第 21 页。
③ 《孟子·梁惠王上》,万丽华、蓝旭译注,中华书局 2006 年版,第 5 页。
④ 《孟子·离娄上》,万丽华、蓝旭译注,中华书局 2006 年版,第 156 页。
⑤ 《荀子·富国》,方勇、李波译注,中华书局 2015 年版,第 141 页。
⑥ 《荀子·议兵》,方勇、李波译注,中华书局 2015 年版,第 229 页。

◇◆◇　市场经济与传统家庭伦理的理性化

"迄于东汉，孝廉乃更成为选举之主要对象。而社会亦由此兴起了一大变。位居高官，纵廉亦不得无余财，退而居家，敬宗恤族，此亦一孝道。而又得不为一豪户。此下门第之兴，实与提倡孝廉有甚深之关系。而门第乃为此下中国社会一新景象，一新特色。政治乱与上，而社会得安于下。若非有门第，东晋亦无以南渡，南朝亦无以支撑。"①也即是说正是宗法伦理支撑了魏晋南北朝的政治稳定。而自两汉以降，"道统一尊之精神，由此乃不振。最著者则在师道上。唐代一和尚，可得尊奉为国师。每一僧侣，亦尽得师称。而士人乃循至无师。如是演变，岂不社会之基本已臻摇动。而上层政治自亦无安定之望"②。对政治稳定的促成正是传统文化深层结构中，由孝道所生发出的以"忠君"为内容的核心意识。新中国成立以后，政治、经济、社会发生了翻天覆地的变化，中国共产党从制度、政策、法律等多个层面倡导和确保人民大众的权利和主人翁地位。但在社会层面，孝道作为家庭伦理的核心或基础仍然没有在本质上改变，由其所引申出的对中央权力的认同也在不同程度上存在着。因而，传统家庭伦理所促成的核心意识仍然是政治稳定的重要因素。

传统家庭伦理理性化过程中，经济理性侵蚀了促成核心意识的价值理性和风俗习惯，进而削弱政治稳定的社会支撑。其一，经济理性蚀耗了对天的信仰。传统文化的深层结构赖以形成的深层因素是对天具有伦理惩罚性格的认知。《牧誓》云："今商王受，惟妇言是用，婚弃厥肆祀……今予发，惟恭行天之罚。"③ 即是说商王昏庸、偏听妇言，天予罚之。此处，天是施予惩罚的人格神。此一惩罚具有了一定的伦理性，因为"天之罚是与商王的这些德行的罪恶联系起来的"④。《大诰》云："予惟小子，不敢替上帝命。天休于宁王，兴我小邦周，宁王惟卜，用克绥受兹命。今天其相民，矧亦惟卜用。"⑤ 此即是说，占卜显示上天之意，应敬畏天意、顺从天命。如前所述，对古老的天

---

① 钱穆：《晚学盲言》，广西师范大学出版社 2004 年版，第 178 页。
② 钱穆：《晚学盲言》，广西师范大学出版社 2004 年版，第 179 页。
③ 《尚书·牧誓》，王世舜、王翠叶译注，中华书局 2012 年版，第 140 页。
④ 陈来：《古代宗教与伦理：儒家思想的根源》，北京大学出版社 2017 年版，第 197 页。
⑤ 《尚书·大诰》，王世舜、王翠叶译注，中华书局 2012 年版，第 172 页。

第四章 市场经济与传统家庭伦理理性化的主要影响

的信仰,尽管经过了孔子"敬鬼神而远之"的改造,人文性已经大大增加了,但孔子只是存而不论,并未从根本上将之弃绝。这可见之于"尽人事,听天命""谋事在人,成事在天"等惯常的用语中。这一信仰于"小传统"而言,更是在道教和佛教的神仙体系中赋予其人格化的色彩。因而,在社会层面,这种尽管大大褪色但仍然潜藏于社会大众认知图式中的对天的信仰,构成了传统文化深层结构的根基。在市场经济下,经济理性消解了价值理性和风俗习惯,对货币的追逐成为终极目的,天所施予伦理性惩罚的权威性和必要性都下降了,对其的信仰也随之瓦解了。如西美尔所言:"货币也经常容易很轻易地予人一种印象,以为它就是终极目的了;因为对于大多数的人来说,货币象征着目的论序列的终点,并提供给他们以各种兴趣统一联合的一个尺度、一种抽象的高度、对生活细节的统合,以致于它竟然减少了人们在宗教中寻找满足的需要。"① 中国文化的深层结构构筑于对古老的天的信仰之上,当后者瓦解时,前者的根基自然受到触动。其二,传统文化的深层结构还源于古人对天的空间秩序的认知。古人认为天的空间秩序由中央和四方构成,中央为要,四方相绕。如"东有启明,西有长庚","维南有箕,不可以簸扬,维北有斗"。②"事在四方,要在中央。圣人执要,四方来效"③ 思想也根源于此。这一观念仍然是对天的权威以及对天道的至上性尊崇的结果。当价值理性和风俗习惯衰落的时候,由中心和四方构成的空间秩序也消弭于经济理性之中,核心意识的深层根源进一步被动摇。其三,由传统家庭伦理所生发的文化的向心力奠基于伦理的宗法等级色彩之上。这一向心力存在的前提是个体对君君臣臣、父父子子等伦理规范的尊卑关系的认肯。而认肯的深层根源一方面是对天道喻人伦的认知。如《系辞下》曰:"天地设位,圣人成能,人谋鬼谋,百姓与能"④,这实质上将尊卑关系为天道所设定,以天道的权威性、神圣性强调个体在人

---

① [德] 西美尔:《货币哲学》,陈戎女、耿开君、文聘元译,华夏出版社2002年版,第167页。
② 《诗经·小雅·大东》,王秀梅译注,中华书局2015年版,第482页。
③ 《韩非子·扬权》,高华平、王齐洲、张三夕译注,中华书局2015年版,第59页。
④ 《周易·系辞下》,杨天才、张善文译注,中华书局2011年版,第641页。

伦中尊卑的不可逾越。另一方面是家父长制的存在,在市场经济下,个体的自我意识、平等意识、权利意识大大提升,传统家庭伦理所残存的宗法色彩被进一步消解了。孝道的内涵更多的呈现出血缘的爱,带有等级性的恭顺被磨平了,移孝作忠的前提不存在了。因而,由之形成的家国同构所促成的核心意识被削弱了。

三 政治认同受到冲击

政治权力是由一系列执行者来实施的。对后者的信任是认同前者的前提。在以传统伦理为主要内容的传统文化中,以"天道"喻人伦,人性内含"天道",以善为本。因而,权力执行者本性为善。与此同时,古代的权力执行者始于巫觋传统,科举考试又赋予了其特定的"卡里斯玛"属性。这两个方面都促进了社会大众对权力执行者的信任,也是政治认同的重要源泉。市场经济所孕育的经济理性消解了由古老的习俗和信仰所促成的认知,也弱化了一个促进政治认同的支撑性因素。

在西方的文化中存在着幽暗意识,其影响了西方社会对待权力的基本看法,进而影响了西方的政治制度。所谓幽暗意识是"以强烈的道德感为出发点的,惟其是从道德感出发,才能反映出黑暗势力之为'黑暗',之为'缺陷'"[1]。幽暗意识之所以生发出这种影响,源于西方宗教中对人性的看法。上帝造人的神话反映了西方文化中对人性的一种"双面性"的看法:"一方面,它承认每个人都是上帝所造,都有灵魂,故都有其不可侵犯的尊严。另一方面,人又有与始俱来的一种堕落趋势和罪恶潜能,因为人性这种双面性,人变成一种可上可下,'居间性'的动物,但是所谓'可上',却有其限度,人可以得救,却永远不能变得像神那样完美无缺。这也就是说,人永远不能神化。"[2]这就意味着每一个人无论其地位高低,天生都是罪恶的,都是不完美的。权力是由人来执行的,执行者作为人的不完美性造成滥

---

[1] 张灏:《幽暗意识与时代探索》,广东人民出版社2016年版,第2页。
[2] 张灏:《幽暗意识与时代探索》,广东人民出版社2016年版,第3页。

第四章　市场经济与传统家庭伦理理性化的主要影响

用权力的可能性。因而，需要"从客观制度着眼，对权力加以防范"①。而儒家则对人性有着更为积极的看法。这在孟子那里表现得最为明显。《公孙丑》云："人之所以异于禽兽者，几希。庶民去之，君子存之。舜明于庶物，察于人伦。由仁义行，非行仁义也。"即是说人与禽兽不同之处在于性之本善。在此处，"几希是生而即有的，所以可称之为性；几希即是仁义之端，本来是善的，所以可称之为性善"②。《公孙丑》又曰："人皆有不忍人之心……恻隐之心，仁之端也；羞恶之心，义之端也；辞让之心，礼之端也；是非之心，智之端也。人之有是四端，犹其有四体也"③，以及"仁义礼智，非由外铄我也，我固有之也，弗思而已"④。此几处皆意指仁义礼智为心善之内容，心善所以性善，性善源于心善，因而为人所内有和固有。儒家对人性的看法虽然也存在着"幽暗意识"，如荀子提出了"人之性恶，其善者伪也"⑤，但对人性的看法始终"没有淹没它基本的乐观精神。不论成德的过程是多么的艰难，人仍有体现至善，变成完人之可能"⑥。孟子所言"人人皆可以为尧舜"即为佐证。这导致了广大知识分子以及社会大众对待权力的基本态度，期待权力执行者通过内在德性的修炼，培养出"一个理想的人格主政，由内在的德性对权力加以净化"⑦。这里暗含着对权力执行者人性本善的乐观看法，以及对权力执行者通过修身养性致于"尧舜"的希冀和信任，由此生发出对政治权力及其执行者的信任和期待。政治权力在具体实施过程中，体现为一个个鲜活的权力执行者的政治行为。对后者的信任有助于促进前者的政治认同。

对政治权力执行者的信任还可以追溯到其角色的最初形成以及后来的录取过程。巫觋是远古社会施展巫术、祈求神之福佑的必不可少

---

① 张灏：《幽暗意识与时代探索》，广东人民出版社2016年版，第23页。
② 徐复观：《中国人性论史·先秦篇》，上海三联书店2001年版，第143页。
③ 《孟子·公孙丑》上，万丽华、蓝旭译注，中华书局2006年版，第69页。
④ 《孟子·告子》上，万丽华、蓝旭译注，中华书局2006年版，第245页。
⑤ 《荀子·性恶篇》，方勇、李波译注，中华书局2015年版，第375页。
⑥ 张灏：《幽暗意识与时代探索》，广东人民出版社2016年版，第21页。
⑦ 张灏：《幽暗意识与时代探索》，广东人民出版社2016年版，第23页。

◇◆◇ 市场经济与传统家庭伦理的理性化

的职业者。随着巫术文化人文性的增加,逐渐演变为一些负责神职的官吏。《千乘》云:"日历巫祝,执伎以守官,俟命而作,祈王年,祷民命,及畜谷蜚征庶虞草。"① 《女祝》云:"女祝掌王后之内祭祀,凡内祷祠之事。"② 可见,巫祝是先秦时期职掌神职的人员。这一时期出现的史官,如尹、工、史等,也从事祭祀、典仪、册告等一定的神职工作。如《左传》襄公二十七年云:"其祝史陈信于鬼神。"③《左传》昭公十七年云:"日有食之,祝史请所用币。"④ 这些官职都涉及对祭祀礼仪的熟悉、对天文历法的知晓、对史书知识的掌握等等,正是由于这些独特的专业性知识,其被赋予了卡里斯玛属性。如韦伯所言:"在中国,举凡礼仪之书、历表、史书的撰写,都可以追溯到史前时代。甚至在最古老的传统里,古代的文书记录也被认为是具有巫术性的,精通它们的人即被认为具有巫术性的卡里斯玛。"⑤ 因为,在社会大众的眼里,精通文书的人可以明辨天意、善断吉凶、知晓天象,因而被赋予了尊贵的地位。儒家的兴起,尤其是汉朝罢黜百家、独尊儒术以后,唯有精通文献与传统的人,"才被认为是够资格在仪式上与政治上,正确地指导国内的行政,以及君候正确的卡里斯玛生活样式的人"⑥。科举制度的实行,不仅强化了儒家经典文献的至高地位,还赋予了通过此一考试的人以卡里斯玛属性。秀才、举人、状元先后为各级官员所接见,名闻乡里,最后的状元更是被皇帝钦点。这些出类拔萃的人在社会大众的眼中,被"赋予了一种巫术性卡里斯玛的意义。在中国一般民众的眼里,一个高分通过科举考试的候选人与官吏,绝对不仅只是个在知识上够资格做官的人。他已证明

---

① 《大戴礼记·千乘》,黄怀信译注,上海古籍出版社2019年版,第213页。
② 《周礼·女祝》,徐正英、常佩雨译注,中华书局2014年版,第172页。
③ 《左传·襄公二十七年》,郭丹、程小青、李彬源译注,中华书局2012年版,第1416页。
④ 《左传·昭公十七年》,郭丹、程小青、李彬源译注,中华书局2012年版,第1843页。
⑤ [德]马克斯·韦伯:《中国的宗教:儒教与道教》,康乐、简惠美译,广西师范大学出版社2010年版,第159—160页。
⑥ [德]马克斯·韦伯:《中国的宗教:儒教与道教》,康乐、简惠美译,广西师范大学出版社2010年版,第161页。

第四章　市场经济与传统家庭伦理理性化的主要影响

拥有巫术性的特质。此种特质，我们将会看到，附着于一个检定通过的士大夫，就如同一个神宠教会组织中检定合格且通过试炼的教士所拥有的一样，或者亦如同一个通过其行会考验并证明的巫术所拥有的一样"[1]。因教育和考试所产生的威望深植于社会大众的心中。及至现在，精通各种知识、通过了多种重要考试的人，仍然被赋予了特定的"卡里斯玛"属性，被认为拥有众人所不具有的能力或天赋。公务员制度实施以来，公权力执行者不但拥有良好的学历，还经过竞争激烈的考试，在社会大众的世界图式中，仍然在一定程度上被赋予了"卡里斯玛"属性。此一认知，又必然伴随着一种信任和期待的潜意识的增强。

无论是对权力执行者的"人性本善"的普遍态度，还是因教育、知识、考试等因素赋予其某种程度的"卡里斯玛"属性的社会认知，都跟传统家庭伦理密切联结起来。对人性本善的客观看法从古老的世界图式中引发而来。这一图式认为，天地万物是一个整体，具有同样的体现了宇宙至高法则的天道，此一"天道"于人而言，即为人性，也即人性是"天道"在人身上的投射。如《西伯戡黎》云："故天弃我，不有康食。不虞天性，不迪率典。今我民罔弗欲丧，曰：'天曷不降威？'大命不挚，今王其如台？"[2] 其中，"不虞天性"，说明商人已思考诸种天象的基本属性或关系。《左传》襄公十四年师旷答复晋侯的话中有"天之爱民甚矣，岂其使一人肆于民上，以从其淫，而弃天地之性？必不然矣"[3]。这里的"性"即为天之本性。所以，以"天道"而示人性的思想的发展，决定了以诸种天象的本质、法则或关系探察人的本质属性。既然"天道"为至高法则，不仅具有绝对正确性，还怜悯于人间疾苦。如此，则权力执行者的本性中，总体而言是善的，从而具有道德的权威，也会悲悯大众苦楚。正是这一看法促成了社会大众对权力及其执行者的信任。但是，在这一图式中，对

---

[1] [德] 马克斯·韦伯：《中国的宗教：儒教与道教》，康乐、简惠美译，广西师范大学出版社2010年版，第183页。
[2] 《尚书·西伯戡黎》，王世舜、王翠叶译注，中华书局2012年版，第129页。
[3] 《左传·襄公十四年》，郭丹、程小青、李彬源译注，中华书局2012年版，第1207页。

◆◆ 市场经济与传统家庭伦理的理性化

"天道"的观念、对人性的看法,都与日常生活密切相关。在家父长制下,传统家庭伦理强调对尊者、长者、老者权威的尊重。这种尊重既基于其在年龄、经验、知识等方面的优势,也基于对其人性之善的肯定和期待。正是对父性本为慈、母性本为善、长者之性本为仁的普遍期许,才有着义务性的恭、顺、忠等观念和心理的形成。在家国同构、君父并重、以吏为师等背景下,对尊者、长者、老者的人性本善的看法便会由父母、长老、长者转移到君主、官吏身上。因而,可以说对"天道"的观念、对人性的乐观看法被强化了。对家父长、君主、官吏的本性为善的普遍态度和期许,而后者又使得抽象的天、天道、人性的至要、至善一面具有了以父母、君主、官吏的仁、慈、恩等可感知的因素为比照的可能,如此强化了对天的信仰、对人性的看法。与此同时,传统家庭伦理强调对权威的恭、顺、敬,这种宗法等级性使得建立在人性本善之上的对权力执行者的信任,建立在知识、教育、考试之上的对权力执行者的认同,进一步被强化。概而言之,传统家庭伦理及其背后的价值理性和风俗习惯共同塑造了对政治权力的认同。传统家庭伦理理性化过程中,一方面以货币为内容的终极目的消解了以天人合一或者以来世和现世福报为内容的终极价值,而由旧的终极价值所联结并不断被激活的世界图式瓦解了,对"天道""人性"的至要、至善的看法和态度改变了,其在社会层面所建构起来的对权力执行者人性本善的期许以及特定的"卡里斯玛"属性的认知也逐步消散了。另一方面对长者、尊者和老者的恭、顺、敬越来越被平等、独立、民主、自由等所代替,由前者所促成的对权力执行者人性本善的看法以及对其权威的服从也弱化了。由此,政治认同受到了冲击。

第三节　社会方面:社会发展和社会隐患并存

传统家庭伦理的衰落对社会产生了双重影响。从积极方面看,在传统家庭伦理影响下,社会是由私人关系所形成的社会网络,个体缺乏公共意识,公共参与效能感较弱。市场经济的发展打破了地缘、血

第四章 市场经济与传统家庭伦理理性化的主要影响

缘基础上形成的社会网络，个体作为市场主体从家庭走向社会、从熟人社会走向陌生人社会。个体的公共意识随之增强，公共参与能力随之提高，为社会主义民主发展奠定了基础。从消极方面看，以终极价值为核心的价值理性和风俗习惯，不仅为道德的践履提供了强烈的内在动机，也为整个社会提供了伦理的联结和意义的共享，二者是社会秩序的重要促成因素。市场经济的发展，使得经济理性扩张，旧的价值理性瓦解使得伦理动机消失，道德滑坡凸显，社会纽带松散，进而社会失序风险增加。

一 公共参与能力提升

在传统家庭伦理中，社会关系由家庭伦理延伸而来，是由一圈圈私人关系所组成的社会网络。个体一切以家庭为本，缺少家庭以外的公共活动，亦缺少公共意识。家庭的宗法色彩塑造了一套权威的参与模式。由此，个体家庭以外的公共参与能力较弱，参与效能感较低。社会主义市场经济打破了"熟人社会"，进入了以契约为联结的陌生人社会，契约促进了自由、平等、独立等观念意识发展，为社会主义民主法治的发展奠定了基础。

无论是在大传统中，还是小传统中，"自我实现"皆是需要通过亲近的人来完成的，这种观念塑造了以家庭为本位的伦理观念，形成了费孝通所谓的差序格局。在此格局中，"社会关系是逐渐从一个一个人推出去的，是私人联系的增加，社会范围是一根根私人联系所构成的网络"[①]。伦理规范型构着特定的行为框架，促进和抑制某种社会关系的形成与发展。既然传统社会的社会关系是以私人关系所建构的社会网络，其伦理规范亦是维护"私德"为主。在这一观念之下，父子、夫妻、兄弟、师生、朋友等由家庭延伸出来的社会关系成为基本范畴，职业的、宗教的、经济的居于次要地位，前者抑制了后者的发展。而在基督教影响下，个人的自我实现与上帝密切联系起来，包括父母、夫妻、兄弟、师生等亲近的人都无助于甚至有害于这一目的

---

① 《费孝通全集》第6卷，内蒙古人民出版社2009年版，第131页。

◇◆◇　市场经济与传统家庭伦理的理性化

的实现,这使得个体只能依赖于上帝、进而依赖于上帝在人间的代表——教会——去实现自我。由此而生发的伦理规范是超越于家庭之上的,家庭关系的相对弱化,促成了职业的、宗教的、经济的等社会关系的凸显,这一关系促进了其个体公共观念的增加。相较于此,中国的传统社会则缺乏公共观念。所谓公共观念,是指"国民之于其国,地方人之于其地方,教徒之于其教,党员之于其党,合作社员之于其社……如是之类的观念。中国人,于身家而外漠不关心,素来缺乏于此"①。公共观念的缺乏导致了典型的"各人自扫门前雪、休管他人瓦上霜"的自私、散漫心态。这种心态下,"一说是公家的,差不多就是说大家可以占一点便宜的意思,有权利而没有义务了"②。新中国成立以来,虽然一系列群众运动、社会主义教育运动的开展,对增强社会大众的公共意识起到了一定促进作用,但是基本的问题并没有发生实质改变。因为,这样一种观念的形成是传统家庭伦理以家庭为本位和以血缘、地缘作为亲疏远近所致,其深层次的因素一方面是传统家庭伦理作为实现终极价值的方法或途径,使得自我的实现必须通过最亲近的他者的参与;另一方面是在相对封闭的农业社会的生产生活方式下,世代繁衍、毗邻而居、相互协作,为传统家庭伦理的延续提供了适宜的"土壤"。这些成因在改革开放以前并没有发生实质上的变迁。市场经济推动了经济理性的发展,以货币为内容的终极目的代替天人合一或来世与现世福报为内容的终极价值,个体的自我实现不再必须通过他者的参与而完成,自我与家庭的数千年的内在联结由此被割裂。与此同时,随着社会主义市场经济的确立,越来越多的人从农业转向工业、服务业,从农村走向城市,从血缘和地缘所促成的熟人关系中步入因职业、经济、爱好等因素所结成的团体中,前者虽然仍旧是中国社会的基本特征,但是后者越来越成为社会结构中的突出部分。传统家庭伦理中以家庭为本位、以血缘和地缘决定亲疏远近的观念不仅失去了其终极价值的内在联结,也失去了社会现实的

---

① 《梁漱溟全集》第3卷,山东人民出版社1990年版,第71页。
② 《费孝通全集》第6卷,内蒙古人民出版社2009年版,第125页。

第四章 市场经济与传统家庭伦理理性化的主要影响

支撑。由此，"私德"开始衰落了，"公德"——公共观念——随之增加了。诚如梁漱溟所言："宗法制度之破灭，超家族的组织之开出，实以这种新精神之为先。"①

公共观念的缺乏降低了社会大众对公共事务的参与效能感。所谓效能感是指个人参与某一项事物中对自身能力的信心和对社会的信任。英格尔斯指出："现代人是一种有效能感的人。效能的意义并不仅限于人能控制自然的感觉上。它还包括另一层意义，即相信人性能够改变，相信人类能够解决自身的问题，相信人能够对社会的弊端进行改造和有效的干预。"② 传统家庭伦理中，是以父为子纲、夫为妇纲、君为臣纲等为基本倾向的，这会在家庭生活中形成一种权威参与模式，进而形成一种权威人格。这一人格将自身的诉求或欲望的实现建立于对"尊"者的依赖之上，这一过程中缺少将自身作为一个独立的个体参与事物的能力，在公共事务上，总是倾向于信赖或者依赖"尊"者的观念、态度、意见等等，缺少自身的独立思考。由于公共事务中的伦理观念和行为规范由传统家庭伦理延伸而来，参与的权威模式便自然被移于其中了。公共事务的参与过度地依赖于"尊者"的权威态度或意见，便缺少对自身参与公共事务的能力的信心。林语堂认为："一个人可以有参与精神，那是在个人权利有保障的条件下，他只注意不犯诽谤罪就行了。然而没有这种保障的时候，我们自我保护的本能告诉我们，消极避世是我们个人自由的最好的宪法保证。"③这种宿命论的、避世的消极参与心理不仅仅和缺少制度对个体权利的保障相关，还是上述家庭参与模式被移植于公共事务参与中的结果。在传统家庭伦理理性化过程中，社会大众的公共意识增强了，其活动也不再仅仅局限于由血缘或地缘关系所编织的活动范围内。而在以职业、经济、兴趣等因素基础上所形成的团体的参与中，成员之间的关系摆脱了由宗法制度所建构起来的尊卑、亲疏、远近等的影响，成员

---

① 《梁漱溟全集》第 3 卷，山东人民出版社 1990 年版，第 56 页。
② [美] 英格尔斯：《人的现代化》，殷陆君译，四川人民出版社 1985 年版，第 27 页。
③ 林语堂：《中国人》，郝赤东、沈益洪译，学林出版社 1994 年版，第 62 页。

◆◆◆　市场经济与传统家庭伦理的理性化

之间的平等性、自由性、自主性大大增加了。在此影响下，个体对公共事务参与的能力和信心都有了显著提升，其参与效能感增加了。这种效能感集中表现于个体"对自己能力的信心上，他觉得自己有能力独自或同别人合作去组织他的生活，能够对付和控制生活给他带来的挑战，无论这些挑战是来自个人、人与人之间、团体、国家乃至国际"①。虽然旧有的权威参与模式还有着固有的影响，但是新的参与模式越来越奠立于有着不断提高的参与效能感的个体基础之上，而且越来越成为支配性的参与模式。

公共观念和参与效能感的提升对整个社会结构、进而对政治结构产生了深远的影响。传统家庭伦理所实现的家国同构，决定了家庭制度对社会结构进而对政治结构的影响。梁启超认为，中国只有乡自治而无市自治。在乡自治中，"除纳钱粮外，以讼狱极少，几于地方官府全无交涉。窃意国内具此规模者，尚所在多有。虽其间亦恒视得人与否成绩之等差；然大体盖相去之不远。此盖宗法社会蜕余之遗影，以极自然的互助精神，作简单合理之组织，其于中国全社会生存及发展，盖有极重大之关系"②。托克维尔则认为，一个国家的政治制度奠基于其习惯、思想和民情之上。众多的乡镇则是习惯、思想和民情最集中表现之处，因而成为政治制度的基础。乡镇组织之于自由，"犹如小学之于授课。乡镇组织将自由带给人民，教导人民安享自由和学会让自由为他们服务。在没有乡镇组织的条件下，一个国家虽然可以建立一个自由的政府，但它没有自由的精神。"③ 他进一步阐述到，乡镇居民"在力所能及的有限范围内，试着去管理社会，使自己习惯于自由赖以实现的组织形式，而没有这种组织形式，自由只有靠革命来实现。他们体会到这种组织形式的好处，产生了遵守秩序的志

---

① [美]英格尔斯：《人的现代化》，殷陆君译，四川人民出版社1985年版，第27页。
② 《梁启超全集》第13集，中国人民大学出版社2018年版，第141—142页。
③ [法]托克维尔：《论美国的民主》（上卷），董果良译，商务印书馆2013年版，第74页。

第四章 市场经济与传统家庭伦理理性化的主要影响

趣,理解了权力和谐的优点,并对他们的义务的性质和权利范围终于形成明确的和切合实际的概念"[1]。同样是乡镇自治,为何于中国而生发出专制制度,于美国则孕育出民主制度呢?这源于自治的形式以及最深层的自治精神的不同。中国传统社会的乡镇自治虽然没有官方权力的过多的直接干预,但是建立在传统家庭伦理的宗法制度之上,也即以家父长权威、长老政治、乡贤政治为基本的权威模式,其自治的核心精神仍然是父子、夫妇、兄弟、君臣、师生等一套尊卑伦理观念,其内在的实质是权威的、等级的、尊卑的。乡镇自治中的权威者仍然遵循的是忠君爱国的基本理念。因而,这里的自治只是形式的,而无内在的。这也是"中国社会所以数千年生存发展,可大可久的基础。一定要认识它,乃认识得中国文化"[2]。美国的乡镇自治是基于职业、宗教、经济等关系之上的,是平等的、自由的,进而是民主的。这里的权力模式是多数意见之上的民主,而非基于家父长、长老或者乡贤的权威,美国的民主正是奠立于此基础之上。传统家庭伦理的理性化伴随着宗法制度的解体,以及家父长、长老、乡贤权威的消解。那种由传统家庭伦理所孕育出来的以宗法关系为基本内容的社会制度逐步瓦解了,奠立于此一制度之上的权威模式在市场经济下再也找不到其延续并发展的土壤,只能随之逐步弱化直至消失。正是这样一种社会结构的改变,为自由、民主、平等、法治等为价值内核的社会主义民主政治的不断发展奠定了观念前提和社会支撑。

二 道德滑坡问题凸显

终极价值反映着个体对生命永恒的渴望,也因而是支配个体行为的最强烈动机。在"大传统"中终极价值的实现是以对"仁"的践履为方法,也即遵循以家庭伦理以及更广泛范围上的伦理道德来实现。在"小传统"中,终极价值更是以"积德行善"来实现的。这意味着传统家庭伦理与终极价值的联结,会促使在家庭、家族、村落

---

[1] [法]托克维尔:《论美国的民主》(上卷),董果良译,商务印书馆2013年版,第84页。
[2] 《梁漱溟全集》第3卷,山东人民出版社1990年版,第74页。

◇◆◇　市场经济与传统家庭伦理的理性化

及至整个社会范围内良好的道德观念的形成与发展。传统家庭伦理的理性化使得其对道德的促成作用被弱化甚至消失了。

中国文化的理性化过程，是巫术力量逐渐衰退的过程。巫术性的力量是人类社会早期，试图消除自然灾害、疾病与死亡的困扰中所逐步形成的。人们相信能借助这种神秘的力量，摆脱自然的某些方面的控制，并"能够抵制和破除对死亡的恐惧"[①]。然而，巫术所激发的这种克服对灾难和死亡之恐惧的感情，加深了对其力量的依赖。这种依赖往往缘于对巫术力量本身的顺从、敬畏甚至恐惧，因而，这种依赖也往往是被动的、消极的、无助的。在魏晋南北朝时期，巫术性力量仍然禁锢着人们的思想，"在这样一片纷乱迷惑的心理氛围中，人变得惶惑不安、心遥神荡，自己觉得自己越来越渺小，于是鬼神在人们心目中越发膨胀起来，矗立在人们面前，人们只好伏地战栗，向这些虚幻的东西祈求生存与健康"[②]。儒家的以孝道为核心的伦理的发展、佛教因果报应观念的传播以及道教对这一观念的吸收，都促使消解现世的灾厄或求得彼世的机运，不再被动地、消极地依赖于巫术力量，转而依赖自身行为的善。这一转变，将原本由巫术性力量所驱动的对宗法伦理的遵循，转变成一种为了接近或获取至高的善、同时也为了接近或获取自我生命的终极价值所进行的自发的、内在的追求。这意味着道德观念被赋予了实现终极价值的重要性，也即道德被赋予了强烈的内在动机。正如卡希尔所言："人的全部生活成了为正义而进行的不间断斗争。'善的思想、善的词语、善的行为'这个三一体在这种斗争中起着最主要的作用。人们不再靠巫术的力量而是靠正义的力量去寻求或接近上帝。从现在起，人的日常实践生活中没有一个个别步骤在宗教和道德的意义上被看成是无关紧要或中立的。"[③] 这可清晰地见之于卡尔文教的终极价值与道德观念的因果逻辑中。在卡

---

①　[德]卡西尔：《人论：人类文化哲学导引》，甘阳译，上海译文出版社2013年版，第146页。
②　葛兆光：《道教与中国文化》，上海人民出版社1987年版，第146页。
③　[德]卡西尔：《人论：人类文化哲学导引》，甘阳译，上海译文出版社2013年版，第146页。

第四章　市场经济与传统家庭伦理理性化的主要影响

尔文派教义中,只有"选民才真正具备有效的信仰,也只有选民才能通过再生及因此而来的整个生命的圣化,用真正的而不只是虚有其表的善功来增加神的荣耀。在其中,他自觉的行为,至少在基本性格上与恒久的决意上,是奠基在自己心里为增耀神之光荣而作用的力量,因而并不只是神的意志所致,同时尤其是神的作为所致,以此自觉,他达到此一宗教所追求的最高善境,亦即恩宠的确定"①。这意味着一种表征了善功的伦理的生活样式,为救赎确证提供了可见的基础,使信仰变成了"有效的信仰",进而能获得神的恩宠的确证。在此,伦理道德的践履是为了神的荣耀、为了追求最高的善,也为了自我的完成,因而是自觉的、积极的、主动的。宗教动机影响下的行为的模式化缘于宗教性伦理的体系化,其途径有二:一是"各个道德行为与不道德行为被一一分开来评价,然后追求救赎者便依此被加分或减分"②;二是"将各别的业绩认定为不过是相应其伦理的全体人格的表征与呈现"③。这一意义既是神圣的,也是至关重要的,促成了自我对一种伦理道德的遵循变成了内在的、自觉的、积极的,而不是外在的、被动的、负重的。

这种终极价值与道德动机的内在逻辑同样存在于中国传统家庭伦理中。如前所述,自我的实现只有在与他者的关系中才能完成。社会关系是人赖以实现的切身之物之中最为重要的,对自我作为天地万物的整体性的必不可少的一部分的认识也是从与他者的关系中最先感知到的。从人类文化学上讲,"人在本质上是一种自我塑造和再塑造的过程,一个符号操作者、信息交换者和沟通者、劝说者和操作者和探究者"④。我们是在彼此分享目的、价值和意义的过程中被创造出来的。所以《雍也》云:"子贡曰:'如有博施于民而能济众,何如?

---

① [德]马克斯·韦伯:《新教伦理与资本主义精神》:康乐、简惠美译,广西师范大学出版社2007年版,第96—97页。
② [德]马克斯·韦伯:《宗教社会学;宗教与世界》,康乐、简惠美译,广西师范大学出版社2010年版,第196页。
③ [德]马克斯·韦伯:《宗教社会学;宗教与世界》,康乐、简惠美译,广西师范大学出版社2010年版,第197页。
④ 转引自《杜维明文集》第3卷,武汉出版社2002年版,第269—270页。

◆◇◆　　市场经济与传统家庭伦理的理性化

可谓仁乎？'子曰：'何事于仁，必也圣乎！尧、舜其犹病诸！夫仁者，己欲立而立人，己欲达而达人。能近取譬，可谓仁之方也已。'"[1] 这些都意味着自我人格的完善只有在他者的参与下才能完成，这一完善需要他者"提供我们生存下去的养分，成长的环境，以及据以进行创造的象征符号的资源"[2]。也只有在与他者的互动中才能实现自我。在中国传统文化中，他者首先是与自身最亲近的人，但又不仅仅包括亲近的人。传统家庭伦理孕育了以孝、悌、忠、信为基本内容的伦理观念。如"孝悌也者，其为仁之本与"[3]，"为人谋而不忠乎？与朋友交而不信乎"[4]，"弟子入则孝，出则悌，谨而信，泛爱众，而亲仁"[5]。生活态度实现内在统一性的必要促使这些规范扩延到乡邻、师生、朋友等熟人群体中。当个体由家庭进入工厂、企业、单位等类似的社区时，又容易以这些规范建构社区关系。因而，传统家庭伦理中以孝道为基础，通过修养身心实现内在超越的逻辑架构，有助于维护整个社会道德规范的有效性。在"小传统"中同样存在着类似的关系。因果报应观念是佛教的观念体系中的重要部分，也是佛教传入中国以后，对社会产生深刻影响的重要因素。此一观念认为："人生的命运是自身思想行为的报应，自作善恶，自受苦乐，个人承担自身思想行为的后果。今世的贫富寿夭是前行思想行为的结果，今世的思想行为又决定了来世的命运。"[6] 正是个人的善行或恶行，引起"人在前世、现世和来世三世间轮回，相继在前生世界、现世世界和死后世界生活"[7]。也即自我的行为的善恶与自我的现世或来世命运的好坏密切相关。《三报论》云："倚伏之契，定于在昔，

---

[1] 《论语·雍也》，张燕婴译注，中华书局2006年版，第83—84页。
[2] 《杜维明文集》第3卷，武汉出版社2002年版，第322页。
[3] 《论语·学而》，张燕婴译注，中华书局2006年版，第2页。
[4] 《论语·学而》，张燕婴译注，中华书局2006年版，第3页。
[5] 《论语·学而》，张燕婴译注，中华书局2006年版，第4页。
[6] 《方立天文集·中国佛教哲学要义》（全2册），中国人民大学出版社2012年版，第46页。
[7] 《方立天文集·中国佛教哲学要义》（全2册），中国人民大学出版社2012年版，第65页。

第四章 市场经济与传统家庭伦理理性化的主要影响

冥府告命，潜相回换。故令福祸之气，交谢于六府；善恶之报，舛互而两行。"① 此即说善恶有报是不可逃之命运。《释达性论》云："凡气数之内，无不感对，施报之道，必然之符"②；"涉生死之变，泯然无概；步祸福之地，而夷心不怛；乐天知命，安时处顺耳"③。此皆是在强调善恶报应对于芸芸众生是不可逃脱之命运。如前所述，欲获得现世或后世的福报这一终极价值，需要履行以孝道为核心的家庭伦理。如此，对以孝道为核心的家庭伦理的遵循成了一种最为紧要的"善功"。生活态度内在统一的必要同样会促使个体将家庭伦理运用于较为熟悉的人际关系上或者其他所生活与工作的社区中。概而言之，传统家庭伦理是支撑整个社会规范体系的基石。

在传统家庭伦理理性化过程中，一方面建构于其之上的终极意义消失了，由此而生的自我的快乐、宁静、幸福感等精神性慰藉也随之消失了。另一方面以孝道为核心的传统家庭伦理作为实现终极意义的途径或方法的功用不存在了，潜藏于其中的伦理的效用也大大降低了，由此衍生出来的社会道德的基础被削弱了，道德失范出现了。与此同时，在"小传统"中，积德行善是实现终极意义的主要方法，终极意义是引导人们积德行善的内在动力，当对货币的追逐成为终极目的后，其不能如同民间信仰中的神仙体系或者人格化的天一样施予伦理性惩罚，故而不能导人以善。道德失范带来了一系列的社会问题，这些问题集中体现为犯罪率的增加、性关系的混乱、教育资源的虚耗、社会信任的缺失等等。如帕森斯所言："社会、至少社会的主要方面之一，在涂尔干的严格意义上是一种道德现象。对支持这个命题的基本事实可以简要阐述如下：对人类行动的分析表明，脱离终极价值体系就不能理解人类行动。按照手段——目的的关系，这些终极价值本身就是合理的，而不是实现任何进一步的目的的手段。同时，这些终极价值就把义务赋予了个人，因为它们就其他而言就是善，并不是为了某物（亦即作为达到某物的手段）才是善；追求善的普遍

---

① 石俊等编：《中国佛教思想资料选编》第1册，中华书局2013年版，第19页。
② 《弘明集·释达性论》（上），中华书局2013年版，第230页。
③ 《弘明集·正诬论》（上），中华书局2013年版，第89页。

◇◆◇　市场经济与传统家庭伦理的理性化

义务，就是要去追求这些终极的价值。"[1] 传统家庭伦理的理性化还导致了社会资本的减少。所谓社会资本是指，"一套为某一群体成员共享并能使其形成合作的非正式的价值和规范。如果群体中的成员希望其他成员所作所为诚实可靠，那么他们就会开始建立彼此间的信任。信任就像润滑剂一样，帮助集体和组织的运转更加有效"[2]。如前所述，中国传统家庭伦理有着显著的互惠、友爱、信任等特征，并延伸到师生、乡邻、朋友等社区关系中。因而，"家庭无论在哪儿都显然是社会资本的重要来源"[3]。传统家庭伦理所扩展而来的道德体系，在实质上形成了一种行为规范，对于社区内的个体行为有着有效的约束力。福山认为："社区中有正式和非正式的建立规范、控制和惩处越轨的手段。理想的情况是，控制犯罪的最佳形式不是一支庞大的、具有强制力的警察队伍，而应该是这样一种社会，它首先让青年人适应社会从而遵守纪律，继而通过非正式的社区影响力引导违法者回归社会主流。"[4] 传统家庭伦理不仅含括了一种秩序原则，如尊老爱幼，也提供了合作的规范，如互惠、信任、友好，二者可以将个体约束在主流社会内。而这一伦理的约束性的下降，则为犯罪的滋长提供了条件。传统家庭伦理的理性化还导致了极端行为——如自杀——的增加。涂尔干认为，一个集体中一般存在着典型的道德，它是"利己主义、利他主义和一定程度的反常在不同的社会中按不同比例的组合"[5]。当"这种三种思潮相互克制时，道德因素处于一种使人不受自杀念头侵袭的均衡状态。但当其中之一的强度超过其余二者一定程度时，由于那些已经说过的原因，它便在个体化时成为自杀的诱

---

[1] ［美］塔尔科特·帕森斯：《社会行动的结构》，张明德、夏遇南、彭刚译，译林出版社 2008 年版，第 385 页。
[2] ［美］弗朗西斯·福山：《大断裂：人类本性与社会秩序的重建》，唐磊译，广西师范大学出版社 2015 年版，第 21 页。
[3] ［美］弗朗西斯·福山：《大断裂：人类本性与社会秩序的重建》，唐磊译，广西师范大学出版社 2015 年版，第 22 页。
[4] ［美］弗朗西斯·福山：《大断裂：人类本性与社会秩序的重建》，唐磊译，广西师范大学出版社 2015 年版，第 32 页。
[5] ［法］迪尔凯姆：《自杀论》，冯韵文译，商务印书馆 2001 年版，第 346 页。

第四章　市场经济与传统家庭伦理理性化的主要影响

因"①。这三种思潮同样存在于当前的社会内。家庭伦理的理性化过程中,经济理性不断发展,利己主义过度膨胀,导致三种思潮失衡,进而致使社会自杀率增加。自杀行为是反常行为的一种,失衡还会导致一系列极端社会行为的产生,如报复社会的极端行为。

三　社会失序风险增加

在传统社会中,社会是由传统家庭伦理扩延而来的私人网络。因而,传统家庭伦理是连接社会的纽带,进而是促成社会散而不乱的支撑性因素。与此同时,围绕着终极价值所形成的一系列意义体系构成了中华民族共同的信仰,提供了共同的情感、记忆、方向,是社会整合的重要因素。随着市场经济的发展,经济理性消解了价值理性和风俗习惯,进而瓦解了传统家庭伦理,由之提供的这种联结社会纽带和意义的整合亦随之消失。

中国传统社会是家国同构。如前所述,家庭伦理中的尊尊亲亲是政治秩序在漫长的历史中相对稳定的根源。这一特点同样是社会秩序的最重要保障。钱穆认为:"在魏晋南北朝时期,中国社会力量之贡献,乃远过于政治力量。换言之,中国历史文化大传统,寄存于下层社会,实更大于上层政府。此唯门第之功。故言中国社会,于四民社会一传统名称下,不妨增设门第社会一名称。"② 也即政治秩序深深植根于社会秩序之中。这里既指出了尊尊亲亲的伦理对政治秩序的影响,也指出了其对社会秩序的影响。对前者的影响正是以对后者的影响为前提的。历史上,每每传统家庭伦理的衰落,会引起社会、进而引起政治的动荡,而政治和社会的稳定又往往意味着传统家庭伦理的规范性增强了。钱穆认为:"两汉以来道统一尊之精神,由此乃不振。最著者则在师道上。唐代一和尚,可得尊奉为国师。每一僧侣,亦尽得师称。而士人乃循至无师。如是演变,岂不社会之基本已臻摇动。而上层政治自亦无安定之望。"③ 道统衰落引起社会基本动摇,由此

---

① [法]迪尔凯姆:《自杀论》,冯韵文译,商务印书馆2001年版,第346页。
② 钱穆:《晚学盲言》,广西师范大学出版社2004年版,第178页。
③ 钱穆:《晚学盲言》,广西师范大学出版社2004年版,第179页。

◇◆◇　市场经济与传统家庭伦理的理性化

可见传统家庭伦理对于社会秩序之重要。在差序格局的社会形态中，"社会关系是逐渐从一个一个人推出去的，是私人联系的增加，社会范围是一根根私人联系所构成的网络，因之，我们传统社会里所有的社会道德也只在私人联系中发生意义"①。这意味着社会网络由私人联系所促成，而私人之间的联系往往由建立在地缘、血缘基础上的伦理规范所联结、规范或者建构，因而，传统家庭伦理是维持整个社会秩序的重要纽带。与此同时，传统家庭伦理还蕴含了孝、悌、忠、信等道德观念，它"包括着行为规范、行为者的信念和社会的制裁。它的内容是人和人关系的行为规范，是依着该社会的格局而决定的。从社会观点说，道德是社会对个人行为的制裁力，使他们合于规定下的形式行事，用以维持该社会的生存和绵续"②。林语堂进一步阐述道："从家庭制度中生发出家庭观念，从家庭观念中生发出一定的社会行为规范。"③ 可见，在差序格局中，传统家庭伦理所蕴含的道德观念是规范行为的重要因素，也是社会关系得以层层展开的支持条件，因而是维持社会"生存和绵续"的关键。

在社会中一方面存在集体的伦理道德，另一方面存在着个体的离心性，后者总是试图摆脱伦理道德的约束。以伦理道德所形成的社会整合存在自身的局限。然而，中国传统家庭伦理的背后是价值理性和风俗习惯所构成的价值体系，它将社会整合推向更深的层次。滕尼斯认为："共同的风俗和共同的信仰，它们渗透在一族人民的成员之中，对其生活的统一与和平至关重要，虽然绝不是可靠的保障，但是共同的风俗和共同的信仰在一族人民当中或者由他们出发，以日益增长的强度，风靡于一个部落的各支脉世系。"④ 钱穆也认为："文化是指某一大群人经过长期的生活积集而得的结晶。此项结晶，成为此一群人各方面生活之一个总体系，其中必然有他们共同的信仰与理想，否则

---

① 费孝通：《乡土中国·生育制度·乡土重建》，商务印书馆2011年版，第32页。
② 费孝通：《乡土中国·生育制度·乡土重建》，商务印书馆2011年版，第33页。
③ 林语堂：《中国人》，郝赤东、沈益洪译，学林出版社1994年版，第181页。
④ ［德］滕尼斯：《共同体与社会——纯粹社会学的基本概念》，林荣远译，商务印书馆1999年版，第75页。

第四章　市场经济与传统家庭伦理理性化的主要影响

不能成其集体性与传统性。"① 据此可知，价值理性和风俗习惯为社会大众塑造了共同的意向，维持着其"生活的统一与和平"，这超越了由伦理道德本身所形成的规范性，而将社会整合深入到人的观念系统尤其是意义系统中，从而将整合推向更深的层次。之所以能实现意义的整合，缘于价值理性和风俗习惯所内含的终极价值。卢曼认为："宗教便被假定发挥着两方面的作用：它要在总体社会层次上是一种整合要素，在个体层次上则是一种动机要素。在两个层次上，它都提供了意义的意义。即一种有意义的'终极实在'。"② 从这里可以看出，终极价值建构了特定社会中的行为框架，为这一社会中的个体提供了行为的参照和意义的联结，从而成为维系社会秩序、实现社会整合的深层次纽带。天人合一或者对现世福报的追求虽然不是宗教的，但是只有从超越的层面或者说从宗教的层面，才能更好地理解其社会功能。正是终极价值形塑了一系列支配个体行为的规则。这些规则"不仅直接作为具体行动的目的和一连串具体行动的目的，而且在总体上或在很大程度上控制着个人行动的复合体。对于许许多多的行动（事实上是绝大多数的行动）来说，它们不规定直接的目的，而是规定追求直接目的的行动应该或可以以什么样的方式和在什么条件下进行"③。它们促成了中国社会的集体性、统一性。传统家庭伦理不仅是实现终极价值的方法或途径，其本身也是终极价值的一部分，这就决定了终极价值对社会的整合必定是与伦理密切联结在一起的，唯有如此，一种形成的框架和参照才得以深入社会。如西美尔所言："社会的必要秩序看起来一般都是源自一种根本没有分化的形式，其中，道德的认可、宗教的认可、法律的认可尚紧密统一在一起。"④

综上可见，传统家庭伦理及其背后所蕴含的终极价值是实现社会整合、维持社会秩序的关键。在传统家庭伦理理性化过程中，不仅由

---

① 钱穆：《中华文化十二讲》，九州出版社2012年版，第95页。
② ［德］卢曼：《宗教教义与社会演化》，刘峰、李秋零译，中国人民大学出版社2003年版，第1页。
③ ［美］塔尔科特·帕森斯：《社会行动的结构》，译林出版社2008年版，第394页。
④ ［德］西美尔：《现代人与宗教》，曹卫东等译，中国人民大学出版社2003年版，第5页。

◇◈◇   **市场经济与传统家庭伦理的理性化**

伦理道德所产生的整合作用弱化了，终极价值的整合作用也弱化了。传统家庭伦理的显著特征是家国同构，社会层面的伦理是家庭伦理的延伸，社会秩序是以家庭伦理为支撑的。在理性化过程，旧有的伦理所形成的支配规则"不断受到'利益的冲击'。道德权威控制力量的减弱，将招致用制裁来替代它，也就是说，以痛苦的、外部的后果替代内在的道德责任心，来充当服从规则的动力"①。其规范性、约束性从而下降了。与此同时，在这一过程中，终极价值的规范性也衰落了，这不仅是因为由货币追逐所形成的终极目的代替了旧有的终极价值，也是因为后者是以传统家庭伦理的有效践行为实现途径的。从原始社会的闪米特人、犹太人、腓尼基人、迦南人的变迁历史，可以清晰地看出这一内在因果关系。在这些社会中，"只要家庭整合性作为生活形式占据主导地位，那么，巴力就意味着使人子所依赖的天父。由于他把没有任何血缘关系的不同部族组织整合的社会团体，因此，他实际上成了高高在上的君主；一旦社会整合性失去了其亲和性，宗教整合性也将在劫难逃，可见，宗教整合性简直就是社会整合性的绝对形式"②。涂尔干认为："集体意识的权威绝大多数都是由传统权威造成的。我们稍后就会看到，当环节社会逐渐消亡的时候，这种权威也必定会日益没落下去。"③ 可见，终极价值的整合以伦理的整合为基础，后者衰落了，前者的效用也大受影响。在中国社会内部，存在着由不同种族、不同语言、不同风俗和不同职业所生发出的亚文化，它蕴含了互异并具有离心倾向的次级价值观念。随着市场经济的发展，利益多元化、从而价值多元化进一步增加。实现社会的整合更为重要的是实现对这些次级价值观念的整合，只有一个为大家所共有的相同的价值体系尤其是终极价值所提供的"意义的意义"，才能实现这一目的。而随着传统家庭伦理的理性化，旧的终极价值被消解了，

---

① ［美］塔尔科特·帕森斯：《社会行动的结构》，张明德、夏遇南、彭刚译，译林出版社2008年版，第395页。

② ［德］西美尔：《宗教社会学》，曹卫东译，上海人民出版社2003年版，第18—19页。

③ ［法］涂尔干：《社会分工论》，渠东译，生活、读书、新知三联书店2000年版，第248页。

而以货币为内容的终极目的又无法提供"意义的意义"。一方面传统家庭伦理及其背后的终极价值的社会整合衰落了,另一方面新的深层次的整合因素尚未形成,如此,社会秩序的风险增加了。

第四节 文化方面:文化进步和文化滞后共现

传统家庭伦理所内含的宗法等级色彩,促成了一种权威人格的形成,是社会主义民主法治发展的重要障碍。传统家庭伦理理性化过程中,一种注重效能感、效率、独立的现代人格形成了,逐渐替代了权威人格,促进了民主法治的发展。传统家庭伦理不仅是实现追求价值的方法或途径,其本身也是终极价值的一部分,因而家庭是自我意义赖以存在的载体。理性化削弱了家庭的重要性,也从而消解了个体的自我意义。在传统家庭伦理影响下,家庭还是个体自由、快乐、幸福等的源泉,其理性化则使得情感的归宿被瓦解。

一 现代人格形成

在传统家庭伦理影响下,个体的终极价值只有通过他者的参与才能实现,而与不同的他者的关系又处于一种尊卑的宗法等级中。这导致一种权威人格的形成。一种有效能感、注重效率、可信任等为内容的现代人格的形成是社会主义现代化的重要前提和内容。而现代人格的形成是以权威人格的瓦解为基础的。社会主义市场经济的发展,以经济理性的增加、生产生活方式的变革促使了权威人格的消解。

人的现代化是"国家现代化必不可少的因素。它并不是现代化过程结束后的副产品,而是现代化制度与经济赖以长期发展并取得成功的先决条件"[1]。这一目的的实现需要现代人格的形成。所谓人格,是指"适合于个体心理过程与状态的有组织的聚合体"[2]。现代人格

---

[1] [美]英格尔斯:《人的现代化》,殷陆君译,四川人民出版社1985年版,第8页。
[2] [美]拉尔夫·林顿:《人格的文化背景》,于闽梅、陈学晶译,广西师范大学出版社2006年版,第68—69页。

的基本特征：具有个人效能感、注重效率、充满信心、具有可信任性等等。不同的文化环境形塑不同的人格。这一影响通过两种途径来实现：其一，"是由文化模式的行为引导出的其他个人对儿童的影响"[1]；其二，"是个体通过观察社会行为模式或在这方面所受的教育的影响"[2]。在一种权威文化背景下，便会形成"自我压缩"的权威性人格。因为，"在一个强调孩子绝对服从父母作为报答的社会文化模式中，正常成年人将是服从、依赖与缺乏创造性的人"[3]。传统家庭伦理强调父母对子女的养育之恩，其宗法性强调恭、顺、忠等，由此而造成"服从、依赖与缺乏创造性"的权威人格。如李泽厚所言："血缘、心理、人道、人格终于形成了这样一个以实践（用）理性为特征的思想模式的有机整体。它之所以是有机整体，是由于它在这些因素的彼此牵制、作用中得到相互均衡、自我调节和自我发展，并具有某种封闭性，经常排斥外在的干扰或破坏。"[4] 也即建立在血缘基础上的传统家庭伦理形成了一种文化心理，它"以'人情味'（社会性）的亲子之爱为辐射核心，扩展为对外的人道主义和对内的理想人格，它确乎构成了一个具有实践性格而不待外求的心理模式"[5]。由于宗法等级性，这种实践性格呈现出特定的权威人格。在此人格影响下，个体不敢表达自我的真实利益诉求，往往"认为自己的利益是不合法的，事事去迎合别人"[6]。利益诉求被看作"人欲"，而"人欲"又是通过践履仁的思想、体察人性至要、进而实现"天人合一"的最大障碍。为了实现终极追求，就要自我压缩，用"'灭人欲'的方式去'存天理'。而且，最好还要使一个人把这个'自我

---

[1] ［美］拉尔夫·林顿：《人格的文化背景》，于闽梅、陈学晶译，广西师范大学出版社2006年版，第109页。
[2] ［美］拉尔夫·林顿：《人格的文化背景》，于闽梅、陈学晶译，广西师范大学出版社2006年版，第109页。
[3] ［美］拉尔夫·林顿：《人格的文化背景》，于闽梅、陈学晶译，广西师范大学出版社2006年版，第110页。
[4] 李泽厚：《新版中国古代思想史论》，天津社会科学院出版社2008年版，第29页。
[5] 李泽厚：《新版中国古代思想史论》，天津社会科学院出版社2008年版，第30页。
[6] ［美］孙隆基：《中国文化的深层结构》，广西师范大学出版社2004年版，第243页。

第四章 市场经济与传统家庭伦理理性化的主要影响

压缩'内在化"①。这不仅从根基上抑制了正常的、合理的、必要的利益诉求,也造成了见风使舵、不顾原则、处事圆滑的文化心理。在这种心理下,对"违反自己利益的事也多半采取吃一点亏也无所谓的态度。这种抹掉'自我'的倾向,如果程度加深的话,甚至可以达到完全不顾自己的权利——包括生命的权利——的地步。"②这与具有个人效能感、注重效率、充满信心和具有可信任性等的现代人格相去甚远。

权威人格还表现为"他律他制"的文化心理和行为模式。他律他制表现为通过他人的看法、情感、态度等定义自己,在外加的意志面前缺乏自我组织、独立自主的信心和能力。

诚如孙隆基所言:"一个害怕落单而必须常常和别人'在一起'、不敢'脱离群众'或'掉队',总是要由别人定义自己,因此不能脱离这个定义自己的符号系统而去单独面对世界的人,在另一个独来独往、由'自我'这个基础通过内省的方式去定义外在世界,而又不断去使自己面对以及享受新经验的人面前,就会感到自己整个人都好像很单薄,别人的内容好像比自己丰富。"③这一方面是因为传统文化的"超越"结构中,自我的实现必须通过他者的参与才能完成;另一方面是因为传统家庭伦理强调恭、顺、敬等宗法性,由此造成了自我的建构、自我的认同、自我的意义都通过他者体现出来,所有只能通过他者的喜欢、赞赏、批评等,来肯定或者否定自己。在家庭中,"孩子们上的第一课就是人与人之间的社会责任,相互调整的必要,自制、谦恭,明确的义务感,对父母感恩图报和对师长谦逊尊敬。这种制度几乎取代了宗教的地位,给人一种社会生产与家族延续的感觉,从而满足人们永生不灭的愿望。通过对祖先的崇拜,这种制度使得人们永生的愿望看起来是那么切实,那么生动"④。这种自制、谦恭、义务等伦理规范在漫长的历史沉淀中,便会造成缺乏自我主

---

① [美]孙隆基:《中国文化的深层结构》,广西师范大学出版社2004年版,第246页。
② [美]孙隆基:《中国文化的深层结构》,广西师范大学出版社2004年版,第243页。
③ [美]孙隆基:《中国文化的深层结构》,广西师范大学出版社2004年版,第260页。
④ 林语堂:《中国人》,郝赤东、沈益洪译,学林出版社1994年版,第181页。

◇◆◇　市场经济与传统家庭伦理的理性化

见、依赖他者的文化心理和行为模式。他律他制会在违逆"他者"尤其是违逆"长者""尊者"的时候，产生羞恶心理，以此规范、塑造或者说约束人的思想和行为。而善又以是否遵循以孝悌为核心的儒家伦理为标准。因而，对他者尤其是"长者""尊者"的伦理义务成为个体情感和行为发生的重要因素。在这一心理影响下，个体"以别人怎么想为主的，亦即是说：自己觉得事情该不该，是由于别人会怎么想。因此，怕对不起人的倾向，就会压倒怕对不起原则的倾向"①。并且，"人人都遭到必须'做人'的压力，而且还要按长幼、尊卑以及内外层次的渠道去做"②。这种人格同样与注重个人效能感、注重效率、充满信心、具有可信任性的现代人格严重不符。

　　社会主义制度比资本主义制度的优越性集中体现在确保个体权利的充分性、真实性、广泛性上。社会主义制度发展的最终目的也是致力于实现个体的解放。培育普遍具有个人效能感、注重效率、充满信心、具有可信任性等人格特征的社会大众，不仅是发展社会主义制度的内在要求，也是社会主义制度优越性的体现，还是社会主义市场经济赖以发展的前提条件。诚如英格尔特所言："人的现代化是国家现代化必不可少的因素。它并不是现代化过程结束后的副产品，而是现代化制度与经济赖以长期发展并取得成功的先决条件。"③ 权威人格向现代人格的转变同样是社会主义现代化的先决条件。由上述分析可知，传统家庭伦理的宗法性及其与终极价值的联结所建构起来的"超越"结构，是导致权威人格的重要因素。在社会主义市场经济下，个体在生产生活上对生产或服务性经济组织的依赖超过了对家庭、家族的依赖，家庭的教育功能弱化了，由此对个体文化心理和行为模式的塑造效力也减弱了。同时，个体可以根据自己的需要、喜好、能力等，独立、自由、平等地与其他市场主体签订契约，并相对自主地选

---

① ［美］孙隆基：《中国文化的深层结构》，广西师范大学出版社2004年版，第174页。
② ［美］孙隆基：《中国文化的深层结构》，广西师范大学出版社2004年版，第278页。
③ ［美］英格尔斯：《人的现代化》，殷陆君译，四川人民出版社1985年版，第8页。

第四章　市场经济与传统家庭伦理理性化的主要影响

择自己偏好的消费品。对家庭的依赖弱化了，为旧的生产生活方式所支撑的尊者、长者、老者的权威也随之衰落了。以工厂为代表的现代生产和服务的经济组织，"具有改变人的特殊能力，可以使人在心理、态度、价值观和行为上从较传统的一端，逐渐转变到较现代化的一端。在这些机构中，我们特别着重强调工厂的作用，视工厂为培养人的现代性的学校，因为工厂是近代文明的工业形态的缩影"①。这些经济组织讲求可计算的、多劳多得的经济理性，则在个体的观念中培育了可计算的经济理性。随着经济理性的膨胀，对货币的追逐成为终极目的，旧的终极价值被替代，价值理性和风俗习惯随之被消解，塑造了恭、顺、敬等观念意识的价值体系被动摇了。概而言之，随着市场经济的发展，权威人格的生产生活方式和价值理性与风俗习惯都随之变革或者消解了，促进了具有个人效能感、注重效率、充满信心、具有可信任性等现代人格的形成与发展。

二　自我意义丧失

在"大传统"中，天人合一、内圣外王的终极价值是以传统家庭伦理的被践履为前提的。在"小传统"中追求现世或彼世福报的终极追求也是以传统家庭伦理为方法或途径的。对现世的追求中，又将子孙后代的繁盛作为自身生命的延续。因而，家庭不仅是实现终极价值的方法或途径，本身也是终极价值的一部分。在市场经济下，经济理性的过渡发展，导致追逐货币成为终极目的。家庭所能形成的自我意义的寄托由此消失了，而货币本身不能提供新的意义。

公元前800年至200年是人类历史发展的轴心期，这一时期，部分地区实现了文化的突破，"创立了人类赖以存活的世界宗教之源端。无论在何种意义上，人类都已迈出了走向普遍性的步伐"②。在此之

---

①　[美]英格尔斯：《人的现代化》，殷陆君译，四川人民出版社1985年版，第10页。

②　[德]卡尔·雅斯贝斯：《历史的起源与目标》，魏楚雄、俞新天译，华夏出版社1989年版，第9页。

◇◆◇　**市场经济与传统家庭伦理的理性化**

前的蒙昧年代,人与自然处于混沌状态,人类"体验到世界的恐怖和自身的软弱。他探询根本性的问题。面对空无,他力求解放和拯救。通过在意识上认识自己的限度,他为自己树立了最高目标"①。此一目标即在寻找自我,并努力"超越自身的存在"②。天地万物中,"只有人懂得自己的死亡。在对这临终情景的畏惧退缩中,人感受到时间的永恒,感受到作为一种生命现象的历史性,以及时间的流逝。人的历史意识逐渐同他对永恒的认识一致起来"③。因而,所谓突破,重心在于精神的突破,精神的突破的核心则在于超越自身而存在,亦即超越生命的短暂、超越死亡,实现生命的永恒。如前所述,实现文化的突破有两个前提:"一是人产生了独立于社会的意识,二是个体要思考并寻找不死的人生意义。"④ 围绕这一问题,不同的轴心文化区域,建构了不同的自我超越的价值体系,其核心是终极价值。终极价值使得对"人类及其潜力的信仰,对指导一切人联合的上帝的信仰,以及信仰个人只有在变成其他自我时,才能变成我自己"⑤,同时也使得"一种更有意义的秩序在信仰的启发中意识到自身,指引便从这秩序中产生。因此有限获得了灵魂,并仿佛是无限存在的方式。可以说,当有限不忘其有限时,有限变成了一种容器或一种语言,并通过它的作用,变成无限的存在的载体"⑥。也即是说只有在终极价值的意义体系中,个体才得以实现自我、完成自我。只有当终极价值实现时,包括生命的短暂在内的一切有限、短暂、无常才能完成向无限、永恒、恒常的转化,后者便构成了自我的终极意义。它是个体的一切

---

①　[德]卡尔·雅斯贝斯:《历史的起源与目标》,魏楚雄、俞新天译,华夏出版社1989年版,第8页。
②　[德]卡尔·雅斯贝斯:《历史的起源与目标》,魏楚雄、俞新天译,华夏出版社1989年版,第58页。
③　[德]卡尔·雅斯贝斯:《历史的起源与目标》,魏楚雄、俞新天译,华夏出版社1989年版,第59页。
④　金观涛、刘青峰:《中国思想史十讲》,法律出版社2015年版,第18页。
⑤　[德]卡尔·雅斯贝斯:《历史的起源与目标》,魏楚雄、俞新天译,华夏出版社1989年版,第253页。
⑥　[德]卡尔·雅斯贝斯:《历史的起源与目标》,魏楚雄、俞新天译,华夏出版社1989年版,第253—254页。

第四章 市场经济与传统家庭伦理理性化的主要影响

希望、一切道德、一切行为的最深层的情感动机,也是个体战胜一切困难、痛苦、灾厄的最主要的力量源泉。

对生老病死的焦虑,隐藏于每一个人内心深处,是上至皇亲国戚、下至市井小民的终极关怀,人生诸多问题都围绕此一追求而来。韦伯认为:"'彼世的'救赎之特有内容,可以是指:从尘世生命之生理的、心理的或社会的苦难中获得解放;也可以说是:此种生命之毫无意义可言的不安与无常的解放;或者,更可以是意指:人格之无可避免的不完美之解放——无论这种人格的不完美被认为是慢性的沾染状态或是突发性的罪恶倾向,或者,更精神性地说,是因地上物的无知而堕入晦暗昏乱的蒙昧。"[1] 概而言之,终极价值是追求现世的福报、彼世的安宁。现世的福报既包括消除灾厄、疾病、痛苦,也包括自身或子孙后代获得财富、功名、福禄。彼世的安宁则指获得生命的永恒,或者一种与神合一的忘我状态,或者进入无梦之眠。这一终极价值由人性生发而来,跨越文化、种族和国别。中国社会大众对终极价值的追求同样涵盖了这些内容。方立天认为:"古代中国人祈求生命永恒、避免生命的消亡、崇拜不朽的思想,既表现为追求个人的长生不死,也表现为祈盼祖孙万代的永兴昌盛,即生命的绵延不绝。"[2] 由于佛教因果报应观念的影响,以及缺乏一个人格化的神,社会大众的追求侧重于现世的福报,而不像西方文化那样,侧重于死后获得救赎、升入天国。现世的福报又集中表现在灾厄的消除和机运的获得。春秋时代范宣子贵族家世的不朽说写道:"鲁有先大夫曰臧文仲,既没,其言立,其是之谓乎。豹闻之:'太上有立德,其次有立功,其次有立言。'虽久不废,此之谓不朽。若夫保姓受氏,以守宗祊,世不绝祀,无国无之,禄之大者,不可谓不朽。"[3] 此一不朽,

---

[1] [德]马克斯·韦伯:《宗教社会学;宗教与世界》,康乐、简惠美译,广西师范大学出版社2010年版,第189页。
[2] 《方立天文集·中国佛教哲学要义》(全2册),中国人民大学出版社2012年版,第77页。
[3] 《左传·襄公二十四年》,郭丹、程小青、李彬源译注,中华书局2012年版,第1328页。

◇◆◇　　市场经济与传统家庭伦理的理性化

既包括立德、立言、立功，也包括守宗祧、不绝祠和禄之大者。尤其是后者，至战国以后，逐渐成了社会大众超越生死、追求生命永恒的所在。它将子孙后代的生命当作父母生命的延续，将父母对生命永恒的终极追求寄托在子孙后代生命的延续及其繁荣昌盛上，因而对现世福报的追求，既包括自身，也包括子孙后代，同时，既是为子孙后代，更是为自身。如钱穆所言："无后便是打断了祖先以来不朽的连锁。可见春秋时代范宣子贵族家世的不朽说，到战国人手里已变成平民家世的不朽。只要血统传袭，儿女的生命里便保留了父母生命之传统，子孙的生命里便保留了祖先生命之传统。如此则无论何人，在此世界，皆有永生不朽之实在生命，不必以短促的百年为憾。"①"不孝有三，无后为大"② 即为例证。这一点同样可见之于印度教《法经》关于来世的观念："个人必须经历包括家长——婚姻阶段在内的所有阶段，以获得来世的功德。因此，浮现出这样一个概念：'来世的'继续存在或者'不死'，不是别的，而正是自己子孙的生命延续。"③ 尽管世俗大众的终极关怀侧重于现世，但并未弃绝对彼世的渴望。既渴望"得道成仙""涅槃成佛"，也努力避免堕入"地府"或"地狱"。

随着经济理性的过渡膨胀，对货币的追逐成为终极目的，代替以天人合一或来世与现世福报为内容的终极价值。马克思指出："随着商品流通本身的最初发展，把第一形态变化的产物，商品的转化形态或它的金蛹保留在自己手中的必要性和欲望也发展起来了。出售商品不是为了购买商品，而是为了用货币形式来代替商品形式。这一形式变换从物质变换的单纯中介变成了目的本身。"④ 这里，马克思已经洞悉到了货币由手段向目的的转变，以及这一转变对社会产生的深刻影响。货币之所以能从一种手段变为终极目的，源于货币作为一般等价物的特定属性。货币可满足吃喝玩乐等绝大多数物质需要和由此而

---

① 钱穆：《灵魂与心》，广西师范大学出版社2004年版，第6—7页。
② 《孟子·离娄上》，万丽华、蓝旭译注，中华书局2006年版，第167页。
③ ［德］马克斯·韦伯：《印度的宗教》，康乐、简惠美译，广西师范大学出版社2010年版，第231页。
④ 《马克思恩格斯选集》第2卷，人民出版社2012年版，第147页。

第四章　市场经济与传统家庭伦理理性化的主要影响

来的诸多感官的快乐。这就使货币被提升至一种绝对目的的心理意义上的绝对手段。作为绝对手段"因而作为无数目的序列的整合点,实际上与上帝的观念有一种重要的关系,这种关系只有心理学才能予以揭露,因为心理学有种特权,它不会被指责有渎神的罪名"①。无数目的序列的整合点也即目的序列的终点,它提供给人们以"各种兴趣统一联合的一个尺度、一种抽象的高度、对生活细节的统合,以致于它竟然减少了人们在宗教中寻找满足的需要"②。由价值理性和风俗习惯所蕴含的终极价值,克服了人作为一种生物所无法避免的对生老病死的恐惧,使生命的短暂结构得以被突破,生命在来世的"天国里"得到了永生、在现世的子孙后代身上得到了延续。这一结果尽管是虚幻的,但提供了希望、幸福与宁静,将个体从来世和现世的苦痛中解放出来,进而使其实现自我、完成自我。而货币作为终极目的却只能带来感官的快乐,物欲的满足并不能使个体对生老病死的恐惧减轻,也不能使其漂泊的灵魂被安置。反而在物欲之乐和感官之乐的背后出现了巨大的空虚。正如霍克海默所言:"对丧失自我的恐惧,对把自我与其他生命之间的界限连同自我一并取消的恐惧,对死亡和毁灭的恐惧,每时每刻都与一种威胁文明的幸福许诺紧密地联系在一起。这条道路就是通往顺从和劳作的道路,尽管在它的前方总是临照着烂漫之光,但那仅仅是一种假象,是一种毫无生气的美景。"③ 货币作为终极目的,不再有对生命的"结构性局限"的突破,不再有来世或现世的福报,不再提供"意义的意义",也因而不再有面对灾厄、无常、生死等时的希望、宁静、期盼。在巨大的空虚中,个体赖以自我实现、自我完成的凭借消失了,进而自我的意义丧失了。

三　人为物役出现

传统家庭伦理影响下,尽管家庭具有宗法等级性,但是在观念上

---

① [德] 西美尔:《货币哲学》,陈戎女等译,华夏出版社2002年版,第166页。
② [德] 西美尔:《货币哲学》,陈戎女等译,华夏出版社2002年版,第167页。
③ [德] 霍克海默、[德] 阿道尔诺:《启蒙的辩证法——哲学短片》,渠敬东、曹卫东译,上海人民出版社2006年版,第26—27页。

◇◆◇　**市场经济与传统家庭伦理的理性化**

为个体提供了意义的寄托,在情感上提供了爱、教育和关怀等,在物质上提供了所需要的生活资料。在此一环境中,个体是自由、幸福和快乐的。在市场经济下,个体或者步入工厂每天面对枯燥的机器,或者被迫接受虚假的广告的肆意营销,或者徜徉在琳琅满目的商品中追求感官的刺激。由传统家庭伦理所促成的自由、快乐和幸福消失了。

如前所述,中国文化环境下,传统家庭伦理是个体实现其终极价值的方法或途径,因而家庭伦理寄托着个体的生命意义,是其快乐、幸福、愉悦的源泉。如钱穆所言:"舍弃灵魂,则便舍弃了人生之前世与来生,又舍弃了灵魂所从来与所归宿之另一世界。这便成为只就此现实世界,从人类心理上之本原的与终极的大同处来建立一切人生观与宇宙观。这是儒家思想的主要精神。中国人这一种的人生观,如上所言,大体上可谓认定人生意义与价值,即在于此现实世界上人与人间的心心相照印,即在于人心之交互映发,而因此得到一个本原的与终极的同然。"① 梁漱溟亦认为:"中国人似从伦理生活中,深深尝得人生趣味。"② 正是在传统家庭伦理所孕育出来的家庭、家族、社会关系中,人与人得以"心心相照应",进而得以人生的"本原与终极"。再进而言之,在传统家庭伦理中,个体得以"成为他自身"③,借助于传统伦理个体能"回顾到开始生活时的晦暗不明,使他对自己和其他同伴的未来负责任。只凭着一种瞻前顾后的长远观点,他才实质地占有他从过去的遗产中建造起来的那个世界。他的日常生活渗透着可见的现存世界的精神,这世界不管多么小,但仍与他自身不同"④。这意味着个体通过传统家庭伦理的习得,可以获得漫长的历史过程中所积聚下来的丰富的精神世界,在这一世界里,个体和家庭、家族以及整个社会的其他成员有了共同的意义、情感、历史的联结。在伦理中,个体形成了符合整个社会的要求与期待的行为框架,

---

① 钱穆:《灵魂与心》,广西师范大学出版社2004年版,第9页。
② 梁漱溟:《中国文化要义》,上海人民出版社2011年版,第83页。
③ [德]卡尔·雅斯贝尔斯:《现时代的人》,周晓亮、宋祖良译,社会科学文献出版社1992年版,第7页。
④ [德]卡尔·雅斯贝尔斯:《现时代的人》,周晓亮、宋祖良译,社会科学文献出版社1992年版,第7页。

第四章 市场经济与传统家庭伦理理性化的主要影响

使得个体得以在亲情、友爱、赞誉中获得内心的自由、愉悦与舒适。如费孝通所言:"在一个熟悉的社会中,我们会得到从心所欲而不逾规矩的自由。这和法律所保障的自由不同。规矩不是法律,规矩是'习'出来的礼俗。从俗即是从心。换一句话说,社会和个人在这里通了家。"① 概而言之,在传统家庭伦理中,尽管有尊尊亲亲的宗法性,但个体的自我意义由此生发出来,进而个体的自我认同、自身实现、自我发展等的内在需要皆遂以产生。也是在这一伦理联结中,个体的快乐、幸福、希望由此而产生。个体的内在的自由便存于其中。而在传统家庭伦理理性化过程中,当个体主动后被动地走入现代市场的时候,这些产生快乐、自由和幸福的源泉也逐步消失了。

如前所述,在马克思那里,自我异化使劳动者所生产的劳动产品成了剥夺其自由意志、自主活动的异己力量。对于现代社会而言,由于货币由手段变为目的,由此所产生的精神本质的丧失成为更突出的问题。20世纪以来尤其是第二次世界大战之后,包括资本主义国家在内的许多国家的经济、科技、教育水平飞速发展。新的科学技术使得自我异化的内容和形式发生了显著变化。在新的科学技术带来的一系列生产和分配的变革下,机械化和标准化的"工艺程序可能使个人的精力释放到一个未知的、超越需要的自由领域。人类生存的结构本身就会改变,个人将从劳动世界强加给他的那些异己的需要和异己的可能性中解放出来"②,由此,科学技术"有助于促成社会控制和社会团结的更有效、更令人愉快的新形式"③。劳动不再是一种使工人不愉快的、令人厌烦的事情,社会大众享有的消费品也空前丰富起来。然而,自我异化本质上并未得以改变,因为造成自我异化的根源——私有制——并没有消失。自我异化只是形式和内容发生了变化,它进入到了一个新的阶段。一方面新的科学技术促成了一种新的生活秩序,个体只有顺从此一秩序才得以生存或不陷于内心的痛苦。在这两个方面,个体都不能按照自己的意志自由、自主地去选择,同

---

① 费孝通:《乡土中国·生育制度·乡土重建》,商务印书馆2011年版,第10页。
② [美]马尔库塞:《单向度的人》,刘继译,上海译文出版社2014年版,第4页。
③ [美]马尔库塞:《单向度的人》,刘继译,上海译文出版社2014年版,第6页。

◆◆◆　市场经济与传统家庭伦理的理性化

样导致了其类属性的丧失。改革开放以来，中国实行了以公有制为主体多种所有制经济共同发展的基本经济制度，因私有制而产生的异化的根基在中国被改变了。但由于中国还处于社会主义初级阶段，客观上还无法实现马克思、恩格斯所设想的那样相对纯粹的公有制基础上的共产主义社会。因而也难以彻底摆脱对机器、在当前则表现为对科学技术的依赖。改革开放以来，中国科学技术飞速发展，在交通、互联网、人工智能等新的科学技术的推动下，也形成了新的生活秩序。个体在这一秩序中享有了丰富的消费品及其所带来的感官的享乐，但偏离这一秩序也面临着贫困、焦虑、沮丧等物质和精神的困难与痛苦。雅斯贝尔斯认为，在这种由科学技术所塑造的生活秩序之下，"环境已经变得毫无精神，每天的工作变得只是为工作而工作，不再构成工人生活的组成部分——到这时，人好像失去了他的世界"[①]。尽管这是对西方现代社会的写照，但客观上应该看到，在市场经济下，由于同样存在着由科学技术所塑造的生活秩序，个体的生活节奏加快，同样是在"为工作而工作"，工作与个体的生活同样没有融而为一。因而，个体在实质上仍然不得不服从上述生活秩序对个体的要求，个体按照自身的意志自由、自主的活动仍未实现。

　　以企业为主体的生产机构，在市场机制下，实现了对人们大部分生活必需品的分配。人们的生活必需品也因而空前地丰富，但是"从必需品中得到的乐趣却减少了，因为它们来到我们手中是理所当然的，不具有从积极获得它们的感受中所带来的乐趣。它们不过是用钱币进行交换时稍加注意就可以得到的东西，因此它们缺乏经过个人努力而生产出的东西所带有的那种情味"[②]。这种需要是虚假的需要，是媒体以商业性目的所塑造的需要，个体的真实的需要被淹没和掩盖了。马尔库塞对此阐述道，虚假的需要是指"为了特定的社会利益而从外部强加在个人身上的那些需要，使艰辛、侵略、痛苦和非正义永

---

① ［德］卡尔·雅斯贝尔斯：《现时代的人》，周晓亮、宋祖良译，社会科学文献出版社1992年版，第7—8页。
② ［美］马尔库塞：《单向度的人》，刘继译，上海译文出版社2014年版，第10页。

第四章　市场经济与传统家庭伦理理性化的主要影响

恒化的需要，是'虚假的'需要"①。被我们视为重要事情的大多数需要都可称之为虚假的需要，因为娱乐、购物、修养、住房等需要，都是被媒体不断地加以夸大、包装甚至扭曲所致。在资本主义社会中，一方面资产阶级的意识形态向包括工人阶级在内的其他阶级的成员灌输了这种需要；另一方面在资本的逻辑推动下，以寻求利益为根本目的的利益集团通过大众传媒散布了大量的引导消费的广告，产生了大量的虚假的需要。在市场经济下，企业欲增加收益，实现持续运转，同样要遵循市场机制，也需通过投放大量广告以刺激或引导消费者的需求。这些需求既有物质性，也有精神性。互联网、自媒体、电影电视等传统媒体和新媒体在中国得到了前所未有的发展，中国企业所投放的广告并不比西方国家少多少，中国互联网用户已经跃居世界首位，广告传播的受众也大为增加。这些需要都是媒体围绕着商业目的制造出来的，"没有他为自己的目的而制作和塑造的东西了；这时，一切东西都是为满足一时的需要而生产的，用完后就弃置一旁"②。这些需要"取决于个人所无法控制的外力；这些需要的发展和满足受外界支配"③，并窒息了"那些要求自由的需要，即要求从尚可忍受的、有好处的和舒适的情况中摆脱出来的需要"④。传统家庭伦理为个体提供了意义、自由、亲情等，为之带来了幸福、舒适、快乐，这些更为本真、质朴和原始，从而也更为贴近人性深处的需要，被虚假的需要窒息了。以此之故，由以传统家庭伦理为主要内容的古老传统所建构起来的历史连续感消失了，同样由这一传统所内含的关于世界、天地、人生、自我的观念或看法也消失了，而这正是在中国文化环境下，自我之所以成为自我的根源。

---

① [美] 马尔库塞：《单向度的人》，刘继译，上海译文出版社 2014 年版，第 6 页。
② [德] 卡尔·雅斯贝尔斯：《现时代的人》，周晓亮、宋祖良译，社会科学文献出版社 1992 年版，第 7 页。
③ [美] 马尔库塞：《单向度的人》，刘继译，上海译文出版社 2014 年版，第 6 页。
④ [美] 马尔库塞：《单向度的人》，刘继译，上海译文出版社 2014 年版，第 8 页。

第五章　市场经济与传统家庭伦理理性化的有效对策

传统家庭伦理理性化既有其积极的一面,也有其消极的一面。应本着辩证的观点,扬长避短,对积极的一面加以发扬或者推动,对消极的一面加以抑制或者消除。传统家庭伦理的理性化问题,社会主义市场经济的发展所导致的目的理性的发展是关键动因,传统家庭宗法性的消解是其表现,经济、政治、社会、文化领域的深刻变革是其后果。因而,应对这一问题需要从经济、政治、社会和文化层面,既要从导致传统家庭伦理理性化的原因入手,也要注重伦理本身的内在结构及其变动,更重要的是对其所产生的后果加以扬弃。以此实现对问题的"标本兼治"。传统家庭伦理理性化的应对,最根本的是以社会主义核心价值观为指导,结合社会主义现代化开启新征程的时代背景,革故鼎新,以使古为今用。此外,还应看到,市场经济是目前最有效率的资源配置方式,市场经济是解放生产力和发展生产力的最有效途径,这也意味着传统家庭伦理的理性化是一个不可避免的过程。对这一问题的解决,不应该因噎废食,废除市场经济,而是在肯定市场经济的前提下,探讨这一问题的解决之道。

第一节　健全市场体制,弱化经济理性过渡膨胀的经济诱因

经济理性的过度膨胀,从根源上讲是所有制使然。在社会主义初级阶段,解决这一问题的最根本措施是坚持公有制为主体、多种所有

第五章 市场经济与传统家庭伦理理性化的有效对策

制共同发展的基本经济制度,坚持市场经济的社会主义属性。经济理性之所以过度扩张,并导致货币由手段变为终极目的,关键在于利己主义的过度膨胀,它使市场主体枉顾互惠准则、法律法规和市场道德,制假售假、坑蒙拐骗、唯钱是举。在制度方面,通过明确产权,降低交易费用,可以抑制利己主义。在道德层面,坚持诚实守信的道德也有助于这一问题的解决。

一 坚持市场经济的社会主义属性

传统家庭伦理的理性化始于市场经济的基本特征所促成的经济理性的不断膨胀,传统家庭伦理的理性化是伦理遵循的内在动机由价值理性和风俗习惯向经济理性转变的过程,其核心问题是货币将由手段变成终极目的。造成此一问题的根本原因是社会主义仍处于初级阶段,尚难以实现马克思、恩格斯所设想的完全的公有制。这需要我们在发挥市场对资源配置的决定性作用的同时,进一步完善以公有制为主体、多种所有制共同发展,以按劳分配为主体、多种分配方式并存的基本经济制度。只有始终坚持市场经济的属性才能最终克服其带来的弊端。

精神本质的丧失是自我异化问题的重要内容。它源于资本主义社会的价值理性所蕴含的价值体系尤其是终极价值被以货币追逐为内容的终极目的所代替,前者失去了伦理规范的约束作用,后者使人把追逐私利放在一切事物的第一位。这种问题的根源在于私有制,解决这一问题即在于以公有制代替私有制,实现对私有制的扬弃。而公有制的发展及其实现又在于生产力的高度发展。马克思指出:"如果他们把哲学、神学、实体和一切废物消融在'自我意识'中,如果他们把'人'从这些词句的统治下——而人从来没有受过这些词句的奴役——解放出来,那么'人'的'解放'也并没有前进一步;只有在现实的世界中并使用现实的手段才能实现真正的解放;没有蒸汽机和珍妮走锭精纺机就不能消灭奴隶制;没有改良的农业就不能消灭农奴制;当人们还不能使自己的吃喝住穿在质和量方面得到充分保证的时候,人们就根本不能获得解放。'解放'是一种历史活动,不是思想活动,'解放'是由历史的关系,是由工业状况、商业状况、农业

◇❖◇　**市场经济与传统家庭伦理的理性化**

状况、交往状况促成的。"① 这意味着只有生产力高度发展，才能消灭私有制、实现生产资料的公有，进而彻底消除异化以及产生异化的动因或条件。由于我国还处于社会主义初级阶段，生产力尚不发达，还需要积极吸收和借鉴反映现代化生产和商品经济一般规律的经营方式和管理办法——市场经济——来进一步解放生产力和发展生产力。而市场经济作为一套系统、相对独立的体制机制，无论是在资本主义制度下，还是社会主义制度下，都有其必须要遵循且反映了价值规律的一般规则，即优胜劣汰、等价交换、公平竞争和以利益最大化为取向。因而，市场经济推动着经济理性的增加，使得以货币追逐为内容的终极目的也在社会主义社会内部逐渐生成。哈贝马斯认为："市场并非像国家的管理那样能被民主化，它越来越取代对生活领域的规范条件作用，即那种政治的或经由政治的交往形式而达到的维系作用。由此，不仅私人的领域越来越转化为一种为追求成功把每个人自己放在处理事物第一位的那种机制。而且，置于公共合法性要求之下的那个领域也缩小了。由于以民主的方式建构舆论与意愿的工作不见成效，令人失望，国民越加趋于自私自利。"② 在社会主义制度下，市场不再是资产阶级无限度追逐剩余价值、压迫无产阶级的制度凭借，但市场同样成为一种"为追求成功把个人自己放在处理事物第一位的那种机制"，也同样会带来国民的"自私自利"。这就使得我们面临双重任务，一方面由于初级阶段生产力尚未实现高度发达，进而需要通过进一步解放和发展生产力，不断创造使"精神本质丧失"得以彻底消除的根本性条件。另一方面又需要坚持和完善以公有制为主体、多种所有制经济共同发展的基本经济制度，尽力克服由市场经济发展所带来的负面影响。

　　这种双重任务的存在，意味着在新时代既要努力使市场经济成为资源配置的决定性因素，又要在努力确保市场经济的社会主义属性的前提下，积极增强市场经济的整体效率。公有制经济是巩固和维护以

---

① 《马克思恩格斯选集》第1卷，人民出版社2012年版，第154页。
② ［德］尤尔根·哈贝马斯：《在自然主义与宗教之间》，郁喆隽译，上海人民出版社2013年版，第82页。

第五章 市场经济与传统家庭伦理理性化的有效对策

公有制为主体、多种所有制经济共同发展的基本经济制度的关键因素，因而，确保市场经济的社会主义属性，首要的是，"毫不动摇巩固和发展公有制经济，坚持公有制主体地位，发挥国有经济主导作用，不断增强国有经济活力、控制力、影响力"①。现代产权制度是进一步激发市场主体活力、创造力的主要渠道，也是依法确保各种类型的企业公平竞争的重要保障。因而，依据"归属清晰、权责明确、保护严格、流转顺畅"的基本原则，通过法律法规、体制机制的建立健全推动现代产权制度建立和有效实施，是实现上述目的的着力点和切入点。同时，在市场经济深入发展的新阶段，允许"国有资本、集体资本、非公有资本等交叉持股、相互融合"②，建立混合所有制经济，使非国有资本参与到国有资本投资的项目中，丰富企业员工持股的形式，使得上述诸种资本形式取长补短、相互促进、共同发展，从而通过国有资本的增殖及其竞争能力的提升更好地促进公有制经济的发展。在此基础上，还要推动管理体制改革，以"管资本为主加强国有资产监管，改革国有资本授权经营体制，组建若干国有资本运营公司，支持有条件的国有企业改组为国有资本投资公司"③。从而使国有资本既能有效地服务新时代基本战略、基本目标实现的需要，以及促进公共服务、生态保护、基础科学研究等事关国计民生的重要行业、重要领域发展的需要，又能确保国有资本在市场机制下不断增殖、健康运营、有效提升。国有企业的发展是公有制经济不断发展的基本途径和主要形式。面对市场经济的纵深发展以及全球化程度的加深，国有企业应在新时代背景下，以"规范经营决策、资产保值增值、公平参与竞争、提高企业竞争效率、增强企业活力、承担社会责任为重点"④，进一步深化自身的改革。为此，应使政企分开、政资

---

① 《习近平谈治国理政》第1卷，外文出版社2018年版，第78页。
② 《〈中共中央关于全面深化改革若干重大问题的决定〉辅导读本》，人民出版社2013年版，第8页。
③ 《〈中共中央关于全面深化改革若干重大问题的决定〉辅导读本》，人民出版社2013年版，第9页。
④ 《〈中共中央关于全面深化改革若干重大问题的决定〉辅导读本》，人民出版社2013年版，第10页。

◇◆◇ 市场经济与传统家庭伦理的理性化

分开进一步深化,增强市场机制对国有企业调节程度,并通过建立职业经理人、推进国有企业信息公开、增强招聘公开性等,增强体制机制活力,以提升其整体竞争能力。

党的十八届三中全会指出:"公有制经济和非公有制经济都是社会主义市场经济的重要组成部分,都是我国经济社会发展的重要基础。"[①] 从改革开放以来的历史经验看,我国大部分的生产增加、技术创新、就业增长等都是由民营经济来实现的。正如习近平总书记所指出的:"民营经济是社会主义市场经济发展的重要成果,是推动社会主义市场经济发展的重要力量,是推进供给侧结构性改革、推动高质量发展、建设现代化经济体系的重要主体,也是我们党长期执政、团结带领全国人民实现'两个一百年'奋斗目标和中华民族伟大复兴中国梦的重要力量。"[②] 因而,民营企业对发展和巩固公有制经济,增强市场经济的整体效率、活力和质量有着重要促进作用。当前,由于贸易保护主义抬头、市场优胜劣汰作用显现以及党和政府鼓励、支持、引导民营企业发展的部分政策落实不到位,民营企业还存在着诸多经营难题。为了解决这些问题,首先,激发企业活力。应降低包括增值税、企业所得税、个人所得税、资源税等多个税种在内的税收,进一步减少企业投资、生产、经营等诸多环节的行政性审批和行政性收费项目,使民营企业更具活力。其次,降低融资成本。融资机会和成本对民营企业的发展至关重要,中小企业融资难问题限制了其发展、转型、提升的能力。应创新银行运营的体制机制,使其增强向民营企业贷款的内在动力;规范民营银行、小额贷款公司、风险投资等投融资渠道,扩大民营企业融资途径;革新地方政府中小民营企业的管理政策,增强对民营企业的财政支持。再次,营造公平竞争环境。当前,由于地方保护主义和部门利益保护仍未消除,各种各样的"卷帘门""玻璃门""旋转门"不同程度存在着,是阻碍民营企业公平公正公开竞争的重要因素。因而,应"在市场准入、审批许可、经营

---

① 《〈中共中央关于全面深化改革若干重大问题的决定〉辅导读本》,人民出版社2013年版,第8页。
② 《习近平在民营企业座谈会上的讲话》,《人民日报》2018年11月2日第2版。

第五章　市场经济与传统家庭伦理理性化的有效对策

运行、招投标、军民融合等方面，为民营企业打造公平竞争环境，给民营企业发展创造充足市场空间"①。最后，确保民营企业家人身和财产安全。由于少数干部存在官僚主义、贪污腐败、吃拿卡要等问题，侵害了民营企业家的财产权益，甚至对其人身安全也构成了威胁。应通过法律、政策或制度等措施惩治这些违法乱纪行为，纠正针对民营企业家人身或财产的不当行为。

二　降低交易成本以抑制利己主义

市场本身既有利己主义的一面，也有利他主义的一面。利己主义的过度扩张是一系列问题的根源。这一问题根源于信息不对称、交易成本的存在。降低交易成本是抑制利己主义、凸显利他主义的关键。产权制度的完善和实施是降低交易成本的有效措施。

传统家庭伦理的理性化问题的核心在于在市场的逻辑下经济理性不断增加，经济理性的过度扩张导致了对货币的追求成为终极目的，并替代以天人合一或者以来生与现世福报为内容的终极价值，伦理背后的价值理性和风俗习惯随之被侵蚀或者消解，传统家庭伦理失去了其曾有的对行为的引导和约束作用。而经济理性的扩张之所以能生成以货币为内容的终极目的，缘于利己主义的过度膨胀。正是在利己主义的支配下，个体寻求利益最大化，一切因素都被个体加以可计算的、有着明确目的的衡量，货币不仅为之提供了手段，而且成了一切财富或者利益的代表。市场经济虽然无可避免地推动经济理性的增加，但并不必然带来利己主义的膨胀。也即是说人性是复杂的，既有善的一面，也有恶的一面，导致善恶的不是人性本身，而是影响人性的环境。在马克思那里，资本家的自私自利源于私有制，在共产主义社会，使人性充分展现其美好的一面，也是公有制使然。这意味着对于市场经济而言，其所带来的对人性的影响同样是复杂的，既有促进利他主义生发的一面，也有滋长利己主义的一面。其影响偏向于何方，又取决于制度效用的大小。从积极的一方面看，市场经济本身存

---

① 《习近平在民营企业座谈会上的讲话》，《人民日报》2018年11月2日第2版。

◇◆◇ 市场经济与传统家庭伦理的理性化

在着"利他性"。在许多经济学家看来,尽管每一个人都是以自己利益最大化为取向的"经济人",但交易只有本着等价交换、互惠互利才得以进行并持续下去。这种内在要求使得交易双方的私利追求是建立在互惠互利基础之上的,对私利的追求促成了社会整体利益的实现。张维迎认为:"市场竞争,本质上是为他人创造价值的竞争。不能为他人创造价值的企业,必定在竞争中被淘汰。市场的这一逻辑把个人对财富和幸福的追求转化为创造财富和推动社会进步的动力。"[1]这意味着在市场交易过程中,只有在遵循互惠互利的基础上才能完成交易,以自我利益最大化为取向的理性行为推动了社会整体效用的增加,从而实现了对更多人的一种"利他性"。这正是改革开放以来,市场经济发展对政治、经济、社会、文化等产生积极影响的重要原因,也是努力坚持和完善市场经济的原因。

但同时应该看到,这种以自我利益最大化的理性原则并不总是与利他的或者整体社会的需要保持一致。改革开放以来,因市场经济的发展所带来的商业欺诈、道德滑坡、传统衰落等等,也是有目共睹的事实。导致不一致甚至相反的思想观念出现的原因在于市场机制本身。如前所述,在市场经济下,只有交易者将对私利的追求奠基于互惠互利原则之上,交易才得以发生。但是"互利的交易动机本身并不能确保交易有利的结果。只有确保交易的过程始终不偏离交易的互利目的,才能最终实现交易的互利目的和相互性利益,此时的目的才会具有积极的实质性价值的效果。这样,问题便引申为如何确保交易目的的有效实现,即有效交易得以可能的必要条件。经济学的基本原理告诉我们,有效交易亦即交易的效率同样取决于交易的'投入'与交易的'产出'之比,也就是当代新制度经济学家们(如,科斯、诺斯)所习惯谈论的'交易费用(成本)'与交易结果的比例"[2]。也即是说欲使互惠互利的交易原则抑制交易中的私利欲望,并使其产生"有限的利他主义",必须形成特定的交易条件,该条件使得单纯的

---

[1] 张维迎:《市场的逻辑》,上海人民出版社2010年版,第1页。
[2] 万俊人:《道德之维:现代经济伦理导论》,广东人民出版社2000年版,第188页。

第五章　市场经济与传统家庭伦理理性化的有效对策

私利欲望无法完成交易或者为之付出沉重代价，以此来抑制交易中利己主义的过度膨胀。而这一条件又是以"交易成本"的不断降低或者交易效率的提升来促成的。正如科斯洛夫斯基所言："所有经营者对单纯个人利益的追求，并没有达到最佳的效益，因为在追求单纯个人利益的效果中没有阐明合同双方对遵守合同和真诚的可信性，因此也就不存在这种可信性。缺乏对另一方遵守规则的信任，双方缺乏对遵守规则的准备，如果通过违背规则，能够获得短期利益，就会引起生产方经济上不必要的费用及法律监督和对履行合同制裁的费用。"① 这意味着，在市场交易中，一方因为短期的利益或者对私利的过度追求违背了互惠互利的准则，会因交易难以进行、法律惩罚、合同制裁等增加交易成本，进而损害其长期利益。

可见，完善市场机制，降低交易成本，增强交易双方对互惠互利规则的遵循，成为在合理范围内抑制利己主义、凸显利他主义的关键。而降低交易成本的关键在于建立清晰的产权制度。张维迎认为："私有产权，自由价格，企业，企业家，利润，这些是市场这只看不见的手和隐形的眼睛得以运行的基本制度安排。正是这些制度安排保证了在市场经济中，每个人都必须对自己的行为负责，满足别人的利益成为追求自己幸福的前提，不能干损人利己的事情。"② 因而，减弱市场经济的发展对利己主义的助长、进而对传统家庭伦理所产生的负面影响，关键在于产权制度的建立健全。改革开放以来，围绕着市场经济的建立和完善，对产权的界定和保护已经取得了巨大成效，但是仍然存在问题。私人产权方面，在私人租赁、房产继承、农村耕地和宅基地等方面的产权仍需进一步界定。这需要确保社会大众租赁、出租、转让等途径的合法收入，加强农村土地流转、集体林权制度、宅基地使用权改革。以此，不仅可以保护个人财产，调动个人生产、经营、投资的积极性，还可以确保其将私利的追求与公共利益尽可能地保持一致。在国有企业方面，厉以宁所指出的"投资主体究竟是

---

① ［德］彼得·科斯洛夫斯基：《伦理经济学原理》，孙瑜译，中国社会科学出版社1997年版，第22页。
② 张维迎：《市场的逻辑》，上海人民出版社2010年版，第2页。

◆◆◆ 市场经济与传统家庭伦理的理性化

谁,有时却很不清楚,或者说,有时竟找不到具体的投资主体"[1] 等问题,仍然不同程度地存在着。因而,需要通过改革国有资本授权经营体制、发展混合所有制经济、完善产权交易机制、健全企业员工控股等,积极实现"产权有效激励、要素自由流动、价格反应灵活、竞争公平有序、企业优胜劣汰"[2]。与此同时,要加强个体合法财产保护,使财产法落到实处,把私人合法财产的不可侵犯性变成至高理念贯穿于一切制度、政策、法规的制定和实施过程中。此外,还要完善市场经济的其他法律法规,重点完善合同法、劳动保障法、所得税法等等,打击商业欺诈、坑蒙拐骗、以次充好等不良行为,确保"利己主义"付出高昂的代价、得到应有的惩罚。价格自由也是提升交易效率的重要途径,进而也是抑制利己主义过度膨胀的途径。米德克罗夫特认为:"尽管利他主义地帮助那些熟悉的人们是可能的并且是有德行的(例如对于家庭成员,或者朋友或者大街上一个需要帮助的人给予关照等);然而,如果要利他主义完全应用到社会层面的话,那么,只有对价格机制传递的他人的需求和偏好的信息做出回应时,这才得以可能。"[3] 这是因为面对面的交易只能将互惠互利应用在有限的参与者身上,价格机制的调整可以使交易者将互惠互利原则应用到更广泛的群体中去,也即是说通过合理的价格机制可以更好地引导市场交易中利他主义的发生、抑制利己主义的膨胀。这需要简化行政审批、打破市场垄断,不断完善价格要素市场改革。

三 倡导市场道德以凸显利他主义

抑制利己主义的过度膨胀,还需要道德层面的建设。人性中存在着利他主义的一面,积极弘扬见利思义的传统美德,可以抑制这一问题。信任可以有效降低交易成本,也应该积极弘扬诚实守信的良好道德,同时通过制度建设促进社会信用体系的普遍建立。

---

[1] 厉以宁:《经济学的伦理问题》,生活·读书·新知三联书店1995年版,第44页。
[2] 《党的十九大报告辅导读本》,人民出版社2017年版,第33页。
[3] [英]约翰·米德克罗夫特:《市场的伦理》,王首贞、王巧贞译,复旦大学出版社2012年版,第25页。

第五章　市场经济与传统家庭伦理理性化的有效对策

在日常生活中，市场交易不仅仅是一个经济活动，还涉及文化、心理和道德等诸多方面。因此，降低交易费用、提高交易效率以抑制利己主义的膨胀，既需要产权制度、价格机制的建立健全，也需要通过道德建设来倡导、彰显、促进利他主义的发展。诚如科斯洛夫斯基所言："信任、可信性、忠诚和相信都是以经营者的道德态度为前提的，这已超出了单纯追求最大利益的模式。因为这些道德行为降低了交易支出费用，所以提高了市场的能力，减少了市场失灵的概率，减少了对国家强制合作的刺激。"[①] 这意味着增强道德在市场交易中的调节作用，能降低衡量、惩罚和监督的费用，在一定程度上不仅弥补了政府失灵，也弥补了市场失灵。这其中最为重要的是有助于社会信任的道德的发展。如万俊人所言："只要人们承认，道德的因素（如信任）可以转化为一种社会资本，就不能否认个人的道德力量创造经济价值并产生利他主义效果的可能性。"[②] 市场经济下的交易行为本质上是人的经济活动，为人的活动即受到人性的影响。人性中固有着利他主义的一面，这为道德调节作用的发挥奠定了基础。希望被人爱、畏惧被人恨、希望被人表扬、畏惧被人责备的心理使得个体的幸福快乐或者痛苦沮丧建立在别人的表扬或者谴责之上。可以说利他主义是人性中固有的一部分。这种利他的人性既为从制度层面确保对私利的追求推动社会整体利益的获得奠定了特定前提，也为从伦理道德层面凸显利他主义奠定了客观基础。

传统社会是以伦理为本位，修身是齐家、治国、平天下的基础，践行道德规范是安身立命之本。尽管这些道德具有特定的宗法性，但是有些道德规范具有合理性，在市场经济制度下，其对抑制市场机制的不健全所促成的利己主义具有重要意义。如万俊人所言："道德说教的确不会创造生意场上的利他主义，社会制度也确实影响甚至制约着人们的价值选择行为。但这并不意味着个人美德绝不能产生利他主

---

① ［德］彼得·科斯洛夫斯基：《伦理经济学原理》，孙瑜译，中国社会科学出版社1997年版，第25页。
② 万俊人：《道德之维：现代经济伦理导论》，广东人民出版社2000年版，第208—209页。

◇◆◇　**市场经济与传统家庭伦理的理性化**

义的价值效果，甚至也不意味着人们在生意场上没有可能会表现出某种程度的利他主义行为动机。人们倾向于利己或利他的行为选择，除了制度因素的影响之外，很大程度上还取决于他或她作为公民个体的美德品质，如，正义感、道义感、责任心、报恩感和我们所讨论的诚实守信等等。"① 这些正义感、道义感、责任心等积极的道德集中体现在义利观念之中。在传统文化中，天人合一的实现，需要践行儒家的仁，以洞悉自我内在世界中的人性，不断接近宇宙至高之准则。而私欲是实现这一境界的最重要障碍，只有"存天理、灭人欲"才能消除这一障碍。因而，重义轻利变成了一种基本的道德倾向。《里仁》云："富与贵，是人之所欲也；不以其道得之，不处也；贫与贱，是人之所恶也，不以其道得之，不去也。"②《宪问》云："见利思义，见危授命，久要不忘平生之言，亦可以为成人矣。"③《告子》下云："为人臣者怀利以事其君，为人子者怀利以事其父，为人弟者怀利以事其兄……为人臣怀仁义以事其君，为人子者怀仁义以事其父……然而不王者，未之有也。何必曰利？"④这些都突出强调了利他主义对于道德修养、进而对成圣成王的重要性。即便墨子将利他主义与利己主义融合起来讲，也是以强调利他为利己的前提，如《兼爱》中云："夫爱人者，人必从而爱之；利人者，人必从而利之；恶人者，人必从而恶之；害人者，人必从而害之。"⑤ 因而，传统文化中的义利观有着鲜明的利他主义色彩。积极宣扬这些观念，并将之融入相关法律法规中，使其成为市场经济中交易双方的重要道德准则，对提升交易效率、完善市场机制，从而抑制利己主义、凸显利他主义具有重要意义。如张岱年所言："任何道德儒家主张'以义为上'，义的问题比较复杂。儒家正统派重义轻利，宣扬'正其义不谋其利，明其道不计其功'，把道与义对立起来，陷于脱离实际的空想。但是，儒家

---

① 万俊人：《道德之维：现代经济伦理导论》，广东人民出版社2000年版，第208页。
② 《论语·里仁》，张燕婴译注，中华书局2006年版，第42页。
③ 《论语·宪问》，张燕婴译注，中华书局2006年版，第210页。
④ 《孟子·告子》下，万丽华、蓝旭译注，中华书局2006年版，第269页。
⑤ 《墨子·兼爱》中，方勇译注，中华书局2015年版，第127页。

第五章　市场经济与传统家庭伦理理性化的有效对策

反对'见利忘义',主张'见得思义'还是正确的。清儒颜元说:'正其义以谋其利,明其道而计其功',强调了道义与功利的统一关系,是正确的。企业家如果见利忘义,必终于失败。"①

在市场经济中,交易成本的下降是交易效率提升的关键,也是抑制交易中利己主义膨胀的重要因素。除了产权制度和义利观念促进交易成本的下降之外,信任构成了同样重要的促进因素。福山认为,"一套为某一群体成员共享并能使其形成合作的非正式的价值和规范"②构成了社会资本,可以"大幅减少经济学家所谓的交易成本,即对契约进行监督、缔结、调整和强制执行所需的费用"③。社会资本之所以能有效地降低交易成本,是因为其产生了彼此之间的信任。信任促使社会成员之间普遍建立可以信赖的交易关系,从而减少甚至避免商业欺诈行为的出现。而信任关系的广泛建立除了法律法规所建立的信用体系之外,更重要的是诚实守信的道德规范被普遍确立。诚如福山所言:"信任就其自身而言,不是一种道德品质,而是品德的副产品;只有当人们分享诚实互惠的行为标准,并在此基础上开展合作,才会产生。过分自私和投机取巧会摧毁信任。"④ 诚实守信是儒家伦理中仁的具体体现,也是其基本要求,因而中国传统文化中有着诸多以诚信为本的道德要求。《为政》云:"人而无信,不知其可也。大车无𫐐,小车无軏,其何以行之哉。"⑤《学而》:"吾日三省吾身:为人谋而不忠乎?与朋友交而不信乎?传不习乎。"⑥《春秋谷梁传》僖公二十二年云:"人之所以为人者,言也。人而不能言,何以为人?言之所以为言者,信也。言而不信,何以为言。"⑦《滕文公》云:

---

① 《张岱年全集》第7卷,河北人民出版社1996年版,第559页。
② [美]弗朗西斯·福山:《大断裂:人类本性与社会秩序的重建》,唐磊译,广西师范大学出版社2015年版,第21页。
③ [美]弗朗西斯·福山:《大断裂:人类本性与社会秩序的重建》,唐磊译,广西师范大学出版社2015年版,第22页。
④ [美]弗朗西斯·福山:《大断裂:人类本性与社会秩序的重建》,唐磊译,广西师范大学出版社2015年版,第55页。
⑤ 《论语·为政》,张燕婴译注,中华书局2006年版,第22页。
⑥ 《论语·学而》,张燕婴译注,中华书局2006年版,第3页。
⑦ 《春秋谷梁传·僖公二十二年》,徐正英、邹皓译注,中华书局2016年版,第283页。

◇◆◇ 市场经济与传统家庭伦理的理性化

"父子有亲、君臣有义、夫妇有别、长幼有序、朋友有信。"① 也即是说诚信是立身之本、为人之本、交友之本。尽管，这种诚信是建立在熟人社会基础之上，对熟人社会以外的成员具有不同程度的排斥性。但是，它具有普适性，因而具有可转移性，为在市场经济下建立超越于熟人社会之上的广泛的社会信任，提供了重要的道德基础和社会前提。应该积极倡导更广泛范围的诚实守信的道德观念，将家庭之间、社区之间、朋友之间的这一道德规范提升至社会公德。习近平总书记指出："对突出的诚信缺失问题，既要抓紧建立覆盖全社会的征信系统，又要完善守法诚信褒奖机制和违法失信惩戒机制，使人不敢失信、不能失信。对见利忘义、制假售假的违法行为，要加大执法力度，让败德违法者受到惩治、付出代价。"② 为此，应一方面通过法律的惩恶扬善作用，增强诚实守信的道德的权威性；另一方面通过将失信行为与舆论谴责、出行禁止以及贷款、升学、就业等惩罚性措施联系起来，增加个人失信成本，从而促进对诚信道德的遵循。

第二节 转变政府职能，创造抑制经济理性膨胀的政治条件

传统家庭伦理理性化源于经济理性的过度扩张，后者又源于信息不对称、交易成本增加所导致的利己主义的膨胀，而此一问题又源于政府职能的错位、缺位和越位所造成的政府与市场关系的不合理。解决这一问题，一方面需要推动国家治理体系和治理能力现代化，在完善宏观调控的同时，使市场发挥决定性作用；另一方面需要坚持依法治国，进一步完善产权制度，加强对公权力的约束，使之在介入经济活动时依法依规。同时，更要从整体层面上树立以人民为中心的执政理念。

---

① 《孟子·滕文公》上，万丽华、蓝旭译注，中华书局2006年版，第111页。
② 《习近平谈治国理政》第2卷，外文出版社2017年版，第134—135页。

第五章　市场经济与传统家庭伦理理性化的有效对策

一　推动国家治理体系和治理能力现代化

市场经济下，由市场机制不健全所导致的交易成本的增加是利己主义膨胀的重要成因、进而是导致传统家庭伦理理性化问题的重要影响因素。而市场机制的不健全又和政府的缺位、越位、错位密切相关。推动国家治理体系和治理能力现代化，合理界定政府和市场关系，是健全市场机制、降低交易成本、从而抑制利己主义的重要环节。

传统家庭伦理理性化及其对政治、社会、经济、文化等的影响，其重要原因是随着社会主义市场经济的发展，优胜劣汰、等价交换、公平竞争和以利益最大化为取向等市场准则渗透到社会领域，经济理性的过度扩展促使对货币的追逐成为终极目的。如前所述，经济理性扩张的核心在于利己主义的过度膨胀，因而，抑制利己主义的膨胀，凸显市场经济中利他主义的一面，是应对传统家庭伦理理性化问题的重要环节。利己主义的膨胀源于市场机制本身的不健全——尤其是产权制度的不健全——所导致的信息不对称、交易成本增加。习近平总书记指出："经过20多年实践，我国社会主义市场经济体制已经初步建立，但仍存在不少问题，主要是市场秩序不规范，以不正当手段谋取经济利益的现象广泛存在；生产要素市场发展滞后，要素闲置和大量有效需求得不到满足并存；市场规则不统一，部门保护主义和地方保护主义大量存在；市场竞争不充分，阻碍优胜劣汰和结构调整，等等。这些问题不解决好，完善的社会主义市场经济体制是难以形成的。"[①] 这些问题的核心恰恰在于一套有效的产权制度尚未广泛确立，致使信息不对称、交易成本问题仍然存在。而政府的缺位和越位又是其重要成因，推动国家治理体系和治理能力现代化，恰当处理政府和市场关系，使市场成为资源配置的决定性因素，并以此为基础不断完善产权制度、降低交易费用，进而以体制机制的完善抑制利己主义、凸显利他主义，成为应对理性化问题的重要举措。国家治理体系是指

[①]《习近平谈治国理政》第1卷，外文出版社2018年版，第76页。

◇❀◇ 市场经济与传统家庭伦理的理性化

开展政治、经济、文化、社会、生态等建设的制度性安排。国家治理能力则是指"运用国家制度管理社会各方面事务的能力,包括改革发展稳定、内政外交国防、治党治国治军等各个方面"[1]。推进国家治理体系和治理能力现代化的核心在于:"处理好政府和市场的关系,使市场在资源配置中起决定性作用和更好发挥政府作用。市场决定资源配置是市场经济的一般规律,健全社会主义市场经济体制必须遵循这条规律,着力解决市场体系不完善、政府干预过度和监管不到位问题。"[2]

合理界定政府和市场关系、减少政府的职能错位问题,重点是减少政府对市场的不必要、不合理的干预。随着人类社会的发展,市场交易从建立在传统的人际关系之上的交换,变成了非人际关系的交换,在这种交换形式中,尽管地缘、血缘因素仍然起着作用,但已微弱。契约义务、交换准则、商人道德等成为更为主要和重要的交易基础。这就使得越来越需要国家作为第三方提供交易保障。但国家介入交易过程本身存在两面性,"一方面,国家起到了产权的保护者与实施者的作用,但另一方面,国家又常常带来不安定与高额的交易费用"[3]。这在12世纪的中国有着鲜活的体现,"在浦江一侧便有十座油井在生产,政府的控制权所导致的,肯定是它后来的停滞不前,而不是它早期的进步。使极为先进的中国文明落在欧洲后面的,是它的政府限制甚严,因而没有为新的发展留下空间"[4]。从这里可以看出,在中国历史上,随着市场交易的扩大,政府介入市场并为交易提供秩序和保障成为一种必然,但是由于政府自身的强大,在制定规则中不仅往往朝着有利于其财政税收的短期目标进行交易规则或者产权结构的制定,还经常以权力侵犯经济主体的产权。改革开放以前尤其是新

---

[1] 《习近平谈治国理政》第1卷,外文出版社2018年版,第91页。
[2] 《〈中共中央关于全面深化改革若干重大问题的决定〉辅导读本》,人民出版社2013年版,第5—6页。
[3] [美]道格拉斯·诺斯:《制度、制度变迁与经济绩效》,杭行译,格致出版社、上海三联书店、上海人民出版社2014年版,第41页。
[4] [英]F. A. 哈耶克:《致命的自负》,冯克利、胡晋华译,中国社会科学出版社2000年版,第47页。

第五章 市场经济与传统家庭伦理理性化的有效对策

中国成立之前的大部分时间,政府对产权的缺乏保护及其对交易不合理的介入,都是市场广泛发展的主要障碍。改革开放以后,市场经济的不断发展得益于产权制度的形成与发展。但是由计划向市场转变过程中,政府必然起着主导性的作用,在很多领域里,政府的主导作用意味着行政权力对经济活动的支配,过度的介入不仅导致越位,还造成缺位。这增加了信息不对称性、降低了市场竞争,也因而增加了交易费用。一系列以坑蒙拐骗、制假售假、偷税漏税为具体体现的利己主义的膨胀问题,都不同程度地跟这一因素相关。因而,减少政府的缺位、越位问题,核心任务即在于限制政府自身对市场的权力,也即通过财政、货币或法律等方式或途径增强宏观调控,减少对市场的不必要、不合理的直接干预,积极发挥市场决定性作用。这一方面应"健全国家发展战略和规划为导向、以财政政策和货币政策为主要手段的宏观调控体系,推进宏观调控目标制定和政策手段运用机制化,加强财政政策、货币政策与产业、价格等政策手段协调配合,提高相机抉择水平,增强宏观调控前瞻性、针对性、协调性"[①]。以此健全宏观调控体系、优化组织结构、转变政府职能,减少政府越位问题。另一方面应通过完善发展成果考核评价机制,引导资源配置向高能、低碳、科技等方面倾斜。以此增强政府在保持经济平稳、协调经济结构、优化生产力布局,防范经济周期波动,减少经济运行风险等方面的能力,确保经济持续健康发展。

交易费用的存在源于交易双方信息不对称,而竞争能减少信息不对称所增加的交易费用,市场的竞争越充分,交易费用就越少。增强市场经济的竞争性是减少交易成本、提升交易效率、进而抑制利己主义膨胀的重要因素。对政府而言,增强竞争性关键在于制定一套竞争规则,使包括生产者和生产者、消费者和生产者、消费者和消费者等在内的市场主体都形成一种良性的公平竞争关系。吴敬琏认为:"作为市场经济系统,如果没有独立的企业,那就不可能形成彼此之间市

---

① 《〈中共中央关于全面深化改革若干重大问题的决定〉辅导读本》,人民出版社 2013 年版,第 16 页。

◆◆◆ 市场经济与传统家庭伦理的理性化

场交易的关系;反过来,如果没有公平交易的规则和相互关系,那么生产单位也就不成其为企业了。"① 建立公平的竞争规则,首先在于建立开放透明的市场规则。这需要放宽市场准入,深入实施负面清单制度,坚持法无禁止即可为,使各类市场主体在清单之外公平竞争。同时,应完善市场监管体制机制,使不利于公平公开竞争的部分规章和做法,如地方保护主义、行业垄断和不正当竞争等,得到进一步变革或消除。其次,加强市场对价格的调控作用。应完善市场决定价格的体制机制,推进"水、石油、天然气、电力、交通、电信等领域价格改革,放开竞争性环节价格。政府定价范围主要限定在公用事业、公益性服务、网络型自然垄断环节,提高透明度,接受社会监督"②。并建立健全农村集体经营性建设用地出让、租赁、入股等体制机制,使其价格得到合理化。最后,消除隐性壁垒。在市场经济中,竞争规则是不同组织或团体相互制约的一个结果。诺思认为:"交换或是指在现存的一套制度中所进行的谈判,或是指参与者发现值得投入一些资源去改变更为基本的政治结构,以使权利能得到重新配置。"③ 这也意味着,国有经济由于由相应的政策、资金、制度等方面的支持,有着比民营企业更强的谈判能力,这种不对等的谈判能力使民营企业相对于国有企业,在平等保护产权、平等参与市场竞争、平等使用生产要素等方面存在不足,现实中的"玻璃门""弹簧门""天花板"等现象即为例证。这就需要"推进产业政策由差异化、选择性向普惠化、功能性转变,清理违反公平、开放、透明市场规则的政策文件,推进反垄断、反不正当竞争执法"④,使民营企业在市场准入、投标招标、经营运行等方面实现权利平等、机会平等、规则平等。

---

① 吴敬琏、刘吉瑞:《论竞争性市场体制》,广东经济出版社1998年版,第85页。
② 《〈中共中央关于全面深化改革若干重大问题的决定〉辅导读本》,人民出版社2013年版,第13页。
③ [美]道格拉斯·诺斯:《制度、制度变迁与经济绩效》,杭行译,格致出版社、上海三联书店、上海人民出版社2014年版,第56页。
④ 《习近平在民营企业座谈会上的讲话》,《人民日报》2018年11月2日第2版。

二 增强法律法规保护产权的效力

以法律法规为内容的"正式规则"是健全市场机制、降低交易成本、进而抑制利己主义膨胀的关键,因而,加强依法治国,增强政府依法依规保护产权的效力是解决此一问题的必要前提。为此,不仅需要进一步落实产权保护的相关法律法规,深化国有企业制度改革,保护以民营企业为主的市场主体的合法权利,还需要健全司法体制机制,增强党员干部法律意识和法律能力,杜绝权力腐败,等等。同时还要坚持依法治国与以德治国相结合,增强社会大众法治认同。

如前所述,传统家庭伦理理性化问题的关键在于经济理性的扩张、利己主义的膨胀,而信息不对称、交易费用的存在是后者的重要成因,产权的保护是解决问题的关键。而以法律法规为主的正式规则是界定和保护产权、降低交易成本的重要促成和保障因素。正式规则除了上述公共决策、体制机制之外,更为重要的是法律法规。法律法规之所以能减少交易成本源于对财产权的归属、使用、收益、转让的界定与保护,以及对违背契约关系中某个条款的惩罚。如诺思所言:"正式规则包括政治(和司法)规则、经济规则和契约。这些不同层次的规则——从宪法到成文法、普通法,到具体的内部章程,再到个人契约——界定了约束,从一般性规则直到特别的界定。"[1] 相对于中国特定的历史文化环境,界定和实施产权对降低交易成本有着更为重要的意义。改革开放以来,虽然从计划经济向市场经济转变取得了重大进展,但是部分行业或领域仍然留存着计划的痕迹。少数人利用手中的特权干预市场机制,影响市场对各种要素的分配,谋取特定利益,从而限制了公平竞争。如张维迎所言:"任何限制竞争的做法,只对少数人有利。资源配置要么按市场,要么按特权。如果不按市场,一定会按特权。任何限制竞争、人为地限定价格的办法,最后只

---

[1] [美]道格拉斯·诺斯:《制度、制度变迁与经济绩效》,杭行译,格致出版社、上海三联书店、上海人民出版社2014年版,第56页。

◆◆◆　市场经济与传统家庭伦理的理性化

能让少数有特权的人得到好处。"[1] 产权的清晰，可以防止少数人侵犯市场主体的产权，使之得到合理保护，从而增强市场竞争、降低交易成本。改革开放以后，正是一系列法律法规对产权的逐步界定和保护，才促成市场经济的不断深入发展。党的十一届三中全会、十二大、十四大、十五大等重要会议，推动了家庭联产承包责任制建立、国有企业现代化改革、私营企业快速发展等等，并先后颁布了公司法、合同法、物权法等法律法规，这些举措的核心是界定和实施了产权尤其是私有产权的保护，从而提升了市场竞争效率、降低了交易成本、激发了市场活力。但是由于体制、历史、文化等原因，还存在着"有法不依、执法不严、违法不究现象比较严重，执法体制权责脱节、多头执法、选择性执法现象仍然存在，执法司法不规范、不严格、不透明、不文明现象较为突出，群众对执法司法不公和腐败问题反映强烈；部分社会成员尊法信法守法用法、依法维权意识不强，一些国家工作人员特别是领导干部依法办事观念不强、能力不足，知法犯法、以言代法、以权压法、徇私枉法现象依然存在"[2] 等问题。这些问题仍然是限制对产权尤其是私有产权进行界定和保护的重要因素，解决这些问题则是减少不合理阻碍、推动市场竞争、进而降低交易成本的关键。

保护和促进产权的实施，首要的是本着平等交换、契约有效、依法监督等原则，完善市场经济法律制度。这一过程中，核心在于"健全以公平为核心原则的产权保护制度，加强对各种所有制经济组织和自然人财产权的保护，清理有违公平的法律法规条款。创新适应公有制多种实现形式的产权保护制度，加强对国有、集体资产所有权、经营权和各类企业法人财产权的保护"[3]。为了实现这一目的应着力做好三个方面的工作，其一，进一步落实关于产权保护的法规。产权种

---

[1] 张维迎：《市场的逻辑》，上海人民出版社2010年版，第25页。
[2] 中共中央文献研究室编：《十八大以来重要文献选编》（中），中央文献出版社2016年版，第156—157页。
[3] 中共中央文献研究室编：《十八大以来重要文献选编》（中），中央文献出版社2016年版，第162页。

第五章　市场经济与传统家庭伦理理性化的有效对策

类中，主要有国有所有权、集体所有权和私人所有权三种。对产权的保护集中体现在《物权法》《知识产权保护法》《专利法》等法律法规中，其中，物权关系的本质在于人因对物的占有、使用、收益和处分等的权利所产生的人与人之间的关系，是相应的权利义务关系，呈现出直接支配性和排他性。当前，对不同类型的产权的不同方式和不同程度的侵害还普遍存在。在国有所有权中，主要任务有两个方面，一方面是通过建立职业经理人、发展混合所有制、强化国有企业经营投资责任追究制度等途径，完善国有企业现代企业制度，以产权关系的进一步明确提升其活力；另一方面是防止国有资产以低价转让、合谋私分、擅自担保等形式流失。在集体所有权方面，主要任务是加快农村耕地、宅基地、林地等确权颁证工作，使中央所提出的农民对集体资产的占有、收益、担保、继承等权利得到切实落实，为这些产权的流转交易提供必要条件和关键保护。在私有所有权中，完善和强化对合法私有财产的保障和维护。当前，知识产权成为私有所有权的重要内容，应"完善激励创新的产权制度、知识产权保护制度和促进科技成果转化的体制机制"[1]，增强产权的转化和收益。其二，防止垄断和不正当竞争。垄断是通过对生产、销售、价格等市场过程中的交易进行直接或间接的操纵，以图获得垄断利润。当前，垄断问题主要表现在两个方面：一是地方政府的保护主义，利用行政权力设置相关市场主体进入区域性市场的障碍，或者部分国有企业利用自身特定的资源、政策、资金等优势，限制其他企业参与本领域或本行业的竞争；二是部分企业在发展过程中，出于获得垄断利润的目的而发生的联合。二者都限制了市场竞争。这需要加强反垄断法律的落实，完善市场准入制度。对部分很隐蔽的垄断的方式则需加以有效监管。不正当竞争是指通过使用违反法律规范和道德准则的商业手段，如坑蒙拐骗、假冒伪劣、以次充好等，它使市场竞争陷于无序。应增强对这些行为的打击，加强市场监管，健全相关法律。其三，加强市场法律制

---

[1] 中共中央文献研究室编：《十八大以来重要文献选编》（中），中央文献出版社2016年版，第162页。

◇◆◇　市场经济与传统家庭伦理的理性化

度建设。在此基础上，还应进一步健全民法典，通过"制定和完善发展规划、投资管理、土地管理、能源和矿产资源、农业、财政税收、金融等方面法律法规，促进商品和要素自由流动、公平交易、平等使用"①，进一步增加市场效率。

  改革开放以来，为了促进市场经济发展、发挥市场机制的调节作用，先后颁布了许多法律法规，但仍存在许多问题亟待解决，最突出的是关于法律的落实问题。这些问题的主要原因，一方面是部分党员干部以权压法、以言代法、徇私枉法造成的，另一方面是执法的体制机制有待进一步健全。此外，社会大众的法律意识淡薄加剧了上述问题。解决这些问题，首先，切实做到有法必依、执法必严、违法必究。习近平总书记指出："领导干部要做尊法的模范，带头尊崇法治、敬畏法律；做学法的模范，带头了解法律、掌握法律；做守法的模范，带头遵纪守法、捍卫法治；做用法的模范，带头厉行法治、依法办事。"② 在市场经济发展过程中，领导干部作为公权力的具体执行者，要尊重经济规律，使市场的归市场、经济的归经济；不直接利用自己手中的权力去干预市场交易；不利用市场机制本身的不健全和作为领导干部掌握的相关信息的优势去进行"权力寻租"。为了做到这些就需要坚持依法治国、加快法治政府建设，使党内监督、人大监督、司法监督、社会监督等形成有效合力；通过党校、行政学院、社会主义学院等不同途径，提升领导干部的法律知识水平，不断增强领导干部的法治意识。其次，深化司法体制改革。涉及市场经济的法律虽有其特殊性，但是仍然属于社会主义法治的一部分，司法体制的不健全直接影响到相关法律实施。金钱案、权力案、人情案等司法腐败是导致有法不依、执法不严、违法不究等问题的重要因素。对此，应增强司法机关在人事、财政方面的垂直性、进而增加其行使职权的独立性；深化执行权与审判权相分离的体制改革，增进公检法机关的相互制约、相互配合性；通过党的监督、人大监督和社会监督等途径，

---

①　中共中央文献研究室编：《十八大以来重要文献选编》（中），中央文献出版社2016年版，第162—163页。

②　《习近平谈治国理政》第2卷，外文出版社2017年版，第127页。

第五章　市场经济与传统家庭伦理理性化的有效对策

加强对司法活动的监督；培育业务知识和思想素质过硬的司法队伍，等等。再次，增强社会大众的法治意识。熟人社会是情大于法、理大于法，加之法制本身的不健全，使得社会大众法治意识淡薄。这一方面加剧了上述有法不依、违法不究诸问题，另一方面导致了市场交易中一系列违背法律、违背道德行为的发生。因而，增强法治意识，对于推动相关法律落实、减少上述问题有重要作用。这需要积极开展法治教育，把法治教育融入学校教育、社会教育、家庭教育当中；增强宣传、文化、教育部门在法治宣传中的积极作用；"把法治教育纳入精神文明创建内容，开展群众性法治文化活动，健全媒体公益普法制度，加强新媒体新技术在普法中的运用，提高普法实效"[1]。最后，坚持依法治国和以德治国相结合。道德是法律的基石，道德的法律化有助于道德规导作用的增强，因而，应坚持依法治国和以德治国相结合，使二者在抑制市场机制所带来的利己主义的膨胀、凸显利他主义方面相互补充、相互促进。这一方面需要努力把公民道德建设、公序良俗建设以及社会诚信建设等与社会主义法律体系建设相结合，在上述建设中，"突出法治内涵，注重培育人们的法律信仰、法治观念、规则意识，引导人们自觉履行法定义务、社会责任、家庭责任，营造全社会都讲法治、守法治的文化环境"[2]；另一方面，在法律法规的构建、实施过程中，始终以真善美、公平正义等道德规范为导向，及时把"实践中广泛认同、较为成熟、操作性强的道德要求及时上升为法律规范，引导全社会崇德向善"[3]。以此，既使市场交易中因自私自利带来的违法犯罪问题得以惩处，也使传统家庭伦理的美德得以弘扬。

三　强化以人民为中心的执政理念

加强产权的界定与实施，是降低交易费用、提升交易效率、进而

---

[1] 中共中央文献研究室编：《十八大以来重要文献选编》（中），中央文献出版社2016年版，第172页。
[2] 《习近平谈治国理政》第2卷，外文出版社2017年版，第134页。
[3] 《习近平谈治国理政》第2卷，外文出版社2017年版，第134页。

◇◆◇ 市场经济与传统家庭伦理的理性化

抑制利己主义过度膨胀的关键因素,因而是应对传统家庭伦理理性化问题的重要举措。而产权是个体生命权、人身权、财产权等基本权利的有机组织部分,只有后者得到保护,前者才能得到保护。这一方面需要确保宪法赋予社会大众的各项权利得到落实,将宪法精神贯穿于一切制度、法律、政策的制定与实施过程中;另一方面需要通过多种途径扩大社会大众的政治参与,从制度层面为其权利的获得提供必要保障。

由前述可知,利己主义的膨胀是导致货币成为终极目的、进而带来诸多问题的重要成因,完善国家治理体系和治理能力、发挥市场决定性作用、依法保障产权制度的实施是解决这一问题的重要途径。但是客观上应看到,人是整体的人,产权是包括生命权、人身权、财产权等基本权利的一部分,对产权的尊重与保护是以对生命权、人身权、财产权等基本权利的尊重与保护为前提的。因而,确保产权制度的有效实施,除了上述措施外,还应坚持以人民为中心,确保社会大众各项基本权利得到尊重与保护。晚清时期,导致产权制度难以确立的深层次因素是执政者对待权力的观念。在"普天之下莫非王土,率土之滨莫非王臣"的观念下,社会大众的财产、生命悉由执政者依封建统治者的利益或者权力执行者的私人利益加以随意的侵略、征用、调配。产权是个体权利的一部分而且是最重要的一部分,产权确立的第一个前提是对个体权利的尊重,再进一步而言便是个体作为一个独立的主体对自身的财产进行处置、利用、买卖等方面的权力,在政治、法律、文化、社会等方面都受到应有的尊重。因而,对个体作为一个独立的公民的尊重是产权制度得以深入实施的最根本前提。张维迎认为:"为了完善市场,政府应该做什么?就是很好地界定产权、保护产权。只要政府真正做到这一点,真正保护人们的自由,每个人都会运用自己的优势,在市场上进行交换,达成合作,整个社会很快会富裕起来。"[1] 这意味着保护个体的自由是产权制度得以有效实施的前提,而个体自由被保护的前提又使其主体性被保障。晚清时期,

---

[1] 张维迎:《市场的逻辑》,上海人民出版社2010年版,第24页。

第五章　市场经济与传统家庭伦理理性化的有效对策

尽管有民权的概念,但是"君权神授"思想没有实质变革,"家父长官僚制"背后的"牧民而治"观念没有转变,人民主权的政治理念也无从谈起。民国时期,复辟思想残余尚存,及至南京国民政府时期,一套体现了民族资产阶级共和理念的法律、制度、政策虽然出现,但是多半流于形式,对社会大众权利的保障并未见得比晚清改变多少。这是两个时期产权制度难以建立和实施的最根本原因。以史为鉴,新时代产权制度的建立健全和有效实施,最重要的是尊重社会大众的主体性、保障其基本权利,也即要树立以人民为中心的执政理念。习近平总书记强调:"人民是历史的创造者,是决定党和国家前途命运的根本力量。必须坚持人民主体地位,坚持立党为公、执政为民,践行全心全意为人民服务的根本宗旨,把党的群众路线贯彻到治国理政全部活动之中,把人民对美好生活的向往作为奋斗目标,依靠人民创造历史伟业。"[①] 只有坚持以人民为中心,充分认识到社会大众是国家的主人、公权力的主体、中国共产党合法性的源泉,才能在权力实施过程中切实尊重、维护、保障包括人身权、财产权、生命权在内的基本权利。也只有这些权利得到维护,人民主体性得到凸显,合法私有财产神圣不可侵犯才可能有效落实。

坚持以人民为中心,最重要的是切实保障社会大众所享有的基本权利。宪法是国家的根本大法,是人民意志的体现。宪法的最核心内容便是对社会大众的权利和义务的明确与保障,加强宪法的落实是保障社会大众基本权利的最重要、最根本举措。同时,宪法只有尊重、保障、体现社会大众的基本权利,才能得到其"发自内心的拥护"。习近平总书记指出:"宪法的生命在于实施,宪法的权威也在于实施。强调我国宪法发展历程说明,只要我们切实尊重和有效实施宪法,党和国家事业就能顺利发展。"[②] 加强宪法的实施,一是应增强宪法的权威性,确保一切权力机关及其执行者都要依据宪法的基本准则行事,任何人、任何组织都不得违背宪法、都不得超越于宪法之上。二

---

① 《党的十九大报告辅导读本》,人民出版社2017年版,第20—21页。
② 《习近平总书记关于宪法的重要论述和我国宪法的修改(宪法学习宣传报告摘编)》,《人民日报》2018年5月26日第7版。

◇◆◇　市场经济与传统家庭伦理的理性化

是加强宪法宣传教育，通过不同途径引导社会大众和广大党员干部学习宪法、遵守宪法、维护宪法，不断增强全社会的宪法意识、法治精神、宪法精神，始终做到宪法至上。加强宪法的实施，更重要的是在依法治国过程中，将宪法对社会大众权利保护的理念、原则、要求贯穿到各项法律法规中。习近平总书记指出："我们要依法保障全体公民享有广泛的权利，保障公民的人身权、财产权、基本政治权利等各项权利不受侵犯，保证公民的经济、文化、社会等各方面权利得到落实，努力维护最广大人民根本利益，保障人民群众对美好生活的向往和追求。"[1] 为此，一方面应不断完善立法、执法、司法的体制机制，通过网络意见征询、人民陪审员、立法听证等制度的健全，不断拓宽社会大众有序参与立法、执法和司法的途径，使各项法律及时吸纳社会大众意见，及时体现社会大众诉求，真切保障社会大众各项权利。另一方面，应进一步增强广大党员干部的法律知识、法律观念、法律意识等，使之在涉及社会大众的基本权利过程中，依法而行，真正树立社会大众的人身、生命、财产等权利神圣不可侵犯的理念。同时，还要增强社会大众运用法律武器维护自身权利的意识，以社会监督的扩大确保各项法律法规的落实。增强法律实施，保障社会大众的基本权利，更重要的是要坚持党的领导、依法治国与人民当家作主的有机统一。

坚持以人民为中心，保障社会大众的各项权利，需要以扩大社会大众的参与为中心，加强制度建设。这一过程中，既完善社会大众"民主决策、民主管理、民主监督"的制度程序，也确保其参与实践的完整性，不仅确保其有投票的权利，也保证其在日常生活中有持续参与的权利。更为重要的是"必须具体地、现实地体现到中国共产党执政和国家治理上来，具体地、现实地体现到中国共产党和国家机关各个方面、各个层级的工作上来，具体地、现实地体现到人民对自身利益的实现和发展上来"[2]。为了实现这一目的，需要进一步完善人

---

[1] 《习近平谈治国理政》第 1 卷，外文出版社 2018 年版，第 141 页。
[2] 《习近平谈治国理政》第 2 卷，外文出版社 2017 年版，第 292 页。

第五章　市场经济与传统家庭伦理理性化的有效对策

民代表大会制度、政治协商制度、民族区域自治制度等基本政治制度。确保人民主体地位的实现以及人民当家作主的贯彻落实。除此之外，还需要依据社会大众法治、平等、民主等意识增强的时代背景和时代需要，丰富民主形式、扩宽民主渠道。为此，需要重点做好以下几个方面的工作。首先，发展基层民主。社区民主和村民自治是基层民主的重要体现。应不断"巩固基层政权，完善基层民主制度，保障人民知情权、参与权、表达权、监督权"①。重点是完善村民主选举、协商、决策、监督等制度，规范村委会选举、决策程序，积极形成"民事民议、民事民办、民事民管"的基层协商格局。其次，完善协商民主。协商民主是社会主义制度优势的体现，是人民当家作主的真实体现。社会主义协商民主的核心是将政治、经济、社会等领域中关涉社会大众切身利益的诸多问题，在全社会开展广泛协商，集思广益、听取意见、凝聚共识，使各项决策充分体现社会大众的诉求，充分保障其各项权利的实现。在全社会进行广泛协商，需要"涉及全国各族人民利益的事情，要在全体人民和全社会中广泛商量；涉及一个地方人民群众利益的事情，要在这个地方的人民群众中广泛商量；涉及一部分群众利益、特定群众利益的事情，要在这部分群众中广泛商量"②。以此，既遵循了民主集中制，又突出了人民主体性。最后，加强党的领导。党的领导是发展基层民主和协商民主的保障，因而，这一过程中要始终坚持人民当家作主与党的领导的有机统一，以党的领导的完善和党员干部民主作风意识的提高促进基层民主和协商民主，并以后者的发展提升党的领导能力和领导水平。

第三节　深化社会治理，减少传统家庭伦理理性化的社会问题

　　传统家庭伦理理性化，一方面祛除了宗法等级、熟人社会、封闭

---

① 《党的十九大报告辅导读本》，人民出版社2017年版，第36页。
② 《习近平谈治国理政》第2卷，外文出版社2017年版，第292—293页。

◇◆◇　市场经济与传统家庭伦理的理性化

保守等问题，推动了社会进步；另一方面也导致了家庭矛盾、社会失序、民族认同弱化等问题。针对这一问题，不仅需要以社会主义核心价值观为指导，结合新的时代需要，注重家庭、家教、家风建设，培育新的家庭文化，也需要革故鼎新、弘扬公序良俗，建立新的社会纽带。同时，还需要以培育家族共同体、村落共同体、社区共同体、中华民族共同体等共同体意识，增强社会联结的有机性。

一　注重家庭、家教、家风建设

家庭、家教、家风是传统家庭伦理的载体或体现，因而含括了重建的内容和途径。加强家庭、家教和家风建设是重建传统家庭伦理的重要环节。家庭建设需要增强家庭和睦，将"小家"与"大家"相融合。做好家教需要以合理正确的方法，积极弘扬家庭美德，帮助青少年树立正确的世界观、价值观和人生观，并将家庭教育和学校教育与社会教育相融合。家风建设需要结合新的时代背景，传承和睦、节俭、重教等良好家风。

家庭是社会的细胞。家庭伦理既是个体自我意义得以实现的方法或途径，也是社会秩序、政治秩序的来源，因而，"天下之本在家"。这也决定了家庭不仅由家庭伦理所维系并由之建构所成，家庭的建设也成为家庭伦理不断发展的关键。在传统家庭伦理理性化过程中，尽管那些促成宗法等级、政治专制、社会封闭等问题的伦理观念衰弱或消失了，但是有助于维系家庭和睦、社会和谐、政治安定的伦理道德也瓦解或消失了，因而家庭曾经的积极功能亦随之弱化了。这就需要在推动优秀传统家庭伦理创造性转化背景下，结合新时代的核心价值、时代精神、社会需要等开展家庭建设。习近平总书记指出："家庭是社会的细胞。家庭和睦则社会安定，家庭幸福则社会祥和，家庭文明则社会文明。历史和现实告诉我们，家庭的前途命运同国家和民族的前途命运紧密相连。我们要认识到，千家万户都好，国家才能好，民族才能好。"[1] 这里既指明了家庭建设的重要性，也指明了家

---

[1] 《习近平谈治国理政》第 2 卷，外文出版社 2017 年版，第 353—354 页。

第五章　市场经济与传统家庭伦理理性化的有效对策

庭建设的着力点。一是积极促进家庭和睦、家庭幸福、家庭文明的发展。中国传统文化中，存在着"尊老爱幼、妻贤夫安，母慈子孝、兄友弟恭，耕读传家、勤俭持家，知书达礼、遵纪守法，家和万事兴等中华民族传统家庭美德，铭记在中国人的心灵中，融入中国人的血脉中，是支撑中华民族生生不息、薪火相传的重要精神力量，是家庭文明建设的宝贵精神财富"①，家庭建设要积极弘扬这些传统美德，将这些美德融入学校教育、文学艺术、媒体宣传、舆论导向之中，使之不断传播、巩固和深化。二是使"小家"与"大家"建设相统一。国家好、民族好，家庭才能好，因而，要将家庭建设与国家建设的需要相结合。传统家庭伦理中，尽管存在着移孝作忠、君父并重的弊端，但是捐躯赴国难、舍小家为大家的精忠报国精神广泛存在着，如"苟利国家生死以，岂因祸福避趋之"，"只解沙场为国死，何须马革裹尸还"，"带长剑兮挟秦弓，首身离兮心不惩"，等等。应在家庭建设中将这些精神风尚广泛传播，使"广大家庭都要把爱家和爱国统一起来，把实现家庭梦融入民族梦之中，心往一处想，劲往一处使，用我们4亿多家庭、13亿多人民的智慧和热情汇聚起实现'两个一百年'奋斗目标、实现中华民族伟大复兴中国梦的磅礴力量"②。

家庭是人生的第一个课堂，父母是孩子最好的老师。家庭教育是家庭的重要功能。心理学、社会学和人类学等学科的相关研究表明，儿童早期关于自我、人生、社会、政治等的看法深刻地影响其成年以后的思想观念和选择偏好。家庭教育对于传承传统家庭美德、推动传统家庭伦理创造性转化、积极开展社会主义精神文明建设等具有重要意义。家庭教育首先教育和引导青少年树立良好的价值观、人生观和世界观，使其正确认识和处理自己与他人、与家庭、与社会、与国家的关系。尤其是"应该把美好的道德观念从小就传递给孩子，引导他们有做人的气节和骨气，帮助他们形成美好心灵，促使他们健康成长，长大以后成为对国家和人民有用的人"③。其次，应积极传播中

---

① 《习近平谈治国理政》第2卷，外文出版社2017年版，第353页。
② 《习近平谈治国理政》第2卷，外文出版社2017年版，第354页。
③ 《习近平谈治国理政》第2卷，外文出版社2017年版，第355页。

◆◆◆　市场经济与传统家庭伦理的理性化

华民族传统美德。习近平总书记指出，要"传递尊老爱幼、男女平等、夫妻和睦、勤俭持家、邻里团结的观念，倡导忠诚、责任、亲情、学习、公益的理念，推动人们在为家庭谋幸福、为他人送温暖、为社会作贡献的过程中提高精神境界、培育文明风尚"[①]。这些传统美德是在漫长的历史过程中，逐渐积累、创造和发展而成的，是中国古老智慧的结晶，是恰当处理与家庭、与他人、与社会、与自然等关系的为经验所证明和为历史所肯定的道德规范。因而，应在家庭教育过程中，向广大青少年传播和灌输这些传统美德，使之能够担当起家庭和国家的未来。最后，家庭教育应该使用合理的方法。父母作为孩子最好的老师，其言谈举止、处世态度、价值观念等都对孩子有着潜移默化的影响，对孩子今后的成长与发展会产生长期的、往往是一辈子的影响。因而，作为父母应"重言传、重身教，教知识、育品德，身体力行、耳濡目染，帮助孩子扣好人生的第一粒扣子，迈好人生的第一个台阶"[②]。与此同时，作为父母应该尊重孩子的平等人格、性格特征、个人偏好，与其真诚沟通，对之加以积极引导，尽力杜绝训斥、吵骂、殴打等不良现象发生。此外，家庭教育应该与学校教育和社会教育结合起来，通过良好的学校和社会环境形成家庭教育合力，增强整体教育效果。

家风是家庭伦理的重要体现，也是社会风尚的重要组成部分。在以诗书耕读传家久为习俗的中国，树立良好家风既是以诗礼传家的必要，也是规诫子弟、使之为人处世和齐家守业的基本准则，上自皇亲国戚、下至黎民百姓都重视家风建设。先秦时期就有《太公家教》，马援的《诫兄子严、敦书》、诸葛亮的《诫子书》、颜之推的《颜氏家训》等为人传颂，李世民、康熙作为帝王，也制定了家训，可见家风建设之长久和重要。家风中，既有忠孝立身、谨言慎行、矢志不渝、勤学不倦、不慕名利、崇德向善等个人的修身治学，比较有代表性的是诸葛亮的《诫子书》，其云："夫君子之行，静以修身，俭以养德。非淡泊无以明

---

① 《习近平谈治国理政》第 2 卷，外文出版社 2017 年版，第 355 页。
② 《习近平谈治国理政》第 2 卷，外文出版社 2017 年版，第 355 页。

第五章　市场经济与传统家庭伦理理性化的有效对策

志，非宁静无以致远。夫学须静也，才须学也，非学无以广才，非志无以成学。淫慢则不能励精，险躁则不能治性"，也有忠君爱国、济世安邦、兼济天下、为君为民等等。这些家风有受宗法等级、官本位、男尊女卑等思想影响而充满封建性的一面，也有传承修身治学、爱国爱家、慕信崇义等良好传统的一面。新时代家风建设，应扬长避短、吐故纳新，以之为基础，建设体现新的时代精神、展现新的时代要求、符合新的时代需要的家风。习近平总书记指出："家风好，就能家道兴盛、和顺美满；家风差，难免殃及子孙、贻害社会。"[1] 并要求"各级领导干部要保持高尚道德情操和健康生活情趣，严格要求亲属子女，过好亲情关，教育他们树立遵纪守法、艰苦朴素、自食其力的良好观念，明白见利忘义、贪赃枉法都是不道德的事情，要为全社会做表率"[2]。这里，习近平总书记一方面指出了家风建设的重要意义，另一方面也指出了家风建设的重要内容，既要增强"遵纪守法、艰苦朴素、自食其力"的良好观念，也要培育舍利取义、公而忘私、奉献社会等美好道德。虽然这主要是针对干部家庭的，但具有普适性。为了推动家风建设，应该积极学习、宣传孟母、诸葛亮、岳飞等古代良好的家规家训，大力传播毛泽东、周恩来、朱德等领导人的良好家风，将家风建设作为社会主义精神文明建设的重要内容加以开展，通过家庭教育、学校教育、社会教育等途径不断深化这一建设内容。

二　积极开展公序良俗培育

风俗习惯是影响传统家庭伦理的重要因素。这一影响呈现出两面性，一方面有助于家庭和睦、社会和谐，另一方面又表现出宗法等级、封建迷信。这需要结合新的时代需要，以社会主义核心价值观为指导，将生育、婚俗、葬礼、节日等风俗习惯加以重建，使公序良俗得到弘扬。

风俗习惯是古老的文化传统在现代社会的遗存，因而是一个国家

---

[1]《习近平谈治国理政》第2卷，外文出版社2017年版，第355页。
[2]《习近平谈治国理政》第2卷，外文出版社2017年版，第356页。

◆◈◆　市场经济与传统家庭伦理的理性化

的文化缩影。风俗习惯在实质上构成了一套行为范型,型塑着特定的行为模式。如本尼迪克特所言:"个体生活的历史中,首要的就是对他所属的那个社群传统上手把手传下来的那些模式和准则的适应。落地伊始,社群的习俗便开始塑造他的经验和行为。到咿呀学语时,他已是所属文化的造物,而到他长大成人并参加该文化的活动时,社群的习惯便已是他的习惯,社群的信仰便已是他的信仰,社群的戒律亦已是他的戒律。"[1] 韦伯将风俗习惯视为一种型塑个体行为的条件反射的因素,他认为:"当一种社会行动取向的规律性有实际存在的机会时,我们称它为'习俗'。如果这种机会在一群人中仅仅是由于反复操练而产生的。假若这类操练是基于长期习以为常的结果,习俗将称之为'风俗'。"[2] 这意味着风俗习惯建构了一套行为范型,遵循这一范型便会得到赞誉、愉快或者社会地位,违背这一范型则会招致不方便、不愉快。以此之故,从古老社会所沿袭下来的风俗传统,是家庭伦理作为一种行为规范得以发挥其效用的重要影响因素。在理性化过程中,"一个最重要的元素便是把内在未经思索地接受流传下来的风俗习惯,替换成深思熟虑地有计划地适应于利害状况"[3]。随着风俗习惯对伦理本身所促成的权威性或半神圣性的消失,家庭伦理作为一种行为规范的约束和规导作用也相应弱化或者消失。这一变迁使得传统家庭伦理对政治、经济、社会、文化等方面的不利影响被消解了,但同时也瓦解了其积极的一面。这需要我们本着扬长避短的基本原则,有选择性地对风俗习惯加以创造性转化、创新性发展。一方面应将风俗习惯中有助于宣扬优秀传统家庭伦理的部分,结合新的时代需要加以革新和扩延;另一方面应将带有浓厚的封建残余尤其是宗法色彩的风俗习惯加以改造或者弃绝。以此实现公序良俗的形成、发展和传播。

---

[1] [美] 露丝·本尼迪克特:《文化模式》,王炜译,社会科学文献出版社 2009 年版,第 2 页。
[2] [德] 马克斯·韦伯:《社会学的基本概念》,顾忠华译,广西师范大学出版社 2010 年版,第 58 页。
[3] [德] 马克斯·韦伯:《社会学的基本概念》,顾忠华译,广西师范大学出版社 2010 年版,第 61 页。

第五章 市场经济与传统家庭伦理理性化的有效对策

生育、婚姻、丧葬、社交等风俗习惯对政治、经济、社会、文化的影响最为显著，是重建的着力点。在生育方面，随着改革开放以来男女平等的增加，将女性视为一种"生育工具"的观念已弱化，然而，重男轻女的现象还普遍存在，其中所蕴含的"养儿防老""多子多福"的观念还存在着。这不利于人口结构的协调发展，也不利于社会整体的发展。不过，同时也应看到这种重视人口繁衍的古老观念，在人口出生率较低的背景下，有着特定的积极意义。因而，应该改变这种重男轻女的现象。在婚姻习俗中，新中国成立以后，包办婚姻、买卖婚姻的现象已经少见，婆媳关系中，婆婆对媳妇的"压迫"也逐渐消失，推动了婚姻自由、男女平等、年轻人自主独立等的发展。应在新的时代背景下，进一步增强自由、平等、独立的程度。在婚姻习俗中，仍处处体现着对父母的尊重，如成亲之前对父母意见的征求，婚礼中对父母的感恩，这些可以将对父母的尊重与子女作为个体的自由、平等、独立结合起来。但是也应看到，旧社会的一些不良的风俗习惯以新的形式又出现了，如天价彩礼以及婚礼仪式中的奢侈浪费，同时，离婚、非婚生育、婆媳矛盾等不良现象也随之增加，这些应该极力避免。在丧葬习俗中，仍旧保留了诸多古老的丧葬习俗，虽然看风水选坟地、厚葬浪费、礼仪繁杂等封建性习俗已经大大衰退了，但是在农村地区仍有普遍的保留。丧葬习俗是生死观念的一种体现，一些封建迷信的思想仍以其为载体而延续着。不过，也应看到丧葬习俗中蕴含了无限的对过世亲人的怀念，其仪式的严肃性有助于促进以亲情为基础的合理传统的延续以及以孝为核心的家庭观念的传播，并有助于强化不断弱化的祖先崇拜观念。因而，应去其糟粕、取其精华，在对丧葬习俗的合理部分加以利用的基础上，不断推进殡葬改革。在社交习俗中，以血缘关系亲疏远近作出差别对待的社交习俗逐渐淡薄了，但是以师生、同学、同乡、同事等关系所形成的"熟人圈子"仍旧不同程度存在着，这一方面有助于抵御传统家庭伦理理性化对整个社会纽带所造成的不利影响，另一方面也阻碍着这一问题的最终解决。因而，需要通过法律制度的健全，尽力减少或者杜绝这些关系所带来的腐败、裙带关系、圈子文化等问题，并推动其成为建立

◇◆◇　市场经济与传统家庭伦理的理性化

更广泛的社会信任和更良好的社会秩序的基础。在乡土观念中，存在着安土重迁、重视邻里关系、重视乡规民约等思想，这些既有抵御传统家庭伦理理性化对乡村共同体关系的冲击的积极的一面，也有阻碍封闭观念的消除、法律法规的实施、现代思想观念的传播等消极的一面，需要趋利避害、扬长避短。

推动这些风俗习惯的创造性转化，既需要以社会主义核心价值观为导向，将新的时代价值准则引入古老的习俗中，革故鼎新、推陈出新，古为今用，同时也应积极建立健全相关的体制机制，使这一转变有法可依、有规可循。习近平总书记指出："要按照社会主义核心价值观的基本要求，健全各行各业规章制度，完善市民公约、乡规民约、学生守则等行为准则，使社会主义核心价值观成为人们日常工作生活的基本遵循。"[①] 文化是一系列价值观念的集合，风俗传统作为传统文化的重要部分，同样是价值观念的集合。其所存在的上述诸问题，归根结底是对古老的天的信仰、对远古的巫术禁忌的畏惧以及为了维护封建王权所建构起来的封建思想等价值层面的东西所造成的。因而，风俗习惯的重建，最根本的是以新的价值代替旧的价值、以进步的思想代替落后的思想。因而，"要通过教育引导、舆论宣传、文化熏陶、实践养成、制度保障等，使社会主义核心价值观内化为人们的精神追求，外化为人们的自觉行动"[②]。以之为基本遵循，将新的价值观念注入古老的传统中，使之焕发出新的生命力，是对风俗习惯加以重建的关键。由于历史、文化、社会等原因，农村更多地保留了家庭伦理的传统成分，农民成为家庭伦理中传统性的主要担纲者。在农村特定的环境下，乡规民约成为促成和保障传统家庭伦理发挥其规范作用的重要因素。结合新时代的政治、经济、社会、文化等情况，革新、重建、保护乡规民约，成为风俗习惯重建的重要内容。为此，一方面应以社会主义核心价值观为引领，深入"挖掘乡村熟人社会蕴含的道德规范，结合时代要求进行创新，强化道德教化作用，引导农

---

① 《习近平谈治国理政》第 1 卷，外文出版社 2018 年版，第 165 页。
② 《习近平谈治国理政》第 1 卷，外文出版社 2018 年版，第 164 页。

第五章 市场经济与传统家庭伦理理性化的有效对策

民向上向善、孝老爱亲、重义守信、勤俭持家。建立道德激励约束机制,引导农民自我管理、自我教育、自我服务、自我提高,实现家庭和睦、邻里和谐、干群融洽"①。另一方面还应积极发挥新乡贤作用,"深入推进移风易俗,开展专项文明行动,遏制大操大办、相互攀比、'天价彩礼'、厚葬薄养等陈规陋习。加强无神论宣传教育,抵制封建迷信活动。深化农村殡葬改革"②。努力创造乡风文明、家风良好、民风淳朴的新时代乡村文明,使沿袭了古老传统的乡规民约既有传统的温情,又有现代的和谐,进而使风俗习惯展现出新的面貌。

三 加强社会共同体的构建

传统家庭伦理理性化过程中,共同体意识也随之淡薄了,由其所建构起来的社会联结和社会秩序也随之瓦解了。构建新的共同体意识成为应对这一问题的关键。这不仅需要以社会主义核心价值观为指导,培育以开放、平等、友爱等为内容的家族关系、邻里关系、社区关系,也需要以正确的历史观、国家观、民族观等为内容培育中华民族共同体意识。

传统家庭伦理理性化过程中对政治、社会以及文化的冲击,关键在于家庭、家族、村落等共同体的瓦解。这一瓦解的核心因素在于价值理性和风俗习惯的衰落。因为,价值理性和风俗习惯塑造了共同体意识。正是后者的瓦解使得原来由共同体所承载的各种关系以及由此延伸的对政治和社会秩序的塑造力都逐渐弱化甚至消失了。因而,问题的核心在于共同体意识的瓦解,相应的,问题的解决也应聚焦于此。韦伯认为:"所谓的'共同体'关系,是指社会行动的指向——不论是在个例、平均或纯粹类型中——建立在参与者主观感受到的互相隶属性上,不论是情感性的或传统性的。"③ 在滕尼斯的理解中,人的意识处于相互作用的状态,由此形成一种协作、共享或者服从的

---

① 《乡村振兴战略规划(2018—2022年)》,《人民日报》2018年9月27日第1版。
② 《乡村振兴战略规划(2018—2022年)》,《人民日报》2018年9月27日第1版。
③ [德]马克斯·韦伯:《社会学的基本概念》,顾忠华译,广西师范大学出版社2010年版,第76页。

◇◆◇ **市场经济与传统家庭伦理的理性化**

关系,通过"这种积极的关系而形成族群,只要被理解为统一地对内和对外发挥作用的人或物,它就叫做是一种结合。关系本身即结合,或者被理解为现实的和有机的生命——这就是共同体的本质"①。从二者的界定中可以看出,一种共同体关系的形成,关键在于一种相互隶属的主观感受的生成。这种主观感受不仅表现为休戚与共、同甘共苦,还会"导致彼此行为的相互指向"②。滕尼斯认为,在社会关系中,"人们说语言的、习俗的、信仰的共同体;但是(却说)职业的、旅行的、学术的协会"③。这意味着相互隶属的主观感受是由共同的语言、习俗和信仰等文化性因素主要促成的。涂尔干也认为,在机械团结中,"社会成员平均具有的信仰和感情的总和,构成了他们自身明确的生活体系,我们可以称之为集体意识或共同意识。毫无疑问,这种意识的基础并没有构成一个单独的机制。严格地说,它是作为一个整体散布在整个社会范围内的,但这不妨碍它具有自身的特质,也不妨碍它形成一种界限分明的实在"④。也即是说语言、习俗、信仰凝聚了共同的情感和价值,生成了集体意识,进而塑造了相互隶属的主观感受。语言、习俗、信仰在本质上表现为价值理性和风俗习惯。因而,价值理性与风俗习惯塑造了相互隶属的主观感受,是生成共同体意识的最核心因素,也是维系共同体的关键。但是在传统家庭伦理理性化过程中,以利益最大化为取向的经济理性成为支配整个集体关系的基本准则,在此影响下,价值理性和风俗习惯被消解了,旧有的共同体关系随之瓦解,基于新的再也不是相互隶属的主观感受的社会关系形成了。这种关系在韦伯那里,被称为结合体关系,所谓结合体关系,"是指社会行动本身的指向乃基于理性利益的动机(不论

---

① [德]滕尼斯:《共同体与社会——纯粹社会学的基本概念》,林荣远译,商务印书馆1999年版,第52页。
② [德]马克斯·韦伯:《社会学的基本概念》,顾忠华译,广西师范大学出版社2010年版,第79页。
③ [德]滕尼斯:《共同体与社会——纯粹社会学的基本概念》,林荣远译,商务印书馆1999年版,第53页。
④ [法]涂尔干:《社会分工论》,渠敬东译,生活、读书、新知三联书店2000年版,第42页。

第五章 市场经济与传统家庭伦理理性化的有效对策

是目的理性或价值理性的）以寻求利益平衡或利益结合"①。在这里，由价值理性和风俗习惯所生成的共同体意识淡薄或者消失了，新的社会关系建立在由交换所促成的联结上，只是在这种联结中，每个人都是独立的、互不隶属。

综上可知，共同体意识是维系共同体的关键，随着价值理性和风俗习惯被消解，前者的衰落导致了后者的瓦解。因而，社会共同体的重建最关键的在于共同体意识的培育。应客观上认识到共同体意识的培育不再是回到旧有的轨道上去，因为价值理性和风俗习惯是围绕着终极价值所建构的旧的世界图式的一部分，并奠基于旧的生产方式之上。随着市场经济的发展，经济理性的增长，生产生活方式发生了巨大变迁，其所赖以存在的经济基础和世界图式都衰落或者消失了。这种培育是去其糟粕、取其精华，并注入新思想的过程。滕尼斯划出了共同体的三种类型，即血缘共同体、地缘共同体和精神共同体。三者虽然是不同历史时期变迁的基本趋势，但在同一时期也多以不同形式并存着。改革开放以来，随着市场经济的发展，因地缘和血缘所形成的共同体意识已经大大淡化了，但是仍然不同程度地存在着。滕尼斯认为："共同体决定性的意志的总形式，它变成了如此自然，犹如语言本身一样自然，因此这本身包含着多方面的默认一致，由总形式的准则来表示默认一致的程度，我称之为和睦或家庭精神。因此，默认一致与和睦是同一回事：在基本形式里的共同体的意志——在其各个具体的关系和作用方面看作是默认一致，在其整体的力量和本质方面看作是和睦。"② 这种默认一致本质上是一种有约束力的思想信念。在血缘和地缘共同体中，默认一致既是共同体意识的具体体现，也是其重要促成因素。共同体意识培育的重点在于默认一致的形成。血缘共同体表现为以家庭、家族、姻亲等具有亲属关系的成员所构成的共同体关系。在这一关系中，亲情为个体提供了天伦之乐，使其感到快

---

① ［德］马克斯·韦伯：《社会学的基本概念》，顾忠华译，广西师范大学出版社2010年版，第76页。
② ［德］滕尼斯：《共同体与社会——纯粹社会学的基本概念》，林荣远译，商务印书馆1999年版，第73—74页。

◇◆◇　市场经济与传统家庭伦理的理性化

乐、幸福、舒适，在遇到困难时个体能够得到共同体成员的必要帮助。尽管改革开放以来，家族共同体解体，由姻亲关系所构成的亲属关系也趋于淡薄，但仍然在家族和姻亲关系中保存着共同体的部分特征。一方面应该进一步消除这种关系中的宗法性、封闭性、狭隘性，另一方面应该在平等、自由、法治的关系上倡导家族、姻亲之间的和睦相处。这需要在社会主义核心价值观的主导下，注重合理的家风、家训、族规的培育，以和睦的家庭、家族、姻亲之间共同信念和情感的培育促进默认一致的增加。地缘共同体是因地理位置的临近所形成的共同体关系，主要表现为村落共同体、城市社区共同体。改革开放以来，这种共同体关系日渐解体，但无论是村落还是城市社区，仍然是个体生活中重要的共同体关系。在这种关系中，同样应避免由传统家庭伦理所延伸出来的熟人社会的弊端。同时，积极倡导邻里互助、分工协作、和谐相处，形成一种建立在新的价值观念、关系准则、法律框架之内的邻里关系。

　　精神共同体的核心在于分享共同的价值理性和风俗习惯，是相对于整体的社会而言的。精神共同体的重建，核心在于以社会主义核心价值观为主导，进行习俗和信仰的重建，也即结合新时代的价值诉求、社会需要、生产生活等进行公序良俗的构建和意义体系的重建。在此基础上，还应着重加强中华民族共同体建设。滕尼斯认为，精神共同体"可以被理解为心灵的生活的相互关系"①。也即是主观感受上的相互隶属。安德森认为，民族"是一种想象的政治共同体——并且，它是被想象为本质上有限的，同时也享有主权的共同体"②。作为一种想象的共同体，是一种因共同的语言、习俗、信仰以及历史记忆所建构起来的情感的联结，因而被赋予了相互的隶属感，也即成了一种精神共同体。由前述可知，家庭伦理理性化过程中，以对货币的追逐为终极目的代替了以天人合一或来世与现世福报为内容的终极价值，一系列深层次问题皆由此而引发。新时代背景下对这种意义的重

---

①　[德] 滕尼斯：《共同体与社会——纯粹社会学的基本概念》，林荣远译，商务印书馆1999年版，第65页。
②　[美] 安德森：《想象的共同体》，吴叡人译，上海人民出版社2005年版，第6页。

第五章　市场经济与传统家庭伦理理性化的有效对策

建,既要能克服对死亡的恐惧,使生命走向永恒,又要能避免旧的终极价值中对古老的天以及宗教的信仰中所蕴含的神秘主义。在以社会主义核心价值观为主导进行意义体系的重建过程中,虽然能够部分地将马克思主义的最高追求与儒家的内在超越相联结,但是对于民间信仰仍然缺少有效的连接之处。而由民族共同体所生发出来的民族归属感,则是在以理性为主导的新时代背景中,实现对价值理性和风俗习惯所孕育的终极价值进行替代的最可能因素。正如安德森所言,在西欧,"18世纪不只标志了民族主义的降生,也见证了宗教式思考模式的衰颓。这个启蒙运动和理性世俗主义的世纪同时也带来了属于它自己特有的、现代的黑暗。尽管宗教信仰逐渐退潮,人的受苦——有一部分乃因信仰而生——却并未随之消失。天堂解体了:所以有什么比命运更没道理的呢?救赎是荒诞不经的:那又为什么非要以另一种形式延续生命不可呢?因而,这个时代所亟需的是,通过世俗的形式,重新将宿命转化为连续,将偶然转化为意义。在下面的讨论中我们会知道,很少有东西会比民族这个概念更适于完成这个使命"①。可见,对民族的归属感在一定程度上起到了终极价值所产生的克服死亡恐惧的作用。因而,增强中华民族共同体意识,是应对传统家庭伦理理性化的重要举措。党的十九大报告指出,要"广泛开展理想信念教育,深化中国特色社会主义和中国梦宣传教育,弘扬民族精神和时代精神,加强爱国主义、集体主义、社会主义教育,引导人们树立正确的历史观、民族观、国家观、文化观"②。为此,应积极推动优秀传统文化的创造性转化,使民族精神与时代精神相结合,将古老的历史素材与新的宣传媒介、宣传形式、宣传题材相结合,以丰富的内容和喜闻乐见的方式增强民族情感和观念的感染力、影响力和号召力。

---

①　[美]安德森:《想象的共同体》,吴叡人译,上海人民出版社2005年版,第10—11页。
②　《党的十九大报告学习辅导百问》,党建读物出版社、学习出版社2017年版,第42页。

第四节　推进文化创新，奠定传统家庭伦理创造性转化的文化支撑

终极价值是传统家庭伦理得以被遵循的内在动机。传统家庭伦理衰落的最重要原因即在于动机的消失。因而，重建能回答终极关怀的价值体系是应对理性化问题的核心。这一重建需要以社会主义核心价值观为指导，使"小我"融入"大我"之中。社会道德的滑坡是传统家庭伦理衰落的重要社会影响。这需要以社会公德、职业道德、家庭美德和个人道德为主要内容展开社会公德建设。应对理性化问题，更重要的是甄别出传统家庭伦理的积极和消极成分，引入自由、平等、民主、法治等现代观念，对之加以创造性转化。

一　以核心价值观重建意义体系

传统家庭伦理理性化原因在于，以天人合一或者来世与现世的福报为内容的终极价值被以货币为内容的终极目的所替代，而后者无法提供自我意义。因而，应对这一问题的关键在于自我意义的重建。传统文化中终极价值的实现在于人与人之间的心的照应，也即将"小我"融于"大我"之中即可实现不朽。社会主义核心价值观提倡敬业、奉献、爱国等与这一追求一致，可以将之与终极价值相结合，去其糟粕、取其精华，建构新的意义体系。

在公元前800年到公元前200年，中国、印度、古希腊实现了文化突破，这些地区的先贤们开始意识到宇宙的整体存在、生命本身及其结构性局限，开始思考突破这一局限，建构了使生命实现其崇高目标的学说体系。这一体系的核心是终极价值的实现。这一学说体系及其终极价值一直作为关键性的力量影响着该地区或者临近地区的历史变迁。如雅斯贝尔斯所言，"这个时代产生了直至今天仍是我们思考范围的基本范畴，创立了人类仍赖以存活的世界宗教之源端。无论在

第五章　市场经济与传统家庭伦理理性化的有效对策　◆◇◆

何种意义上,人类都已迈出了走向普遍性的步伐"[1];"人类一直靠轴心期所产生、思考和创造的一切而生存。每一次新的飞跃都回顾这一时期,并被它重燃火焰"[2]。在中国的轴心时代,以孔子为代表的儒家知识分子也建构了一套意义体系。这一体系以天人合一为终极价值,以对宇宙的整体性理解为认知图式,以践行以孝道为核心的伦理道德为方法或途径,形成了一套有机统一、相互印证的意义体系。孝悌是家庭伦理的核心,由此所建构起来的伦理体系以家庭伦理为主要内容。因而,对传统家庭伦理的遵循成为实现天人合一的方法或途径。这一联结为家庭伦理作为一种义务约束、进而规范人们的行为提供了最根本、最强烈、最持久的动机。缘起于轴心时代的终极价值在数千年的历史变迁中始终以一种深层次的力量在起着作用,正是基于此,传统家庭伦理才得以一直延续。以儒家伦理为基本内容的思想逐渐成为中国文化的"大传统",在此之外,还有着以民间信仰为基本内容的"小传统"。在"小传统"中,同样存在着对现世或彼世的福报为终极价值、以对古老的天的信仰为基础、以践行以孝道为核心的家庭伦理为方法或路径的意义体系,同样是互为衔接的意义体系。这一体系以儒家以孝道为核心的伦理为基本内容,在道教和佛教所建构的世界图式尤其是因果报应、生死轮回等观念的影响下,被附上了神圣的色彩。概而言之,在中国的传统文化中,传统家庭伦理是与对天的古老信仰、对"天道"至高无上的认知、对终极价值的追求密切联系的。一个人对父母、对夫妻、对兄弟、对君臣、对师生的看法是与对天地、对生死、对宇宙、对人生的整体看法密切联系的。传统家庭伦理被编排于一整套的意义体系之中。对其局部的、细节的、表面的批判、革新或改造都难以触及问题之根本,传统家庭伦理的创造性转化必须是整体的、系统的、深刻的,而其中又以对终极价值的变革为首要。

---

[1] [德]卡尔·雅斯贝斯:《历史的起源与目标》,魏楚雄、俞新天译,华夏出版社1989年版,第9页。
[2] [德]卡尔·雅斯贝斯:《历史的起源与目标》,魏楚雄、俞新天译,华夏出版社1989年版,第14页。

◇◆◇　市场经济与传统家庭伦理的理性化

在家庭伦理理性化过程中，对金钱的追逐成为终极目的，无论是以天人合一为主要内容的"大传统"中的终极价值，还是以对来世或现世的福报为主要内容的终极价值，都不再成为家庭伦理得以发挥其规范作用的最深层次的动机。奠立于小农经济之上的终极价值一方面是造成恭顺心理、维持宗法等级、实现家国同构的深层次因素，因而是阻碍民主法治进步、现代社会建立、市场经济深入发展等的重要因素；另一方面也是建构自我意义、维系社会纽带、促成积德行善等的重要促进因素。然而，货币作为终极目的，并不能如旧有的终极价值具有上述功能，既无法克服生命的结构性局限，也不具备导人向善和联结社会的功能，反而使私欲膨胀、道德冷漠、社会分崩离析。这就使得旧的意义体系衰落了，而新的意义体系尚未建立，社会的意义体系处于空白之中。在这一情况之下，应对家庭伦理理性化所带来的问题，关键在于以社会主义核心价值观为主导对旧的意义体系进行重构。通过重构，使旧的意义体系的不利影响得以祛除，使其中所蕴含的对新时代发展具有积极作用的因素与社会主义核心价值观相结合，形成新的价值体系，迸发出新的活力。社会主义核心价值观反映了新的时代需要、汇聚了多数人的利益诉求、凝结了最大"价值公约数"，具有特定的生命力、凝聚力和感召力。马克思主义是建立在唯物主义基础之上的，从生产力与生产关系、经济基础与上层建筑的内在矛盾中探讨历史变迁，并在此基础上勾勒新的社会形态，贯穿于这一思想理论始终的是科学与理性。作为马克思主义意识形态本质的社会主义核心价值观同样是科学的、理性的。正是因为其是科学的、理性的，在以之为主导建立新的意义体系方面存在着固有的局限。因为，旧有的意义体系其核心在于克服对死亡的恐惧，为苦难中的现实提供希望，实现对生命的结构性局限的突破，而这一目的的实现往往是借助了"超越"的力量，"小传统"中的终极价值更是借助了非科学、非理性的宗教性的力量，这就使得以科学和理性为基础的社会主义核心价值观在构建新的意义体系方面产生了局限。但是这种局限并不是不可跨越的。习近平总书记指出："中华文明绵延数千年，有其独特的价值体系。中华优秀传统文化已经成为中华民族的基因，植根在中国

第五章　市场经济与传统家庭伦理理性化的有效对策

人内心，潜移默化影响着中国人的思想方式和行为方式。今天，我们提倡和弘扬社会主义核心价值观，必须从中汲取丰富营养，否则就不会有生命力和影响力。"[1] 使社会主义核心价值观吸取传统价值体系中的营养，不仅仅是对讲仁爱、重民本、守诚信、崇正义等合理价值的汲取，更重要的在于改变旧的意义体系中不合理的部分，使其积极部分得以扩展。唯如此才能更好地应对传统家庭伦理理性化中的问题。

在大传统中，终极价值是与对宇宙、对人性、对家庭的看法密切联系起来的。儒家思想中，天地万物同由"气"所生，无论是天、地，还是草木万物，抑或是人本身，都共同地体现了宇宙至高准则的"天道"存在，而"天道"之于人本身则体现在人性中，洞察人性即可洞悉"天道"，在日常生活中不断去体认"仁"的思想即可不断接近于人性中的"天道"，从而实现天人合一。在这里天道万物是有机统一、相互联系的，"天道"是至高的法则，尽管儒家对"天道"的理解仍未弃绝从古代社会沿袭下来的人格化的神的成分，但是被大大地弱化了，因而可以在某种程度上将"天道"理解为天地间最高的固有的一般性规律。这就为建立于唯物主义之上的社会主义核心价值观与儒家的意义体系的联结或结合提供了基础。对"仁"的道德的体认是实现终极价值的方法或途径，而"仁"又是以孝道为核心内容的。孝道之所以成为"仁"的基础，是因为其体现了气分阴阳、阴阳生八卦、八卦生万物的人类社会发展的一般性规律，换句话说，传统家庭伦理之所以成为实现终极价值的方法或途径，是因为伦理本身体现了宇宙至高法则。这也意味着践行或者体认符合人类社会发展的一般性的道德准则即可为实现天人合一的终极价值提供途径。在社会主义核心价值观的培育和践行中，不仅重视被注入了自由平等的新的血液的家庭伦理，还积极提倡平等、法治、诚信、友善等同样体现了符合人类社会发展的一般性道德准则，如此，则在新的时代背景下践行了比儒家的"仁"更丰富、更广泛的道德规范。钱穆认为："人

---

[1] 《习近平谈治国理政》第 1 卷，外文出版社 2018 年版，第 170 页。

◆◆◆ 市场经济与传统家庭伦理的理性化

的生命,能常留存在人类大群的公心中而永不消失,此即其人之不朽。肉体生命固无不朽,而离却人类大群之公心,亦无不朽可言。故知真实人生,应在大群人类之公心中觅取,决非自知自觉自封自蔽之小我之私心,即限于自然肉体之心,便克代表人生之意义。必达到他人心中有我,始为我生之证。若他人心中无我,则我于何生。依照孔学论之,人生即在仁体中。人生之不朽,应在此仁体中不朽。人生之意义,即人人的心互在他人的心中存在之谓。永远存在于他人的心里,则其人即可谓不朽。"[1] 也即是说在儒家的观念中,生命之于不朽在于此世的人与人的"心心相照印",这一人心的交互映发在更广泛的范围是"留存在人类大群之公心",也即将小生命融于大生命之中,将小我融于大我——社会、国家——之中,以此实现人生之不朽。社会主义核心价值观中的爱国、敬业、文明等都导引"小我"融于"大我"之中,因而可以将儒家的终极追求与此一价值相结合,生发出新时代的终极价值。

二 深入实施公民道德建设工程

由于家国同构,传统家庭伦理道德对公民道德有着重要影响。其理性化过程中,许多有助于社会发展的道德规范也随之衰落了。这需要通过媒体宣传、制度建设、榜样教育等途径,积极建设爱护公物、文明礼貌、助人为乐的社会公德;爱岗敬业、精益求精、兢兢业业的职业道德;勤俭、和睦、团结的家庭美德;正直、自强、善良的"个人品德"。

在家庭伦理理性化过程中,一方面宣扬传统美德的价值理性和风俗习惯消失了;另一方面以利益最大化为取向的经济理性导致了私欲的膨胀,因而带来了一系列道德问题,比如不讲信用、见利忘义、拜金主义等等。随着市场机制在社会领域的扩展,这些问题在更广泛的范围内出现了:"社会的一些领域和一些地方道德失范,是非、善恶、美丑界限混淆,拜金主义、享乐主义、极端个人主义有所滋长,见利

---

[1] 钱穆:《灵魂与心》,广西师范大学出版社2004年版,第21页。

第五章 市场经济与传统家庭伦理理性化的有效对策 ◆◇◆

忘义、损公肥私行为时有发生,不讲信用、欺骗欺诈成为社会公害,以权谋私、腐化堕落现象严重存在。"① 道德问题的存在和增长,不仅会腐蚀传统美德和党的优良传统以及新的时代精神,进一步瓦解以传统家庭伦理为基础的意义体系,还会因此消解由这些伦理道德所促成的社会联结。此外,道德失范增加了交易费用,阻碍市场机制调节作用的发挥。社会秩序和经济秩序的混乱又会增加政治秩序的不确定性。加强公民道德建设是克服家庭伦理理性化弊端、进而减少这些问题的重要途径,也是将传统伦理所蕴含的合理的道德规范与新的时代要求相结合,使之焕发出新的活力、进而更好延续和发挥作用的关键。在市场经济建立之初,党和政府就已经注意到市场经济对思想道德的负面影响。"积极倡导在社会主义市场经济条件下坚持正确的人生观和文明健康的生活方式,加强社会公德和职业道德的建设,反对拜金主义、极端个人主义和腐朽的生活方式。"② 党的十五大报告指出:"要深入持久地开展群众性精神文明创建活动,大力倡导社会公德、职业道德和家庭美德。"③ 可见,市场经济确立以来,党和政府就充分注意到了市场机制对道德的不利影响,并不断加强公民道德建设以抑制这一问题。但是,随着市场经济成为资源配置的决定性因素,其对公民道德的不利影响依旧存在。因而,仍需结合新时代的基本问题和社会需要,深入"实施公民道德建设工程,推进社会公德、职业道德、家庭美德、个人品德建设,激励人们向上向善、孝老爱亲,忠于祖国、忠于人民"④。

社会公德是个体与他者、与社会、与自然之间的交往和接触过程中所应该遵循的基本准则。在传统社会中,社会公德由家庭伦理延伸而来,虽然有诚信、互惠、尊老、爱幼等伦理道德,但是往往囿于熟人之间,在熟人以外的社会公共生活中充斥了不信任、私利、排斥等

---

① 《公民道德建设实施纲要》,《人民日报》2001年10月25日第4版。
② 中央文献研究室编:《中共十三届四中全会以来历次全国代表大会中央全会重要文献选编》,中央文献出版社2002年版,第305—306页。
③ 《江泽民文选》第2卷,人民出版社2006年版,第35页。
④ 《党的十九大报告学习辅导百问》,党建读物出版社、学习出版社2017年版,第34页。

◇◆◇　市场经济与传统家庭伦理的理性化

不良现象。在市场经济之下，人的活动范围和流动性都大大增加，在维护公共利益、公共秩序、建立更广泛的社会信任和人际关系方面，需要社会公众摒弃之前的区域的、狭隘的、分散的道德观念，积极培育适应新时代需求的社会公德。为此，应大力倡导"以文明礼貌、助人为乐、爱护公物、保护环境、遵纪守法为主要内容的社会公德，鼓励人们在社会上做一个好公民"①。职业道德是个体作为一个职员，在工作过程中对工作对象、单位同事、职业技能、福利待遇等的态度、取向和作风，并涵盖了从业人员与服务对象、职业与职工、职业与职业之间的关系。这些态度、取向和作风又是与个体的人生观、价值观和世界观、进而与家庭伦理密切联系起来的。习近平总书记指出："广大劳动者无论从事什么职业，都要勤于学习、善于实践，踏实劳动、勤勉劳动，在工作上兢兢业业、精益求精，努力在平凡岗位上干出不平凡的业绩。"② 这实质上指明了建设以爱岗敬业、诚实守信、奉献社会等为主要内容的职业道德。坚守和弘扬这些职业道德可以使传统家庭伦理中的诚信、风险、忠诚、勤劳等道德规范与新的生产生活方式相结合，融入新的活力，从而规避传统家庭伦理中不利的一面，传承有利的一面。家庭美德是个体在以夫妻、长幼、邻里等为主要内容的家庭生活中的行为准则。中国传统家庭伦理中涵盖着尊老爱幼、男女平等、夫妻和睦、勤俭持家、邻里团结等为主要内容的传统美德。与此同时，还要弘扬和培育自强不息、正直善良、勤奋刻苦的个人品德。这些传统美德仍然具有积极的时代意义，应该在推动传统家庭伦理创造性转化过程中，使之成为涵养社会主义核心价值观的重要源泉和推动社会主义精神文明建设的重要内容。

社会主义核心价值观是新的时代精神、民族精神的集中体现，也是"最大的价值公约数"，因而，公民道德建设首要的是以社会主义核心价值观为指导，使之融入整个过程当中。习近平总书记指出："我们要按照党的十八大提出的培育和践行社会主义核心价值观的要

---

① 《公民道德建设实施纲要》，《人民日报》2001年10月25日第4版。
② 《众志成城万众一心实现伟大复兴》，《人民日报（海外版）》2016年4月30日第1版。

第五章　市场经济与传统家庭伦理理性化的有效对策

求,高度重视和切实加强道德建设,推进社会公德、职业道德、家庭美德、个人品德教育,倡导爱国、敬业、诚信、友善等基本道德规范,培育知荣辱、讲正气、作奉献、促和谐的良好风尚。"①公民道德水平与理想信念密切相关,这就需要以中国梦、时代精神、民族精神以及爱国主义、集体主义、社会主义教育为主要内容,引导社会大众在历史、民族、国家、文化等方面树立正确的信念或观念。其次,要积极发挥榜样的导向作用。习近平总书记指出:"榜样的力量是无穷的。大家要把他们立为心中的标杆,向他们看齐,像他们那样追求美好的思想品德。"② 在中华民族漫长的历史上,从古至今,为国者不乏舍生忘死、精忠报国、马革裹尸等典范,如苏武、李广、岳飞等;为民者不乏公而忘私、敬业奉献、孜孜不倦等榜样,如范仲淹、雷锋、孔繁森等;为家者不乏孝老爱亲、互谦互让、勤俭朴素等典型,如孔融、蔡和森、焦裕禄等。应积极汲取这些模范身上的高尚精神,崇德向善、见贤思齐、明德惟馨,发挥榜样的作用。还需要广大党员干部以身作则、为人表率,用自己的先进事迹及其高尚人格感召群众、引导群众、鼓舞群众。再次,要增强公民道德的实践养成。公民道德欲内化为社会大众的思想观念和行为准则,不仅需要上述思想观念的导向,还要使之与实践活动结合起来,从实践中深化理解,在深化理解的基础上加以内化。为此,应深化各种群众性精神文明建设活动,如志愿者活动、学雷锋活动、扶残助残等公益活动,使参与者和受助者都能从中陶冶思想、充实精神、升华道德。还要引导社会大众广泛参与到重要纪念活动中去,如抗日战争纪念日、建党节、雷锋纪念日、端午节等纪念活动,使社会大众在仪式的庄严肃穆中感受或内化高尚的精神、伟大的理想、奋斗的激情等等。最后,增强公民道德建设的合力。公民道德建设是一项系统性工程,不可一蹴而就,既需要体制机制的保障,也需要大众传媒、文学艺术的传播,还需要整体社会环境的营造。在体制机制方面,把法治建设和道德建设相结

---

① 《习近平谈治国理政》,外文出版社2014年版,第159页。
② 《习近平谈治国理政》,外文出版社2014年版,第183页。

◆◆◆ 市场经济与传统家庭伦理的理性化

合；表彰在道德方面突出的个人和团体，对违反道德的行为给予严厉惩罚；通过党纪国法的建设确保党员干部成为道德建设的表率。在大众传媒、文学艺术方面，一方面应通过"坚持正确舆论导向，高度重视传播手段建设和创新，提高新闻舆论传播力、引导力、影响力、公信力。加强互联网内容建设，建立网络综合治理体系，营造清朗的网络空间"[1]，增强对公民道德建设的引导、促进和规范；另一方面应通过创造大众喜闻乐见的文学、诗歌、曲艺等作品，将道德的力量以鲜活的案例、优美的语言和引人的故事展现出来，从而更好地为社会大众所接受。在社会环境营造方面，要积极增强家庭教育、学校教育、工作场所、同辈团体对公民道德的影响、宣传、促进作用，使公民道德建设充满温情、潜移默化、润物无声。以此，不断推动公民道德建设，进而实现对传统家庭伦理理性化过程中的扬弃。

三 推动传统家庭伦理创造性转化

传统家庭伦理既有宗法性的一面，也有积极的一面。这就需要对其合理的一面加以积极地创造性转换，以使之更好地适应新的时代需要，从而避免理性化过程中这些合理部分的消解。创造性转换应通过制度、法律、文化建设，使自由、民主、平等等观念与诚实守信、家庭和睦、注重修身等传统伦理观念相结合，生发出新的伦理规范。

传统家庭伦理有着显著的两面性，一方面是中华民族延续至今的重要支撑力量，其所蕴含的重民本、守诚信、尚和合等思想仍具有重要的时代价值；另一方面又有明显的宗法等级色彩，存在着忽视民主法治、等级色彩严重、参与能力不足等问题。习近平总书记指出："优秀传统文化是一个国家、一个民族传承和发展的根本，如果丢掉了，就割断了精神命脉。我们要善于把弘扬优秀传统文化和发展现实文化有机统一起来，紧密结合起来，在继承中发展，在发展中继承。"[2] 对于由于政治、文化、经济等时代条件所限制而存在的问题，

---

[1]《党的十九大报告学习辅导百问》，党建读物出版社、学习出版社2017年版，第33页。
[2]《习近平谈治国理政》第2卷，外文出版社2017年版，第313页。

第五章 市场经济与传统家庭伦理理性化的有效对策

不应全盘性否定,而是应"坚持古为今用、以古鉴今,坚持有鉴别的对待、有扬弃的继承,而不能搞厚古薄今、以古非今,努力实现传统文化的创造性转化、创新性发展,使之与现实文化相融相通,共同服务以文化人的时代任务"[①]。所谓创造性转化是指,"使用多元的思想模式将一些(而非全部)中国传统中的符号、思想、价值与行为模式加以重组与/或改造(有的重组以后需加以改造,有的只需重组,有的不必重组而需彻底改造),使经过重组与/或改造的符号、思想、价值与行为模式变成有利于变革的资源,同时在变革中得以继续保持文化的认同"[②]。传统家庭伦理是传统文化的核心部分,同样呈现出两面性,一方面是个体实现自我意义的途径,维系着政治、社会秩序,形塑着道德规范及其行为模式;另一方面又表现出宗法等级、恭顺态度、人情社会等特点,进而成为阻碍民主、法治、自由、平等等观念的主要因素。在此影响下,传统家庭伦理理性化过程中,既促进了个体自我意识的觉醒、社会信任的增加、市场经济的发展,也带来了自我意义的丧失、社会失范问题的增加、诚实守信道德的滑坡等等。因而,需要辩证看待传统家庭伦理,对合理的部分,结合新的时代背景,进行革新、弘扬和改造,反之则抛弃,积极推动传统家庭伦理的创造性转化。

林毓生认为,传统文化的创造性转化,在实际运作层面,蕴含下列两个步骤:"(一)应用韦伯所论述的'理念或理想型分析',先把传统中的质素予以'定性';(二)再把已经'定性'的质素,在现代生活中予以'定位'。"[③] 这也同样适用于传统家庭伦理的创造性转化。这种定性是指从传统家庭伦理的历史变迁中,把握其相互对立或相互矛盾的内在逻辑关系,寻找其"在理论上构成选择性继承的可能"[④]和在实践中的切入点。这种定位是指寻找家庭伦理在新时代政治、经济、社会、文化等方面的积极意义,仔细分析这些积极的或消

---

① 《习近平谈治国理政》第 2 卷,外文出版社 2017 年版,第 313 页。
② 林毓生:《热烈与冷静》,上海文艺出版社 1998 年版,第 26 页。
③ 林毓生:《热烈与冷静》,上海文艺出版社 1998 年版,第 34—35 页。
④ 林毓生:《热烈与冷静》,上海文艺出版社 1998 年版,第 32 页。

◆◆ **市场经济与传统家庭伦理的理性化**

极的层面,哪些是与当时的政治制度、经济基础、社会环境等因素密切联系在一起的,哪些是可以在几者的改变后随之改变并易于与新的政治制度、经济基础、社会环境等因素结合起来的。在此基础上进行扬弃、创造、转化。传统家庭伦理是以孝道为核心,讲求对家父长的爱、养、亲、敬、忠、顺,而又移孝作忠、以吏为师、君父并重,由此实现家国同构。可见,传统家庭伦理负面的影响的关键在于对孝道中等级的凸显和对子女作为个体的权利的限制,并以移孝作忠实现家国同构。因而,其创造性转化也集中在这一点。林毓生认为,应该将西方的人权观念与中国传统家庭伦理中对家父长权威的尊重结合起来,一方面是因为"天赋人权的观念进入中国家庭以后,受到了儒家长幼有序的絜矩之道的涵化,则可避免把家庭弄成——像不少西方家庭那样——壁垒森严的契约关系。换句话说,融入了人权观念而加以改造的中国家庭,可以避免对于父母权威的不合理的理解与父母权威的泛滥,以及因此而形成的子女的依赖情节"[1];另一方面是因为"融入中国家庭之内的人权观念,在长幼有序的絜矩之道的涵化下,可使父母权威理性化,因此父母权威在父母与子女之间都不动摇——于是,构成了子女心身正常成长的环境,……这是中国家庭观念的'创造性转化'"[2]。职是之故,传统家庭伦理的创造性转化并不是将家父长的权威消除殆尽,而是在进一步凸显对家父长的爱、养、亲等基础上,保留合理的、必要的尊敬,并在此基础上引入"人权观念",增强子女作为个体的独立性、自主性和平等性。以此,既实现对传统家庭伦理合理部分的保留、革新、弘扬,使其在新时代为政治、社会、经济、文化等的发展提供更好的促进或保障作用,也尽力避免西方家庭中由于人权观念、契约观念、自由主义等思想的过度膨胀对家庭以及个人所造成的不利影响。

中国传统文化中,人性是"天道"在人间的投射,在实践中不断践行或接近仁的道德,是体察人性中至高至善、以人性洞悉"天

---

[1] 林毓生:《热烈与冷静》,上海文艺出版社1998年版,第37页。
[2] 林毓生:《热烈与冷静》,上海文艺出版社1998年版,第37页。

第五章 市场经济与传统家庭伦理理性化的有效对策

道",进而以对"天道"的领悟实现天人合一的基本途径。这种内在超越性,决定了个体自我的实现无需借助于外在的力量即可完成,也影响着古代诸贤认为政治的或社会的秩序是由内在的道德规范生发而来的,而忽略了将法治作为一种外在力量以实现社会秩序的理论建构。这一基本的认识及其不足提醒我们,传统家庭伦理的创造性转化,实现古老的家父长权威的必要保留与现代人权观念的结合,首要的是培养一种自省的、批判的、理性的思维或思想,使其能够自由地去追寻自身生命的意义及其尊严。社会大众作为传统家庭伦理的主要"担纲者",也是创造性转化的主体力量,其思想观念的自觉可以增强创造性转化的内在动力,以整体民主、自由、法治、平等等观念的增强来加速这一进程。如林毓生所言:"现在的情况是:社会的力量,一方面是分散的;另一方面,常被现实政治消解不少。不过,社会人士一旦看到发展现代民间社会的曙光,并决心参与现代民间社会的发展,这样草根式的投入,并促进公民社会(包括公民文化与公民道德)的发展,并间接纾解当前政治与文化发展的困境。"[①] 与此同时,还要通过必要的外部因素——法治——来保障或促进这一目的的实现。传统家庭伦理的创造性转化不应仅仅止于伦理本身的内在逻辑的建构,还要围绕着平等、自由、民主等价值观念,构建相应的制度设施,确保其在实践中不断被深化,并得以被保障。

[①] 林毓生:《热烈与冷静》,上海文艺出版社1998年版,第102页。

结　　语

一　立足于当下，把握社会变革的时代议题

理性化的本质在于影响社会行为的动机由价值理性和风俗习惯向目的理性的转变。理性化是世界历史变迁中不可避免的趋势。中国社会的理性化很早就已经开始。春秋战国时期，孔子本着"敬鬼神而远之"的原则对文化的改造，使一个人格化、主宰宇宙的神再也难以进入作为主体的儒家文化中，由此中国文化的主体结构充满了理性的色彩。此一理性是相对于巫术的、宗教的、神秘主义的理性，而非目的理性意义上的理性。但它已经开启了理性化的历史。随着近代以来现代工业尤其是民族资本主义的发展，理性化的内容发生了转变，价值理性和风俗习惯向以可计算的目的理性转换。由于晚清和民国始终未脱离前工业社会，以及新中国成立以后市场在计划中的沉寂，这一转变是缓慢的。直至改革开放以后，市场经济的建立和发展，优胜劣汰、公平竞争、等价交换、以最大利益为取向等市场原则确立，目的理性的扩展具备了强有力的机制，在这些原则影响下它又集中体现为经济理性。经济理性不仅仅支配整个经济领域，还逐步向社会领域扩张、渗透。奠基于价值理性和风俗习惯之上的传统家庭伦理在市场经济冲击下，失去了本来已经岌岌可危的脆弱屏障，被越来越广泛地置于经济理性之上。

新文化运动中，陈独秀、鲁迅、胡适等发出了"打倒孔家店"的时代强音，试图转变宗法等级、革新民众观念，从根源上消除经济、科技、政治、社会现代化发展的思想障碍。传统家庭伦理的宗法等级是中国人关于宇宙、天地、生死、人生、自我看法的结果，是一套有

机联系的世界图式的逻辑结果。但批判仅仅止于伦理本身，忽略了其背后的价值理性和风俗习惯，批判也仅仅提出了自由、平等、民主等观念，却未能建构这些观念赖以产生和持续的价值体系。批判的影响只能局限于小范围、浅层次上，未能引发社会内部的深刻变革。社会主义市场经济的发展，以经济理性消解了价值理性和风俗习惯，使得传统家庭伦理赖以延续的内在动机弱化了，其规范性、约束性、引导性也衰弱了。在传统社会，传统家庭伦理移孝作忠，实现家国同构，社会伦理和政治伦理由家庭伦理延伸而来，社会秩序和政治秩序亦由家庭秩序延伸而来，这又进一步影响到了个体的自我认知及其经济观念。因而，中国两千多年以来的政治、经济、社会、文化的基本面貌都跟传统家庭伦理密切相关。传统家庭伦理的衰落，不仅仅家庭秩序，经济秩序、政治秩序、社会秩序、文化观念也都会随之发生深刻转变。这是相对于从物质匮乏到生活富足、从一穷二白到经济腾飞、从落后闭塞到融入世界的更大、更广泛、更深刻的变革。它意味着社会大众关于天地、世界、生死、人生、自我的看法发生了重大变化，受这些观念所深深影响的社会秩序、政治制度、经济规则、文化观念等都面临着深刻变革。应该把握这一时代议题，探讨其积极影响，分析其不利影响，扬长以避短，趋利以避害。

二 回归于传统，寻找社会变革的深层根源

传统家庭伦理的理性化是引起社会深刻变革的重要因素，只有从中国人的历史经验和文化传统出发，把握这一变革，才能判断或者洞察变革的成因、体现、影响，进而才能寻找问题的有效对策。传统家庭伦理作为一种行为规范之所以被遵循，缘于其背后存在着由价值理性和风俗习惯所建构的意义体系，其中最为核心的是终极价值。传统文化包含两部分：一是以儒家文化为主体的"大传统"；二是由儒家、道教和佛教共同建构起来的"小传统"。在"大传统"中，终极价值是天人合一。古人认为人伦是"天道"在人间的投射，人性中蕴含着宇宙的最高法则，通过省察人性即可不断接近"天道"。而省察人性的方法最主要的是在日常生活中践履以孝悌为核心的仁。如

◇◆◇ 市场经济与传统家庭伦理的理性化

此，传统家庭伦理便成为实现终极价值的方法或途径。在"小传统"中，终极价值是来世或现世的福报。"积德行善"、因果报应是实现这一终极价值的逻辑进路，而"德"与"善"作为最主要内容，在道教、佛教与儒家伦理融合的过程中，转换成了对传统家庭伦理的遵循。因而，在"小传统"中，传统家庭伦理的遵循同样是实现终极价值的方法或途径。风俗习惯虽然是由古来的习俗相沿而成的，但是其之所以被遵循，也是因为被赋予了特定的意义。在市场经济下，公平竞争、等价交换、优胜劣汰和以利益最大化为取向，是其突出特征。这驱使经济理性不断扩张。经济理性的极度膨胀导致货币本身由手段变成了终极目的。后者逐渐替代了以天人合一或来世与现世福报为内容的终极价值，进而消解了价值理性与风俗习惯。传统家庭伦理的内在动机消失了，其对行为的规范或约束效力下降了。这即是传统家庭伦理理性化的内在逻辑。

传统社会是一种"差序格局"。其中，自我是传统家庭伦理的基础；由父母、夫妇、子孙所形成的伦理规范是其核心；家族的伦理规范由此延伸而来。传统家庭伦理理性化集中体现在此三个层面，但其影响含括经济、政治、社会、文化。在自我层面，自我的实现必须有他者的参与，而与他者的关系是由"天道"的阴阳引申出来的尊卑关系，形成了"自我压缩"的人格，市场经济所强化的经济理性瓦解了塑造这一人格特征的价值理性和风俗习惯，使得自由、权利、平等等观念增强。在家庭层面，含有宗法等级性的孝、"礼"、男尊女卑观念同样由价值理性和风俗习惯所支撑，随着经济理性对后者的消解，宗法等级性逐步弱化或消除，平等、独立、自由注入家庭关系之中。在家族层面，由价值理性和风俗习惯所支撑的祖先崇拜、长幼有序、家族互惠，随着经济理性的增长，逐步减弱或消失了。由于传统家庭伦理是中华民族一直延续的重要保障，也是中国人人格特征的重要促成因素，其衰落必定会对经济、政治、社会、文化产生冲击，带来潜在的诸多不确定性。在经济层面，理性化不仅促成了社会信任的普遍建立，推动市场经济深入发展，也导致了坑蒙拐骗、制假售假、贫富分化，不利于市场调节作用的发挥和市场的持续性发展。在政治层面，束缚民主法治发展的思想障碍被弱化，但是由传统家庭伦理所孕育的政治向心力和政治认同减弱了。在社会层面，一方面由宗法等级所造成的参与公共活动的权威模式改变了；另一方面导人向善、型塑秩序的伦理道德衰落了，犯罪、自杀、色情等问题增加，由共同的情感、信仰和历史记忆所形成的联结社会的纽带也松弛了。在文化层面，既促进了现代人格的形成，也导致了自我意义丧失、人为物役。对理性化问题的应对，也需要从这几个方面，标本兼治、统筹而行。

三 着眼于未来，应对潜在挑战以防患于未然

克服对死亡的恐惧、对命运无常的忧虑，使生命由短暂走向永恒、使命运从灾厄多变走向永世太平，既是实现自我、超越自我的内在需要，更是人性深处的本能和渴望。这不独西方人有，中国人亦不例外。中国文化中一定也有一终极价值来回答这一问题。学术界将之解读为以天人合一为内容的终极追求。春秋战国时期，经过周公旦、孔子对文化的改造，儒家思想成为中国文化的主体，儒家思想在漫长的封建历史中，沉淀成了特定的文化心理，塑造了中华民族的民族性格和民族特征。然而，这不是历史的全部。天人合一作为终极价值，是以非人格化的"天道"以及在"存天理、灭人欲"的基础上对仁的践履为前提的。这种在最大程度上弃绝了巫术的、宗教的、神秘主义的终极价值，展现出了显著的人文色彩。但正是因为它是人文性的，它的局限性也同时出现了。相对于知识分子的理性而言，社会大众是非理性的，殷商重鬼神的观念更多地保留在了民间文化中，以古老的人格化的天的信仰为基础，充满了巫术的、宗教的、神秘的色彩，道教的发展和佛教的传入更是将这些模糊的思想观念加以系统化、体系化、具象化，在此基础上形成了社会大众的认知图式。儒家思想的理性只有被纳入这一认知图式中，才能与社会大众的情感认知、文化心理和生活经验联系起来，也进而才能成为塑造其文化心理和人格特征的因素。在此影响下，对来世与现世福报的期待构成了社会大众的终极价值。因而，在中国社会内部存在着围绕天人合一或者来世与现世福报所建构起来的价值理性。这意味着在西方国家已经出

◇◆◇　　市场经济与传统家庭伦理的理性化

现的由经济理性消解价值理性和风俗习惯所带来的诸多社会问题，如虚无主义、道德滑坡、社会越轨以及政治不确定性增加等等，同样会出现在中国社会。如果说文中所探讨的传统家庭伦理对经济、政治、社会、文化的影响只是限于局部或者初步显现的话，随着中国向"后工业社会"过渡，随着经济理性的扩张延及更多领域，问题的轮廓会日益清晰。应对传统家庭伦理理性化即着眼于其潜在风险，未雨绸缪，将可能产生的冲击降至最低。

与此同时，学术界将中国文化理解为以天人合一为终极追求的内在超越性，暗含着一种认知观念，即中国历史的变革是某些精英人物塑造或者推动的结果，社会大众被排除在了历史进程之外，所以两千多年的历史变成了一部"帝王将相史"。探讨中国的历史经验与文化传统的时候往往从孔孟到康梁、从书本到书本，把社会大众作为圣贤思想的被动的、消极的塑造对象。民间文化尤其是民间信仰常常被视为迷信、愚昧、封建。在这样一种认知下，对近代以来经济、政治、社会、文化变迁的理论探讨，往往着重于精英人物的作用，"人民是历史的主人"更多的时候成了口号。随着改革开放以来诸多领域的飞速发展，雅斯贝尔斯所言的"大众的统治"日趋明显，社会大众不仅在政治领域的参与显著提升，作为消费者，其偏好、心理、认识也对经济活动产生了至为关键的影响，互联网使得越来越多的社会大众参与到思想文化的创造与传播中。这意味着以传统家庭伦理为核心的社会制度、社会秩序、社会观念的变革，会对政治制度、意识形态、公共决策产生重要影响甚至冲击。这也意味着政治体制的改革、社会主义核心价值体系的培育、重要决策的制定与实施，只有更多考量社会的深刻变革、更及时回应社会的整体需要，才能更有效力、更具灵活性、更能得到社会的认同和支持。

参考文献

一 经典著作类

《马克思恩格斯选集》第1—4卷，人民出版社2012年版。
《马克思恩格斯全集》第1—41卷，人民出版社2016年版。
《马克思恩格斯文集》第1—10卷，人民出版社2009年版。
《毛泽东选集》第1—4卷，人民出版社1991年版。
《江泽民文选》第1—3卷，人民出版社2006年版。
《邓小平文选》第1—3卷，人民出版社1993—1994年版。
《习近平谈治国理政》第1—2卷，外文出版社2017、2018年版。

二 重要文件选编类

《十八大以来重要文献选编》（上、中、下册），中央文献出版社2018年版。
《十一届三中全会以来历次党代会、中央全会报告 公报 决议 决定》，中国方正出版社2008年版。
中共中央文献研究室编：《中共十三届四中全会以来历次全国代表大会中央全会重要文献选编》，中央文献出版社2002年版。
《中华人民共和国第七届全国人民代表大会第一次会议文件汇编》，人民出版社1988年版。
《中国共产党第十三次全国代表大会文件汇编》，人民出版社1987年版。
中共中央文献研究室编：《三中全会以来重要文献汇编》，人民出版社1982年版。

三 古籍类

《周易》《论语》《道德经》《孟子》《荀子》《庄子》《韩非子》《国语》《诗经》《吕氏春秋》《左传》《尚书》《礼记》《孝经》《史记》《朱子语类》《春秋繁露》《周子全书》《弘明集》《大正藏》《二程集》《太平经》《淮南子》。

四 学术著作类

《中国哲学史教学资料选辑》，中华书局1982年版。

陈来：《古代宗教与伦理：儒家思想的根源》，北京大学出版社2017年版。

《杜维明文集》第1卷，郭齐勇、郑文龙编，武汉出版社2002年版。

范文澜等：《中国通史》第10册，人民出版社1994年版。

费孝通：《乡土中国·生育制度·乡土重建》，商务印书馆2011年版。

冯友兰：《中国哲学史》（上册），重庆出版社2009年版。

葛兆光：《道教与中国文化》，上海人民出版社1987年版。

金观涛、刘青峰：《中国思想史十讲》，法律出版社2015年版。

李泽厚：《新版中国古代思想史》，天津社会科学院出版社2009年版。

厉以宁：《超越市场与超越政府：论道德力量在经济中的作用》，经济科学出版社2010年版。

厉以宁：《经济学的伦理问题》，生活·读书·新知三联书店1995年版。

厉以宁：《中国经济改革与股份制》，北京大学出版社、香港文化教育出版社1992年版。

《梁漱溟全集》第3卷，山东人民出版社1992年版。

林毓生：《热烈与冷静》，上海文艺出版社1998年版。

林毓生：《中国传统的创造性转化》，生活、读书、新知三联书店2011年版。

《罗国杰自选集》，中国人民大学出版社2007年版。

钱穆：《灵魂与心》，广西师范大学出版社2004年版。

钱穆：《晚学盲言》，广西师范大学出版社2004年版。

钱穆：《中华文化十二讲》，九州出版社2012年版。

苏国勋：《理性化及其限制——韦伯思想引论》，上海人民出版社1988年版。

汤一介：《早期道教史》，中国人民大学出版社2015年版。

万俊人：《道德之维：现代经济伦理导论》，广东人民出版社2000年版。

王绍光：《波兰尼〈大转型〉与中国的大转型》，生活·读书·新知三联书店2012年版。

吴敬琏、刘吉瑞：《论竞争性市场体制》，广东经济出版社1998年版。

吴敬琏：《中国改革三部曲·当代中国经济改革》，中信出版社2017年版。

徐复观：《中国人性论史·先秦篇》，上海三联书店2001年版。

《薛暮桥回忆录》，天津人民出版社2006年版。

《张岱年全集》第7卷，河北人民出版社1996年版。

张灏：《幽暗意识与时代探索》，广东人民出版社2016年版。

张静如、刘志强、卞杏英主编：《中国现代社会史》，湖南人民出版社2004年版。

张维迎：《市场的逻辑》，上海人民出版社2010年版。

［美］本尼迪克特：《文化模式》，王炜等译，社会科学文献出版社2009年版。

［奥］路德维希·冯·米塞斯：《人的行动：关于经济学的论文》，余晖译，上海世纪出版有限公司2013年版。

［德］霍克海默、［德］阿道尔诺：《启蒙的辩证法——哲学短片》，渠敬东、曹卫东译，上海人民出版社2006年版。

［德］卡尔·雅斯贝斯：《历史的起源与目标》，魏楚雄、俞新天译，华夏出版社1989年版。

［德］滕尼斯：《共同体与社会——纯粹社会学的基本概念》，林荣远译，商务印书馆1999年版。

［德］马克斯·韦伯：《社会学的基本概念》，顾忠华译，广西师范大学出版社2010年版。

［德］马克斯·韦伯：《宗教社会学；宗教与世界》，康乐、简惠美译，广西师范大学出版社2010年版。

［德］西美尔：《货币哲学》，陈戎女、耿开君、文聘元译，华夏出版社2002年版。

［德］西美尔：《金钱、性别、现代生活风格》，刘小枫选编、顾明仁译，华东师范大学出版社2010年版。

［德］西美尔：《现代人与宗教》，曹卫东等译，中国人民大学出版社2003年版。

［法］爱弥儿·涂尔干：《宗教生活的基本形式》，渠敬东、汲喆译，商务印书馆2011年版。

［法］涂尔干：《社会分工论》，渠东译，生活、读书、新知三联书店2000年版。

［法］托克维尔：《论美国的民主》（全二卷），董果良译，商务印书馆1989年版。

［美］E. 希尔斯：《论传统》，傅铿、吕乐译，上海人民出版社1991年版。

［美］贝尔：《资本主义文化矛盾》，严蓓雯译，人民出版社2010年版。

［美］本杰明·史华慈：《思想的跨度与张力：中国思想史论集》，中州古籍出版社2009年版。

［美］费正清等编：《剑桥中国晚清史（1800—1911）》上、下卷，中国社会科学院历史研究所编译室译，中国社会科学出版社1985年版。

［美］格尔茨：《文化的解释》，韩莉译，译林出版社2014年版。

［美］道格拉斯·C. 诺思：《经济史上的结构和变革》，厉以平译，商务印书馆1992年版。

［美］史华兹:《古代中国的思想世界》,程钢译,江苏人民出版社 2008 年版。

［美］斯科特:《弱者的武器》,郑广怀、张敏、何江穗译,译林出版社 2011 年版。

［美］孙隆基:《中国文化的深层结构》,广西师范大学出版社 2004 年版。

［美］塔尔科特·帕森斯:《社会行动的结构》,张明德、夏遇南、彭刚译,译林出版社 2008 年版。

［美］约瑟夫·熊彼特:《资本主义、社会主义与民主》,吴良健译,商务印书馆 2012 年版。

［英］波兰尼:《巨变:当代政治与经济的起源》,黄树民译,社会科学文献出版社 2013 年版。

［英］弗里德曼:《中国东南的宗族组织》,刘晓春译,上海人民出版社 2000 年版。

［英］安东尼·吉登斯:《现代性的后果》,田禾译,译林出版社 2000 年版。

［英］斯密:《道德情操论》,谢宗林译,中央编译出版社 2008 年版。

［美］英格尔斯:《人的现代化》,殷陆君译,四川人民出版社 1985 年版。

五　学术刊物类

曹亚雄:《论马克思的劳动观的发展对唯物史观的影响》,《马克思主义哲学研究》2008 年第 4 期。

陈爱华:《当代人文精神、科学精神对家庭伦理文化建构的影响》,《东南大学学报》(社会科学版) 1999 年第 2 期。

陈博、胡涵锦:《应对社会主义市场经济下道德危机的路径抉择》,《伦理学研究》2016 年第 5 期。

陈先达:《市场经济条件下有效地调适传统文化和道德规范与当代的关系》,《红旗文稿》2016 年第 24 期。

韩立新:《"巴黎手稿":马克思思想从早期到成熟期的转折点》,《哲学动态》2014 年第 7 期。

黄斌欢、黄吉焱：《经济社会变迁与农民伦理变革：湖北 S 村农民合作的个案研究》，《重庆大学学报》（社会科学版）2016 年第 6 期。

李桂梅：《中国传统家庭伦理的现代转向及其启示》，《哲学研究》2011 年第 4 期。

李向平：《中国当代宗教 40 年的变迁逻辑——宗教信仰方式的公私关系及其转换视角》，《福州大学学报》（哲学社会科学版）2018 年第 4 期。

刘立夫：《现代市场经济视域下的中国传统义利观》，《伦理学研究》2013 年第 5 期。

刘莹：《中国社会变迁中的认同困境探析》，《中国特色社会主义研究》2014 年第 5 期。

龙静云、吴涛：《论法治社会的道德规范建构》，《华中师范大学学报》（人文社会科学版）2018 年第 2 期。

罗克全、刘泓颉：《共产主义：平等与社会自我否定》，《吉林大学社会科学报》2016 年第 3 期。

彭怀祖：《试论社会转型期的道德挫折问题》，《毛泽东邓小平理论研究》2012 年第 7 期。

孙峰：《当代家庭伦理观的嬗变及前景思考》，《山东社会科学》2001 年第 4 期。

万美容、吴明涛、毕红梅：《后现代主义思潮影响下的青年精神生活异化之域及重构》，《思想教育研究》2018 年第 3 期。

王露璐：《中国乡村伦理研究论纲》，《湖南师范大学社会科学学报》2017 年第 3 期。

王强、于海燕：《论家庭伦理的现代形态及其逻辑结构》，《道德与文明》2016 年第 4 期。

王淑芹：《现代性道德冲突与社会规制》，《哲学研究》2016 年第 4 期。

王思鸿：《马克思异化概念的历史唯物主义内涵》，《马克思主义理论学科研究（双月刊）》2018 年第 4 期。

文厚泓、张晶如：《马克思哲学对异化理论的发展》，《马克思主义研究》2016 年第 6 期。

郗戈：《〈资本论〉历史唯物主义思想的"内在张力"》，《北京大学学报》（哲学社会科学版）2017 年第 1 期。

徐瑾：《疑义澄清："人的本质是一切社会关系的总和"探微》，《马克思主义与现实》2017 年第 4 期。

徐俊六：《族群记忆、社会变迁与家国同构：宗祠、族谱与祖茔的人类学研究》，《宗教学研究》2018 年第 2 期。

许敏：《现代中国家庭伦理方式的蜕变》，《东南大学学报》（哲学社会科学版）2015 年第 4 期。

杨耕：《当前马克思主义研究中的五个重大问题》，《南京大学学报》（哲学·人文科学·社会科学版）2014 年第 4 期。

杨起予：《泛市场化与道德困境》，《毛泽东邓小平理论研究》2016 年第 4 期。

姚冰、庄忠正：《劳动力商品批判理论视域下的主体异化》，《马克思主义哲学论丛》2018 年第 2 期。

尹兆坤：《自身与异化——对马克思劳动问题的现象学研究》，《陕西师范大学学报》（哲学社会科学版）2018 年第 3 期。

张雷声：《马克思的第一部经济著作的手稿——〈1844 年经济学哲学手稿〉研读》，《思想理论教育导刊》2014 年第 9 期。

张领、文静：《农民工的代际变化与共同体变迁：后发外生型社会变迁的阐释》，《浙江学刊》2015 年第 5 期。

后 记

传统家庭伦理是传统社会信仰体系的核心，是社会观念的建构者，也是社会秩序和政治秩序的维系者。近代以来，尽管社会经济发生了巨大变化，但是传统家庭伦理所建构的观念、情感以及意义体系仍然对中国社会有着深入而广泛的影响，也仍然对社会秩序和政治秩序有着重要影响。以传统家庭伦理的变化为核心，考察经济理性对传统伦理观念的影响，进而考察其对社会秩序和政治秩序的影响，对把握社会经济条件与政治秩序变迁逻辑及其潜在问题，有着重要意义。

本书在博士学位论文基础上修改而成。之所以选择此题目展开研究，缘于在参加社会实践的过程中，接触了许多以开车为营生的司机、开店的个体户、普通的上班族、种地为生的农民和许多在城市务工的农民工等等，他们的观念、情感、倾向构成了中国社会秩序和政治秩序的基础。他们并不熟悉宏大的政治叙事，也难以将之作为支配自身行为的准则，更多的受到世世代代、祖祖辈辈信仰体系、风俗习惯、伦理道德的影响。因而，研究仍然需要回到中国的历史文化传统中，探讨社会政治变迁的内在逻辑。这一认识是本书写作的出发点，也是落脚点。

感谢北京师范大学冯留建教授对本书写作提出的指导意见与帮助，感谢为本书提出建议的老师与同学，感谢父母和雨晴在本书写作过程中的鼓励与督促。由于能力有限、时间仓促，本书还有许多不足之处，望各位专家学者多多批评指正。在以后的时间里，笔者会继续丰富资料、完善内容。

张 伟
2023 年 6 月 6 日